英语博士成长札记

上海外国语大学"校级重大课题项目"建设经费资助(项目编号:KX161027)

上海市I类高峰学科(外国语言文学)建设项目成果

郑新民 著

北京师范大学出版集团
安徽大学出版社

图书在版编目(CIP)数据

英语博士成长札记/郑新民著.—合肥:安徽大学出版社,2017.8
ISBN 978-7-5664-1425-0

Ⅰ.①英… Ⅱ.①郑… Ⅲ.①研究生教育 Ⅳ.①G643

中国版本图书馆 CIP 数据核字(2017)第 158260 号

英语博士成长札记

郑新民 著

出版发行:	北京师范大学出版集团 安 徽 大 学 出 版 社 (安徽省合肥市肥西路3号 邮编230039) www.bnupg.com.cn www.ahupress.com.cn
印　　刷:	合肥添彩包装有限公司
经　　销:	全国新华书店
开　　本:	170mm×230mm
印　　张:	18
插　　页:	0.5
字　　数:	342 千字
版　　次:	2017年8月第1版
印　　次:	2017年8月第1次印刷
定　　价:	46.00 元

ISBN 978-7-5664-1425-0

策划编辑:李 梅 李 雪		装帧设计:丁　健	
责任编辑:李　雪		美术编辑:李　军	
责任印制:赵明炎			

版权所有　侵权必究

反盗版、侵权举报电话:0551-65106311
外埠邮购电话:0551-65107716
本书如有印装质量问题,请与印制管理部联系调换。
印制管理部电话:0551-65106311

序

该书出版之际,我正好到了花甲之年。在这一轮甲子中,岁月静静地淌过我的生命之河,让我由稚嫩变得成熟,由单薄变得丰厚,由浮躁变得沉静,由尖锐变得包容。人生恰似一条河流,年少时涓涓清流,晶莹水珠;青年时奔流峡谷,浪遏飞舟;待到成熟时,河流已汇入海洋,水面宽阔,波涛平稳,对时间的推移多了一份坦然的心境,可包容万物、吐纳星月。

我的求学之路布满荆棘,却又一路高歌。幼时我曾随父母下放农村;青年时刚走出大山却又扎入更深的大山,插队务农;在而立之年重获深造,终在知天命之前圆梦港大。书籍于我,无疑是一种凝固在纸上的浓厚持久的温情,读书无异于温习一个个旧梦,让我感慨"常时车马之客,旧雨来;今,雨亦来"的美好。

我于世纪之交考入香港大学,先后师从 Bob Adamson 教授和 Chris Davison 教授。在港大,我看到了教授、学者和同学对学术的孜孜以求;看到了对研究的严谨态度;看到了多元包容的校园文化;也看到了母校"明德格物"的深厚底蕴。我沐浴在人文情怀的阳光里,我沉浸在诗一般的心灵絮语中,任凭时光研磨,愈浓愈淡定从容。

2008年,我由福州大学调入上海外国语大学任教,不久后就被聘为博士生导师,陆续招收了不少同等学力博士生和全日制博士生,之后,又有访问学者、国际留学生和博士后加入我的团队。在上外这个学术平台上,在"郑新民研究团队"(SLRC)里,每一个人都积极参与并喷发出灿烂的思想火花,随着时间的推移而生生不息,连年传递。

本书记录了我自己的成长与体悟;它回忆了我如何在绵延炳蔚的书卷中采撷智慧的芳香,在灵魂摆渡的港湾中探寻梦想的真谛;讲述了我在从教生涯以及"博导"生涯中如何将自己的所思、所想、所悟传递给我的学生们。它诠释了学生们的思维如何被激活,在启迪中获得生长、开花、结果的过程:我欣慰地看到他们或慷慨激昂,自信地将研究展示于众;或乐于分享,敢于各抒己见;或登高望远,拓展学术视野。围绕着丰富多样的团队学研活动,他们勤学笃行,步履坚定,意气风发,让进取和学术自由之精神在 SLRC 学习共同体高唱。

或寄乐于翰墨,或解助于茶香,回顾来时的征途,看看身后的风景,那些生命中的欢呼、精彩、思考、坚持和收获,它们定格、交织、复现。那些以年华果腹、以沧桑为饮、以岁月做衣的日子,如果你愿意,我想慢慢地叙述给你听。

最后,我由衷地感谢王立根先生为本书封面的书名题字,并感谢我的博士生阮晓蕾同学不辞辛劳地协助我编辑资料和修改书稿。

上海外国语大学

郑新民

2017 年 3 月 5 日

目　录

序 1

第一篇　立志勤学，厚积薄发 1

一、登高望远 3

二、读博筑梦 5

三、鸾翔凤集 19

四、广纳贤才 21

五、水到渠成 29

第二篇　学术训练，研究起航 33

一、有的放矢 35

二、循序渐进 40

三、教学相长 44

四、导师引领 49

五、团队合作 65

第三篇 学海拾贝，锚定问题 71

一、拓宽视野 73

二、夯实基础 79

三、巧妙选题 95

四、精准开题 103

五、期刊练笔 112

第四篇 躬行实践，沙里淘金 121

一、方法絮语 123

二、田野调查 146

三、数据收集 152

四、客观诠释 171

五、学术伦理 179

第五篇 知行合一，砥砺前行 185

一、宏观布局 187

二、微观解构 192

三、笔耕不辍 225

四、答辩艺术 233

五、破茧成蝶 239

第六篇 传承师学,守望未来 245

一、感悟生活 247

二、情绪管理 253

三、高情远致 260

四、良师益友 266

五、学无止境 270

附录:图说我的"读博"与"导博" 279

第一篇　立志勤学，厚积薄发

泰山不让土壤，故能成其大；
河海不择细流，故能就其深；
王者不却众庶，故能明其德。
　　　　　　　　　　——司马迁

　　读书是人生最美的享受。书能把我们托得多高，取决于我们触摸过多少文字。书能把我们带到多远，取决于我们品味过多少书香。书是童话故事的摇篮，是灵魂摆渡的港湾，是思想延伸的飞船。在绵延炳蔚的书卷中吮吸人类思想的甘露，采撷智慧的芳香，探寻真善美的真谛；走出狭隘，驱散浮躁，开阔视野；读有所悟、读有所思、读思互动、富有创见、学以致用，将读书心得记载，将读书感悟传播。而读博恰恰就是最美的读书之旅。在我看来，读博之旅始于读书者对博士学位内涵的正确理解、始于矢志不渝的考博动机、始于入学考试的全面准备、始于初步研究的缜密设计等。本篇为全书开篇，通过回顾我在香港大学读博的经历和反思，并结合我在上海外国语大学指导博士生所积累的实例，来讲述踏上圆梦博士征程之前应该做好哪些心理上和专业知识的准备。让我们翻开本章，一同在知识的海洋泛舟、在寻梦的天际翱翔、在智慧的宇宙探索。

一、登高望远

很多人都说喜欢读书。读书能让我们的心灵得以净化,灵魂得以升华;读书能让我们感受到来自书籍的温暖;读书能让我们的精神世界更加丰富;读书能让我们的生命价值更有意义。读博也是一种读书,但有别于普通的读书,是一种能力历练,是一种思维改变,是一种职业训练。读博之前应该对哲学博士学位的内涵(Doctor of Philosophy,简称为 PhD)有个透彻的了解。简单地说,哲学博士学位(PhD)就是一种研究型的学位,目的在于培养愿意终身从事创造性活动和科研的研究者,他们需要运用哲学观点来思考问题和解决问题。哲学博士学位并非只授予攻读哲学专业的博士毕业生,也授予包括攻读语言、文学、政治、历史、经济、法学、自然科学与技术、艺术、体育、教育学、心理学等学科的博士毕业生。

在读博士生不能被称为博士

我们经常听到人们称某博士研究生为某博士,其实博士生与博士有着截然的区分。博士生只有在通过正式的博士学位论文答辩,上报大学学位委员会正式批准之后才能成为博士,才可以自称或被称为博士。我记得当年自己的答辩通过以后,答辩委员会主席跟我握手道贺时还只是说"Congratulations, Mr. Zheng!"("恭喜你,郑先生!")而不说"恭喜你,郑博士!"博士生必须通过大量阅读文献,努力接触所学专业的前沿理论,选择某一个研究点作为自己学术的主攻方向。这个点一旦定下来,他就可能要终身为之而奋斗。这是一个学术信念的问题,凡是真正做学术的人都知道此话一点不假,绝非危言耸听。所以,读博要花好几年的时间为这某一个点开展持之以恒的攻坚克难,直到有一天能够突破这个点,对人类知识库有了原创性的价值添加,或者说向前推进了一步,并通过博士学位论文答辩,他才可以被授予博士学位,成为博士。由此可见,博士学位的获得有何等的艰难,何等的神圣!因此千万不要玷污博士学位的崇高与圣洁。

"读博"不仅仅只是"读",更重要的是要"从事科学研究"。一方面,博士生要广泛涉猎、大量阅读文献;另一方面,博士生要接受一系列严格扎实的学术训练,在导师指导下开展切实可行的科研工作,为将来从事学术研究打下牢固的基础。博士生教育的真谛是培养博士生们运用哲学思考的能力,使用科学研究方法解决问题的能力,塑造他们批判性思维的能力。掌握某一研究领域的普遍性知识是对博士生的基本要求,此外博士生还要兼收并蓄,努力学习综合知识,积极开展原创性的研究。对于博士学习阶段可能要面对的许多不确定性因素要做好足够的心理准备,这样才能有效地构建与策划未来的学习。

读博就要"吃了秤砣,铁心做科研"

读博要做两件事:一是完全熟悉一个科研领域,二是在这个领域里开创新理论。要想掌握一个科研领域就需要通读这个领域的所有文献。一般从读专业书籍开始,接着从核心学术期刊,会议论文和研究报告中获取有价值的信息。正是因为需要饱览群书,学会撰写读书笔记或报告就显得特别重要。读书笔记或读书报告可以帮助我们记录和复习学过的知识,并提高我们的概括能力、综合能力、分析能力和评判能力。此外,博士学位跟本科和硕士学位的本质区别就在于前者培养的是科学家或研究者,需要扎实地做科学研究(research)!

要开创一个新理论就需要努力地去探索、调查、思考和总结,这也就意味着在哲学观、认识论和研究方法论等方面要有独到的见解,具备独立开展科研的能力,以积极向上的学术情怀,不管前方的道路有多少艰难险阻,多么崎岖不平和多么泥泞不堪,都将无怨无悔,奋勇向前!

二、读博筑梦

我这一辈子除了三年时间在闽北山区插队落户当知青以外,绝大部分的时光都是在学校里度过的。父母赋予我生命,好像就是让我到这个世上来读书的。我不迷信,也不信命,但17岁那一年的腊月,我回福州过年,一位叫"半仙"的邻居听了我的"生辰八字"后,对我说,"你是个读书命,无论如何都有读书的机会!"真的,我有读书命。这一路走来,我考上了福州师专;教了几年书,又考上福建教育学院读本科;又教了几年书,又考上香港大学读硕士,读博士,一直从教到现在。我努力,我奋斗,我的读书梦就是这样编织起来的。

我读博的缘由

早年学习经历

我为什么要读博?三言两语很难回答这一问题,算是一种机缘吧——既是一种偶然,也是一种必然。我于1957年9月出生在福州市的一个普通职员家庭里,九岁那年"文革"爆发,社会动荡不安,生活物质匮乏,更不用说有现代化设备可以接触外界,自行车、手表、缝纫机和收音机这"三转一响"是那个年代的奢侈品。那时候我唯一能听到外界的声音就是靠挂在民宅大院走廊过道墙上的那台公共有线广播机,每天清晨它奏响"东方红"乐曲,接着"大海航行靠舵手,万物生长靠太阳"之类的声音不绝于耳。我没有多少典籍书本可伴随自己成长,更无法接受到系统性的文学熏陶。唯有在福州市鼓楼区北大路的一家连环画书店里可以读到《三国演义》《封神榜》《西游记》等小人书,读一本薄的需要一分钱,厚的则需要两分钱。此外,平时翻一翻家里那套册数不全的科普丛书《十万个为什么》,我的少年时光就这样懵懵懂懂地走过来。

1970年初,我跟随父母下放到闽东太姥山山脚下一个叫茶洋的小山村,那里既不通公路,也没有电灯,只有那潺潺的溪流和弯弯曲曲的石头古道。我们一家人就蜗居在村中的破庙里生活,一待就是五年。但我并没有把这五年的艰苦岁月当做辛酸的记忆,这段"田园"般的生活经历倒是赋予我许多书本中根本学不到的东西。我的初中同学多为农家子弟,跟他们在一起,我学会了辨认五谷,懂得了珍惜果实。在田里摸爬滚打,在崎岖的山道中肩挑背驮,这让我热爱生活,热爱劳动,从农家子弟身上学到了淳朴善良、互助友爱的品质。这些让我一辈子受益不尽。

说到上学,尽管我当时上的是一所乡村中学,但是幸运的是我遇上了清华大学毕业的数学名师丁振奎先生,还遇上了台湾大学毕业的著名书法家陈希立老先生,他们学富五车,爱生如子。在他们悉心教导下,尽管中学学制仅有四年,课程也受到极大的压缩,生物课变成"农业基础",化学课变成"工业基础",但是我们还是收获很多。这一切都是因为我们有正直善良、德行兼备的好老师教导抚育着我们,让我懂得读书的高尚,读书的珍贵,读书的力量,心中"一辈子要做读书人"的信念由此发芽,生根,期待着有朝一日能够开花结果。

我的英语启蒙老师肖先生

1976年9月9日毛泽东主席不幸逝世,随后社会酝酿着一场变革,1976年10月"四人帮"倒台。虽然此前已是知青插队的尾声,但我再一次走进大山,作为知识青年到闽北浦城山区——管厝公社溪南大队第五生产队插队落户,这是一个比闽东更加偏远、更加贫苦的地方。所幸的是我就在那里遇到了我一生中至关重要的贵人——曾在美军舰队担任过翻译的肖老先生。记得那是一个寒冷的黄昏,天上飘着鹅毛大雪,我们几个知青无法到地里干活,就守在家里包饺子。热气腾腾的饺子出锅时,我们瞥见窗外有个老人将脸用力贴在窗户上,眼睛睁得大大的,盯着冒热气的饺子,直淌口水。见状觉得他可怜,我们就喊他进来一起吃。边吃边聊,我们得知他早年曾在上海圣约翰大学读法律系,抗战后期加入国民革命军担任英语翻译。1949年留在上海做生意。因为他曾获得上校军衔,新中国成立后被判刑坐了几年牢。刑满释放,可是上海的妻子不接纳他,户口回不去,所以就只好落户在邻乡,过着孤苦伶仃的生活。听完他的故事,我们对老先生的身世表示同情,同时我们也撺掇他教我们学英语,能说一些"洋文"说不定未来有用。一开始老先生说不敢,他说当过"历史反革命",再也不要当"现行反革命"了。但是他后来实在经不起我们说每周都有饺子吃的诱惑,他终于点点头说愿意冒着危险当起知青点的英文先生。

一开始知青们觉得好玩,就纷纷地跟着老先生学了起来,但没过多久他们或觉得难,或觉得无用,就不学了,唯独我坚持了下来。老先生当时手头根本就没有合适的教材,他也是拼了命,利用短波可以收听到美国之音的英语教学节目,他边听边记讲座中的《英语九百句》,以此作为教材来教我。老先生没有什么独特的教学方法,他授课不讲任何语法知识,主要方式就是带读,他读一句,我跟一句。遇到我发音不准时,他也不急于纠正。他嘱咐我不要刻意去背诵单词,而是要整个句子朗读,尽可能背诵,背诵之后能抄抄写写也是好的。日积月累,我渐渐掌握了书中的问候语(Greetings)、辨别常用物品(Identifying objects)、辨别人物(Identifying people)的各种句型;从思维上开始意识到,同样一句话在英文中可以用几种不同的表达方式。等我背诵积累了数百句句型之后,老先生就开始用英文授课,在加强听和说训练的同时,不知道他从哪里弄来一本书面泛黄的 Aesop's Fables(《伊索寓言》)来指导我阅读,规定每周读一篇,自己去查字典解决单词问题(我回福州时在福州东街口福建外文书店内侧书柜买到一本影印本的 Oxford Advanced Learners Dictionary),然后要背诵,老先生来的时候我就背给他听,然后尽量用自己的话讲一遍故事,接着由他提问问题,有时候问题已经超越课文内容,需要灵活作答。我的听说能力、阅读能力和语法知识就这样从无到有,慢慢地积累起来,在老先生两年左右的耐心指导下,英语零基础的我有了一定的进步。

考入师专:命运的转折

1979年,我考入福州师范专科学校英语专业。我十分珍惜这次来之不易的学习机会,因此格外刻苦学习,每天闻鸡即起。由于家庭住房狭小,就跑到离家不远的福州西湖公园就着昏暗的街灯晨读。俗语说:"拳不离手,曲不离口。"拳师每天要练拳,歌手每天要练嗓子,作为英语学习者也要坚持每天朗读英语。我的体会是每天坚持朗读英语,只要每天坚持朗读三四十分钟,持之以恒,就能使舌头听从大脑的指挥,说出一口流利的英语。在我看来,所谓朗读(read loudly and clearly)就是运用重音、节奏、语调等语音手段把语言材料中的思想感情表达出来,也就是清晰响亮地把词汇、句子、文章等语言文字材料念出来。朗读有视觉上的因素,它要求朗读者仔细看语言材料;同时又有发音上的因素,朗读者在大脑中想着其发音,然后大声地读出声。另外,大量的、准确的朗读能够促进听力和口语的进一步完善,而广泛的朗读更能充分提高阅读和写作水平。在福州师专读两年书,我也在西湖公园晨读了两年。现在想起来那时的晨读时光真美好,天天有收获,天天受鼓励,因为那时候福州西湖公园每天清晨都有不少懂英文的老先生在散步,当他们经过我身边时,便会驻足听我高声朗读,听完之后,有的直接用英文夸我一句,"Very good, young man!"有的会指出我的语调问题,有的甚至还会用法语跟我开玩笑。从青年时代养成的这种朗读习惯,至今我还依然保持着。

福州师范专科学校虽然只是一所大专院校,可是有一批像杨霞如、孙雪芹、朱强华、程秀楠、陈光荣、林振坦等毕业于上海圣约翰大学和福建协和大学的优秀师资队伍。其中,杨霞如老师的语音特别纯正,她父亲是一名虔诚的天主教牧师,母亲是南京金陵女子大学①英语系高材生,由于家学渊源深厚,杨老师说一口漂亮的英式英语。杨老师教英语语音方法特别多,她讲语音理论知识,但不拘泥于理论知识,而是更加注重落实语音正音教学实践。给我留下深刻印象的是杨老师在英语教学上的锐意改革精神,她的一个绝招就是编写了一个英语—福州话对照发音表,既帮助福州籍学生学好了英语发音,又帮助大家提高了普通话的发音水平,真是一举两得,功德无量。杨老师的想法很简单,她认为两年制的师专毕业生跟四年制的本科生比必须要有自己的特色,而就当时情况来看所能做到的就是培养一批英语语音好的初中英语教师。后来的实践表明,经过杨霞如等老师培养出来的毕业生普遍受到福州中学界的好评。值得一提的是,杨老师的高足黄妹英教授天资聪颖,勤学苦练,深得杨老师的真传,虽未曾出国留学,但她的语音几乎跟 BBC 播音员一样圆润纯正,她长期从事英语语音教学,担任中、高考听力练习和试卷的录音,先后独立撰写了《大学英语语音教程》《英语语音自学教程》《初中英语同步听力与语音训练》等,在教育教学改革和语音教学研究等方面取得了较高的成就,曾获闽江学院师德明星,福州市教育系统先进工作者,福建省五一劳动奖章等。1994 年,我有幸受福建东南电视台之邀,成为该台第一位英语新闻男播音。正是得益于福州师范专科学校这样的学习氛围,加上老师们的辛勤培育,我才有机会进入全国著名中学福州三中任教。

福州三中让我有了家

进入福州三中工作,我除了承担英语教学,还兼任初中班主任工作,于是跟少先队总辅导员朱之琳有一定的工作关系。1982 年盛夏时节,朱老师带领福州三中部分优秀学生干部前往美丽的鼓浪屿举办夏令营,我们分乘几部解放牌大

---

① 金陵女子大学(Ginling College),简称金陵女大。1913 年(民国二年)美国教会美北长老会、美以美会、监理会、美北浸礼会和基督会决定在长江流域联合创办一所女子大学,最终选定南京为校址所在地,是中国第一所女子大学。

卡车,恰巧那一天我和朱老师乘坐同一辆车。朱老师乐观开朗,每次见到她总是面带笑容。我第一次注意到她是在一次少年先锋队成立大队的时候。当时每一个班级都要准备一两个节目,好在班上有会唱歌的,会说相声的。那是一个星期三的下午,整个年级都集中在福州三中二校部的旧礼堂里,在嘹亮的少先队队歌声中,少先队员们天真的脸上写满笑意,整个礼堂充满着欢歌笑语,喜气洋洋。同学们纷纷上台,载歌载舞,表达了对祖国的热爱,对学习的向往。就在曲终乐尽的时候,不知谁说了一声,下面请少先队总辅导员来给我们表演一个节目。霎时间,礼堂里爆发出雷鸣般的掌声。

洋溢着青春的笑脸,朱老师登台翩翩起舞。尽管没有手鼓,也没有冬不拉的伴奏,只见她时而手舞足蹈,时而扭颈旋腰,时而翩跹旋转,尽展新疆异域妩媚妖娆的万种风情!朱老师优美的舞姿赢得同学们一阵又一阵的掌声和喝彩!于是我对她心生好感,厦门之行让我们坠入爱河,彼此相爱,不久我就与她组建了幸福的家庭。那时候的我以为我就这样守着中学讲台,守着美满的家,在"有福之地"福州生活一辈子。由于我仅是个大专生,福州三中只允许我担任初中英语教学,我十分羡慕那些能够在高中教学的同事们,心里暗暗思忖着一定要努力争取提高学历,今后有朝一日也能有机会站在高中讲台上传道、授业、解惑。

福建教育学院:梦想起航的地方

机会终于来了。1986年秋,福建教育学院招收第一届成人本科生,在单位领导的支持下,我顺利地考取该校外语系,获得了一次难得的深造机会。当时,改革开放已经全面展开,党和国家对于东南沿海的英语师资培训非常重视。学校聘请了一批美国大学退休教授或者是中学高级教师来福建教育学院外语系任教。这些海外教师的专业背景不一定都是学英文的:有历史、文学、生物和商科的。正是由于不同的学科背景,我们的视野得到了极大的开拓:我们在文学的海洋中拾贝、在文化的长廊中漫步、在生物世界里徜徉。这些海外教师有一套自己的教学方法,比如他们带来不少英美文学著作,让我们读后撰写读书报告和书评等,然后组织我们在课堂上展开讨论,我们得到的是鼓励和赞许,同时也有点拨和引导。也正是通过这种锻炼,我较好地掌握了英语写作的基本技能,提高了口笔头的表达能力,如撰写文章时能条理分明、一气呵成,较好地按照篇章结构来写作,同时还能使用思辨的方式开展演绎和归纳的思考,这些收获都是我在大专学习中不曾获得的。

在福建教育学院学习期间对我影响最大的老师是吴新教授。吴教授早年在福州格致中学①求学,得到时任福州格致中学教务主任的倪耿光②先生的点拨和指导,英语成绩特别优异,抗日战争期间他考入厦门大学攻读经济学,本科毕业后,吴教授远渡重洋,到美国攻读硕士学位。吴老师曾经回忆说,由于在格致中学打下的英文功底,加上酷爱英美文学,尽管他在美国攻读非英文专业的研究生课程,可是他却是英美文学系最铁杆的旁听生。上世纪五十年代初,抗美援朝战争爆发,吴教授毅然回国,投笔从戎,在志愿军里当上一名上尉翻译,经历了血与火的考验。从朝鲜战场回来之后,吴教授就在河北大学外语系担任英语教学工作。他学识渊博、经验丰富、方法多样、治学严谨。据一位河北大学外语系毕同学的回忆说吴教授是80年代初河北大学精读课的第一把交椅,无人能比。本科生只有到了大学四年级才有机会轮到修吴教授的课,吴教授绝对权威,而且十分严格,期末考试能有10个学生被打不及格,像毕同学这样的优等生也才得82分,85分以上的人寥寥无几,后由于吴教授发慈悲,普遍上调3分,毕同学才又回到优等行列。

  1983年,吴新教授在外漂泊了数十年,他想回到生他养他的福州故乡,他想为家乡的英语教学尽绵薄之力,终于在美丽的福州西湖之畔的大梦山找到了叶落归根的地方。在福建教育学院工作的岁月里,吴新教授起早贪黑地工作着,他教学严谨,对全班学生的作文总是全批全改,这可真不容易啊!吴新教授在福建外语界享有很高的声望,当时福建师大外国语学院总是邀请吴新教授当研究生答辩委员会主席。

  吴老师酷爱改写(paraphrasing),在他看来,英文系学生要掌握的绝活之一就是要会改写,善改写。课堂上,吴老师经常使用实例展现他的绝活,他能用简单通俗的词汇和句子将经典绝美的英诗和时文改写成既忠实原文,又富有美感,又具可读性的标准英文。经过吴教授改写的英文读起来朗朗上口,言简意赅,一目了然。没想到吴教授教给我们的这一绝活在我后来撰写博士学位论文时派上了大用场,因为开展文献综述必须通过自己的消化和理解将大量的原句改写综合而成的。现在回忆吴新教授,这一记忆尤其珍贵,无比美好。

---

  ① 前身为福州书院(Foochow College)。始建于1847年7月1日,是由西方教会在福建创办的最早的中等学校。现已发展成一所教学设施先进、师资力量雄厚、教学理念超前的现代化市属国有重点中学。

  ② 倪耿光曾任福州格致中学教务主任,爱国者,精通英、法、德、日多国语言。

从中学教师到高校教师的转型

本科学习结束之后,我回到了福州三中,如愿以偿得以担任高中英语的教学工作。时任福州三中校长陈敬淼先生正带领一批年轻教师开展英语教学改革,教材使用《新概念英语》。陈校长也让我参与这个教学改革任务,于是我结合传统的教学方法,还采纳了交际教学法(Communicative Language Teaching)的理念和手段,使用投影仪,在塑料薄膜纸(投影片)上使用彩笔绘画出各种情景,以此创设教学情境来引导和鼓励学生使用英文"说英语"。这一教学实践让我有机会接触到当时新教法,有机会到上海等地观摩,同时也为我后来从事外语教学研究打下体验基础。于是我心中隐约还有另一个声音:我需要继续提高自己。

此时我在寻找新的机会争取到成人高校工作,只有这样才可能获得时间和机会深造。经过几番努力和周折,我来到我的母校——福建教育学院任教。其实一到省教育学院我就发现自己面临着更大的压力,从学历上来看,同事们大多都是硕士,我的学历成了短板。当时,学院积极支持教师去福建师范大学外国语学院读助教进修班。福建师大外国语学院人才济济,我得到时任外国语学院院长陈维振教授的关心、照顾和指点。通过一年时间的学习,我有机会跟硕士生开展互动,师大教授们的丰富阅历又让我开阔了视野。我特别想提到的是许崇信①和林纪焘②两位教授。许教授早年毕业于西北大学外语系,曾在陆军大学担任编译员。建国后,他参与了《马克思恩格斯全集》第40卷的翻译工作,此外,1974年~1977年,他还参加翻译并审定联合国及安理会文件43份,计120多万字。在当今世界性的文化交流中,这些主要译作和合译作品以及审校工作为发展和繁荣我国文化事业,开拓国人眼界做出了贡献。我选修了许教授开设的高级翻译课,他并没有因为我是进修生而对我另眼看待,相反,他对我的作业批改得认真细致。我的第一篇省级刊物论文"交际教学法的典范跨文化交际的佳作——浅谈大型电视美语教学片《走遍美国》的几个特色"③就是在许教授亲自指导和修改的情况下得以在《福建外语》上发表。在许教授的关心和支持下,我再接再厉,通过两年时间的教学实践,我又撰文"谈运用大型美语电视片《走遍美

---

① 许崇信,福建师范大学教授,翻译家。
② 林纪焘,福建师范大学外国语学院教授,翻译家。
③ 郑新民. 1994. 交际教学法的典范跨文化交际的佳作——浅谈大型电视美语教学片《走遍美国》的几个特色. 福建外语,84—86.

国》进行释放英语教学"[①],再次刊登在《福建外语》上。林纪焘教授是林则徐的第五代玄孙,尤其擅长讲非小说类文学作品(non-fiction),即散文和传记。林教授知识渊博,做事认真,一口地道的美式英语,一手漂亮的英文令无数学生倾倒,似乎福建师大外国语学院的英文作文课是他独家的领地。在福建师大外国语学院进修期间,我多次登门拜访林教授,发现他生活十分简朴,家里的摆设也十分简陋,但他的书屋却芳香四溢,书架上摆满了各式各样的英文书,其中还有一些像《闽都别记》《楚辞》等线装古书。林教授跟我详细地交谈了他在福州格致中学学习英语的许多体会,并勉励我要多读、杂读,该背诵的就要背诵。正是得到林教授这样的具体指导,我的英文阅读能力和写作能力都得到进一步提升。

学术贵人:Bob Adamson

一个人在成长的过程中,难免会走弯路,经历许多挫折,或是时运不济,空叹怀才不遇。这时候如能幸遇"贵人"相助,就会让你时来运转,智慧顿生,成为大用之材,或者使你的人生际遇发生巨大转变。我所遇到的Bob Adamson教授就是我人生中的这样一个贵人。

对我来说,没有硕士学位始终是一个遗憾,由于当时参加全国硕士统考有年龄限制,我在国内读研已不太可能。一次偶然的机会,我获悉早前教过的一位中学生在复旦大学本科毕业后要前往香港大学攻读博士学位,于是让他帮忙寄一份香港大学教育学院的招生宣传册子给我,拿到手一看,鲍勃·亚当姆森教授[②]的(Bob Adamson)名字赫然列在教职员名单的榜首(因为Adamson的首字母是A),他是研究中国英语教育和三语教育的专家。后来我才知道Bob早在上世纪80年代初就在山西太原高校教授英语,他喜欢当地文化,尤其喜欢吃醋溜土豆丝。90年代初Bob受刘道义和龚亚夫之邀,到北京参与我国基础英语课程大纲的编制和教材编写(*Junior English for China* 和 *Senior English for China*,人教社/英国朗文出版社合编),因而对新中国成立之后的外语教学发展有独特见地。记得那一年我刚买了台"联想天蟹牌"电脑,也才刚刚学会使用电脑发送电子邮件。我就试着给Bob发了封电子邮件,大意是想跟他合作一起调研人教社

---

① 郑新民. 1996. 谈运用大型美语电视片《走遍美国》进行释放英语教学. 福建外语(02),36—40.

② Bob Adamson香港教育学院课程改革讲席教授、国际教育与终身学习系主任、终身学习研究与发展中心主任。

新编英语教材在福建施教的状况,没想到 Bob 在几分钟之内就给我回了信表示他对这一研究感兴趣,并希望我能够尽快拟定该研究的初步设想和计划。实际上这一次通信成就了我的后来,这就是我为什么认为 Bob 是我的学术贵人之理由。

说真的,当时我对于如何做这一课题心中压根就没有底,更谈不上能够拿出什么完善的计划。但我想,开弓没有回头箭,无论如何也要逼着自己拿出一个研究计划。于是,我查阅了文献,凭借自己的经验写了一个题为《论新教材实施过程中如何推广交际教学法的设想》一稿寄给 Bob。由于缺乏学术训练,我的研究计划完全是一种理论综述,缺乏进行实地研究的详细设计,果不其然,Bob 是这样给我回信的:

> 新民,你好!
>
> 来信收悉。从你的计划中,我感觉到你拟定的研究题目似乎过于大,过于泛,属于思辨型研究。况且交际教学法是否符合教学实际,仍有争议。
>
> 我建议你做实证研究,通过教学访谈来收集教师意见,在访谈的基础上设定一份调查问卷,然后再通过调查问卷来寻找我们想要观察的教师,最后通过教学观察和深度访谈来了解新教材的实施情况。这样做的好处是能够应用扎根理论从第一手资料中寻找解决问题的答案。
>
> 祝好!
>
> Bob
1997 年 6 月 12 日

这封邮件开启了我通往香港大学读博的一扇大门,就这样我跟 Bob 保持着密切的联系,我告诉他当时我正在使用英文撰写了 *Family Album, U.S.A. and Communicative English Teaching Training* 一文[①],想寄给他帮忙提意见,很快我就收到 Bob 的许多建设性建议,其中他将我的 important 一词改成 paramount,显得更有学术味,至今我仍记忆犹新。在 Bob 的极力推荐之下,这篇文章于 1998 年在香港大学教育学院《课程论坛》第一期得以刊发。我感受到 Bob 十分乐意帮助我,支持我,提携我,尤其是在后来漫长而又艰难的申请读博过程中,他更是一直陪伴着我。这是一种无私的鼓励、关心和指点,人生能够得

---

① Curriculum Forum, a publication of the Department of Curriculum Studies, The University of Hong Kong. Vol 8. No. 1, 1998.

到这样一个贵人,夫复何求?

初访港大:荣获"田家炳中国访问学者基金"

现在回想起来,Bob 的回信实际上是针对我在研究方法上存在的问题给予具体的指导。接着,我就开始寻找能够跟 Bob 有面对面直接交流的机会。在他的大力支持下,我成功地申请到了香港大学"田家炳中国访问学者基金",如愿以偿地到港大进行为期 15 天的访学活动。这是一次富有实质意义的行程,对我后来能够到港大求学奠定了重要的基础。首先,我有机会详细地了解到 Bob 的研究方向,特别是他的博士论文的研究方向;其次,依照"田家炳中国访问学者基金"的惯例,每位到访学者都要给港大的师生作一场 30 分钟的学术报告会(presentation),通过对学术报告会演讲做准备,我有机会跟 Bob 在一起讨论,得到他的悉心指导,同时也让 Bob 对我的研究态度,研究能力,写作能力,演说能力等有了更加直接的了解;最后,我们达成合作研究的意向,拟定了 Bob 到福州进行学术考察的具体时间表。

Bob 于 1999 年 6 月初到福建教育学院进行为期三天的学术考察,他那种忘我工作的作风,严谨的治学态度,科学的研究方法给我留下了极深的印象,也深深地影响着我后来的研究生涯。记得 Bob 一到福州,就对我说他因动身匆忙,忘记了带饮水用的口杯,要我陪他到附近一家小超市去买一只,然后就马不停蹄地一头扎进工作中:跟我一起对当地的初高中英语教师进行小组聚焦访谈(focus group interview)和个人访谈,接着就是设计调查问卷,给当地的英语教师开讲座,跟教育学院的英语系、教育学系的师生进行座谈,跟我一同整理访谈记录,修改调查问卷等,三天的工作日程安排得满到不能再满了。跟 Bob 在一起工作,我不但感到他是在手把手地教我如何做研究,而且还在用实际行动感染我如何热爱自己的研究工作。

怀揣梦想,申请读博

Bob 回到香港之后,我写信征求他我是否可以在做此课题的同时,申请到港大攻读他研究方向的博士学位。经过多次电邮商讨,Bob 认为我可以考虑将原定的课题做一些必要的调整,修改成攻读博士学位的研究计划(research proposal),然后再向港大提出正式申请。

港大属于英国体系的研究型高等学府,学校特别重视申请者的研究计划。内地申请者可能会把研究计划误认为是撰写自传,从其家庭和童年开始叙述,其实港大要了解的并不是这些,他们对学生的学历背景,人生经历,和相关的工作经验更感兴趣。研究计划通常长达数十页,其中包括申请者对所研究学科较为深入的、较具批判性的文献综述,目的在于展现申请者对这一学科前沿研究动态的了解与把握;再者,通过文献综述,申请者可以确定自己的研究空隙(research gap),即提出研究问题(research questions),然后再细述运用什么样的研究方法(定性研究、定量研究,或两者兼之)来分析问题,回答问题,其中包括研究的理论框架、资料收集、资料分析以及研究所具有的潜在的理论贡献和实际应用价值等。

我的读书计划完稿之前经过多次反复的修改,要是没有 Bob 对这一课题研究的高瞻远瞩和精辟独到的见解,要是没有 Bob 对研究方法的娴熟掌握,要是没有 Bob 不断地提出建设性的意见和精心的指导,我真的难以想象我能够独自一人完成这样一个高难度的读书计划。坦诚地说,正是通过这样的"指导和修改",我充分体验到这种师生共同探讨、共同构建、共同进步的益处。

当时港大每年研究生招收人数有限,竞争格外激烈。我的第一次入学申请失败了,作为我的潜在导师,Bob 主动写信跟我一起分析失败的原因。首先,他鼓励我不要气馁,接着,他明确地指出我下一步要努力的方向,即应该在方法论方面下苦功,尤其是要把范式问题(paradigm)讲透彻,同时还应该利用我手头上已收集到的资料,做一些前期的分析,这样才能让招生委员会感到研究具有一定的可行性。

拥抱香江,圆梦港大

在 Bob 的建议下,我又反复地研读了一系列有关方法论研究的专著(参见 Yin, 1994; Maxwell, 1996; Cohen, et al., 2000; Denzin, 2001; Patton, 2002)[①②],对自己读书计划中的方法论内容作了一定的修改和加强。功夫不负有心人,第二年我再度申请,终于在激烈的角逐中脱颖而出。但 Bob 跟我说,由

---

① Yin R. 1994. *Case Study Research: Design and Methods*. Thousand Oaks, CA: Sage.

② Maxwell J. A. 1996. *Qualitative Research Design: An Interpretative Approach*. Thousand Oaks, CA: Sage. Cohen, L., Manion, L., & Morrison, K. 2000. *Research Methods in Education*. London: Routledge. Denzin, N. K. 2001. The Reflexive Interview and a Performative Social Science. *Qualitative Research*, 1(1), 23—46. Patton, M. Q. 2002. Qualitative Interviewing. *Qualitative Research and Evaluation Methods*, 3, 344—347.

于我没有硕士研究生学历,港大只给我 MPhil(哲学硕士)①的席位,他说一定要先接受,因为这是通往攻读博士学位的一条极可能的途径。无论如何,我想我能够拿到港大攻读硕士学位的录取通知书,没有 Bob 作为潜在导师的鼎力相助、精心指导和港大不拘一格降人才的政策,我是绝对不可能有这个机会的。

我想借用一句英语谚语来表达机遇的重要性,即"Opportunity knocks but once."(机会从来只降临一次)。也就是说当机会来临时,如果没有做好准备,那么就会与你擦肩而过,你就失去改变你一生的际遇。回忆我的读书之路,尤其是后来几经努力获准攻读博士学位的经历,我心中从未改变的信念是:"充实自己、提高自己。"

高校青年教师为什么要考博

每年都有不少高校青年教师写邮件向我表达他们想要攻读博士学位的愿望,这些教师大都是 80 后,也有 90 后,还有小部分的是 75 后。邮件内容不外乎表达了他们对外语教育感兴趣,有一定的工作经验,但是在科研方面比较薄弱,所以迫切希望马上攻读博士学位。有的青年教师相当实在地问,"郑教授,您今年招几名?还有名额吗?能否考虑我?"这些想法颇为急功近利。也有的青年教师直说他们读博就是为了更好地生活。我想读博需要有思想境界的,要真正想做学术,而不是仅仅为了一份学历、一只饭碗、一个驾轻就熟的职业和一种风险相对较小的生活。

一封印象深刻的考博申请书

2016 年秋天,我收到了一封题为"一个雄心勃勃的维吾尔族女孩渴望梦圆读博路"(An Ambitious Uyghur Girl Pursuing For Doctorate Path)的信件。说实话,这个标题着实引起了我的不小兴趣。在字里行间的阅读中,我发现这名学生没有"劈头盖脸"地询问我是否有招生名额,而是将自己的求学、研究历程娓娓道来。90 后的古丽生长在地地道道的新疆维吾尔族家庭。她在 14 岁那年有幸被选拔到上海近郊一所中学读书。那时,她不但要学习英语,汉语基础为零的她还需要克服极大困难,从头开始学汉语。之后,她顺利考入上海某高校,并在那里度过了充实的大学时光。2013 年,她前往美国东部一所州立大学攻读应用语

---

① MPhil 所进行的是为期两年的专业研究。MPhil 和 PhD 差异在于从事研究的时间不同:前者是进行两年的专业研究;后者是三年。除此之外,最关键的区别就是,两者的培养目的和对研究课题的要求程度不一样。

言学硕士学位。在两年的学习过程中,古丽参加了各种课程学习、从事了一些兼职教学工作。面对不同背景和动机的中文学习者,她对语言教学和教育产生了浓厚的兴趣。攻读博士学位的想法源于她本人作为一个特殊的语言学习者(母语为维语,第二语言为汉语,第三语言为英语)的经历和她作为一位汉语作为外语教学的实践者的思考。我想,这样一封"不夸大""不造作",描述个人经历和表达个人情怀的信件是不多见的。我不知道她是否能够如愿以偿考入上外,也不知道她未来路在何方,不过,这的确是一封打动人心,言之有物的信件。

"没有理想,就不要搞学术"

我非常同意复旦大学新闻学院李良荣教授反复强调的一句话——"没有理想,就不要搞学术。"从事任何学术研究,都是探索一种理想实现的可能性。博士毕业以后,你需要成为某一领域最前沿的"探索者"。没有学术理想,谈何来研究和探索这些未知?导师的学术理想、理路、情怀又由谁来传承呢?

同样,攻读博士学位是一种极富有挑战的历程,光凭一腔热情是远远不够的。报考之前应该先问问自己:"我是否能够静下心来试图去攻克人类知识体系中一个极小的突破点?我是否能耐得住寂寞,孤独地行走在探索真理的路上?如果失败,我是否还能矢志不渝,继续努力直到成功?"

锲而不舍考博路:侯文魁的故事

我认识侯文魁在2008年冬。当时我刚刚调入上海外国语大学工作不到半年。一天下午,英语学院的邹教授打电话问我愿意不愿意带两个在职的硕士研究生,其中之一就是侯文魁。很快,我们就有一次见面的机会,侯文魁说他在江苏苏州开会,顺路到上海来看我。出现在我眼前的是一个帅小伙子,身高180公分的北方大汉,一看上去就是那么憨厚朴实。说实在话,我很喜欢这小伙子。在我的指导下,侯文魁硕士论文写得也不错,不久就顺利通过答辩毕业了。我为他感到高兴,毕业之后他一直跟我保持联系,向我汇报他的工作和生活情况。一切显得那么的自然,让我感觉到一种真诚的师生关系,我特别喜欢这种自然的人际交往。我真实地感觉到侯文魁不是一个功利主义者,他并没有因为我那时候还不是博导就终止了师生之间的联系。

2011年之后,我获得博导的资格,侯文魁自然想来考试,他给我写信,谈他的愿景与发展计划,也谈他未来的研究方向。我极力鼓励他,但我丝毫没有因为他是我在上外带的硕士研究生而对他有任何的照顾。就这样,他默默地准备,可以想象整个过程的艰难,两个春秋,两次失败。似乎他没有见到什么光明和希望。路还是那样的遥远与漫长。但他坚持继续与我保持联系,不带有任何的功利。我还是那样"铁面无私"地跟他保持一定的"距离",这种距离就是不给他任何的方便,让他自己通过努力去悟做学问的道理,这是对学问的敬畏。如今,侯文魁已通过不断努力和难得的毅力考入上外,与我的学术共同体共同探索与成长。

明确目的是行动的前提

我希望来报考攻读博士学位的年轻人要知道,来考我的博士研究生,不只是来"读"学位的,而是要来真正做科学研究的,通过接受学术训练、开展科研,在学术上有所建树而获得博士学位。如果科研能力比较弱,不知道自己的研究方向是什么,也不了解基本的研究范式,如何选题,如何设计自己的研究,我想,还是暂时不要来报考。如果功利性很强的人,想一次性就能考上的人,那就干脆不要来考。

其实任何人做任何事情都带有一定的目的或动机,青年教师的考博动机也是一样。我喜欢与人交流,倾听别人的人生经历和丰富多彩的故事,这样可以帮助我们更好地反思自己。近些年来,每年我都会接收一些访问学者,在与他们认识之初,我也经常询问他们"来到上外访学,师从于我"的原因。面对我的提问,他们有的人直抒心意,非常坦诚地说明此行的来意就是"撰写高质量的教学研究论文"。在有些人看来,这样的话语或许稍显"功利",但我十分欣赏这样的爽直和坦诚;也有的人向我表明,来到上外进修是出于对各方面因素的考虑,如地理位置、学校、专业、导师;也有的说数年前听过我的讲座,并且印象深刻。的确,不同的访问学者在回答我的问题时,由于个人性格的不同,采取了风格迥异的回应方式。我想,不管是"直截了当"还是"迂回婉转",能走到一起,走进一个团队,这都是师生之间的缘分。至于最终能否"金榜题名",还得看是否具有真正的研究潜质和能力。即使是考取了,如果不继续努力,只满足于能混一张博士学位文凭的学生也不可能有太好的远景,到时候不仅是害了自己,还坏了导师的名声。

的确,人们做任何一件事情都带有"目的性"。考博动机也是如此,不管是为了追求学术,还是为了评定职称,或是受到人生中重要他人的影响,都无可厚非。我建议青年教师或青年考生要经过理性思考再做出决定,只凭一腔热血往往做不成大事。下一节将谈一谈作为一名博导,我持有什么样的博士生招生观。

三、鸾翔凤集

我曾经读过一篇文章,记得内容大概是"哪些人适合读博",其中提到需要有高智商和高情商、足够的毅力和较好的身体素质等条件。的确能考入读博的人,总是人群中的佼佼者。这是一个可以相互约束、相互见证、共同进步的群体。高智商基本是读博的第一要素。如果没有高情商,读博不但不会给你带来更多的快乐,而且会带来很多负担,也不会坦然面对三到数年,甚至更长时间的清苦生活。另外,"修课""文献""实验""论文""盲审""答辩",这些都是读博历程中的关键词,也是让读博者的学习和生活高速运转起来的因素。如果没有一定的毅力和乐观的情绪来应对这些压力是万万不行的。此外,健康的体魄更是保证学业完成的基本条件。在我的周围不乏为了论文通宵达旦、形容枯槁的博士生,也有一些乐观向上、高效学习的学生。我想这中间的差异就有个人智慧、性格、学习方式和身体条件等因素在起作用。作为博导可能很难在招生时全面考察到一个学生是否适合读博,但是其基本标准应该都是相似的,我至少坚持以下两种标准。

看重学养

港大教育学院前院长安德鲁思[①]教授说过,"香港大学挑选博士生的条件是很苛刻的。"(The University of Hong Kong is very selective in choosing its PhD candidates.)我想这句话从很大程度上体现了港大对其博士生的挑选是十分慎重的,对学生的学术品质要求很高。前面我提到过,香港大学深受英国教育体制影响,研究计划是获得入学资格的决定性因素。在申请入学时,需要递交一个相对完整的研究计划,包括科学的选题、详实的文献综述、可行的研究问题以及完

---

① Steve Andrews,香港大学教育学院教授,主要研究兴趣是语言学和语言意识。

备的研究设计,大约需要 30 页 A4 纸的长度。而内地的体制大多采取入学考试的形式,这种方式有其优点,但不足在于,一些在理论考试得分很高的学生有可能在科研方面较弱。上外邹申教授在指导博士生方面很有经验,她曾说过,"慢慢地,我认识到科研能力和第一学历是两码事,也不是正相关的,不能一概而论,要全面考虑。总的来说,我还是看重专业成绩,看重考生的科研能力和科研潜力,当然翻译能力也是很重要的一点。"①我十分赞同邹申教授的说法,因此,我要求报考我的考生在邮件联系我时递交一个相对完整、成熟的研究计划,这样我就能从一定程度上判断一个学生的科研能力。此为一,学养。

看重德行

我在考量是否可以招收一个考生读博,我比较看重他/她的"德行"。每个学校的博士生招生简章对考生都有一个基本要求:"拥护中国共产党的领导,具有正确的政治方向,热爱祖国,愿意为社会主义现代化建设服务,遵纪守法,品行端正"。这是从政治上对考生的要求。

与本科阶段、硕士生阶段不同的是,博士生入学采取统一考试和导师遴选共同决定的方式。在基本前提满足的情况下,每个导师都有自己独到的眼光和判断。在国外,博士生和导师是平等的同事关系;而中国有数千年的文化传统,"一日为师终身为父"这一观念深入人心。文科和理科不一样,师生之间更加讲究彼此之间的信任、学术和脉络的传承。我希望学生愿意了解我、愿意接受我的指导。我希望我的学生思考如何秉承导师的思想、如何顺着他的思想更进一步。我招生初期在这方面有所欠缺,通过反思,我开始更加注意考察一个考生是否在具备一定"学养"的前提条件下,愿意传承师学、愿意接受导师的指导、心怀善愿、乐于助人、具有团队合作意识。此为二,德行。

简而言之,我的遴选标准是"学养"+"德行"。当然,随着时间的推移,越来越多的博士生被招入学术共同体,我也在不断反思,对于考生的选择标准也会与时俱进,变得多样化。但是我想,我不会改变的是对学生有学术素养和为人处世的要求。下一节,我将描述我的多元化博士生源,以及他们如何给我的学术团队带来经久不息的生命力。

---

① 邹申.2016.博士生培养的核心是哲学思维和创新能力.刊载于《信念与追求——走近上外》一书(郑新民,2016,p.116)。

四、广纳贤才

东汉政论家、文学家王符在《潜夫论·明暗》中也有类似的论述:"君之所以明者,兼听也;其所以闇(暗)者,偏。"可见,"多元化"丰富了我们的生活,也启迪我们采用和吸纳不同的思维去解读同一件事情。德国哲学家莱布尼茨在提出"相异律"时说过,世界上找不到两片相同的树叶。正是这种"丰富多彩"才令我们生活着的世界如此有趣。

在上外招收博士生,我设两个研究方向:一是外语教育(外语教育语言学),二是第二语言习得与实践。这两个方向都属于应用语言学,可开展的研究内容丰富多样,近年来吸引了众多莘莘学子前来报名应试。

我查看了我的电子邮件等资料,我的考生方阵里除了有一批应届硕士毕业生,还有相当一部分拥有丰富工作经验的高校青年教师。随着全球化的进展,上外也吸引了来自世界各地的留学生,每年都有数十个外国留学生投石问路。另外,越来越多的同等学力博士生也加入到我的指导队伍中来。一方面,多元化生源对于丰富我的学术团队建设颇有裨益;另一方面,面对不同的学生,我的指导模式也面临着挑战。

多元化对于培养体制描述了新的责任,对于博士生导师也是如此。导师需要格外关注和意识到学生之间的不同。学生本人也应该注意到这种"多元化"并积极应对。

港大多元化师资队伍

港大生源广泛,以教育学院为例,该学院设有语言与文学、课程论、教育学、教育技术学和特殊教育等专业。教师主要来自以下几个国家和地区:人数最多的是以 Paul Morris①和 Mark Bray 教授为代表的英国人②或者是接受过英国教育的香港人；其次是以 David Nunan③为代表的澳大利亚人；其中也有美国人或者在美国取得博士学位的内地学者；另外还有获得英美高校博士学位的印度人和日本人。多元化的教师队伍给予学生的是具有各个区域特征和个人特征的教育理念，而相同的是他们接受过规范的学术训练。另外，香港大学的工作语言是英语，同时也鼓励学生学习普通话和粤语，这也从另外一个角度体现其多元化的语言生态(linguistic ecology)。

初到港大，我参加了粤语学习班，在较短时间内掌握了粤语基础用语，上街买菜和问路基本上没有问题，有时还能跟港大本地学生自由交谈。不少比我年轻的内地生都惊讶于我的进步，也因此纷纷报名学粤语，讲粤语。港大学生群体来自不同的国家和地区，大家最喜欢的运动就是登山。每天下午四时半左右，同学们就会结伴登太平山，一是锻炼身体，舒缓压力；二是建立联系和交流。登山人流中各种不同肤色和年纪的学生构成了一道特殊的风景线。虽然大家来自不同学科背景，但交流的东西却有高度的相似性：如何解决博士学习各个节点遇到的常见困惑。港大给每一个学生一笔参加国际会议的经费，鼓励学生参加全球学术研讨，以此扩展学术视野。港大还是一所恪守学术规范的研究型大学。在港大的学习经历，并由此产生的教学理念对我到上海外国语大学任教，尤其是招收和指导博士生工作有着重要的影响。

多元化生源是一泓活水

我的 SLRC④成员是由"四合一"多元化生源组成的：①同等学力博士研究生；②普通全日制定向和非定向博士生；③外国留学生；④博士后和访问学者。他们的出现和参与丰富了 SLRC 学习共同体的结构，增添了团队的活力、拓展了成员的视野。

---

① Paul Morris，全球著名教育家，香港教育学院院长。
② Bray 教授曾任香港大学教育学院院长，其主要研究兴趣是高等比较教育。
③ David Nunan，澳大利亚语言学家，他在课程和教学资料的开发、课堂教学研究以及论文分析领域撰写过一百多部书籍及文章。此外，他还著有 *Atlas*, *Go for it*! *Listen In* 和 *Expressions* 等系列教材，均由汤姆森学习出版集团出版。曾任香港大学应用语言学的首席教授及英语中心的主任。
④ 我的英文名字为 Simon。SLRC 的全拼为 Simon's Learning and Research Community。

同等学力博士生指导

2008年秋,作为高级引进人员,我由福州大学调到上海外国语大学任教,不久即被聘为博士生导师,由此开启了我的指导博士研究生之旅。指导之初,恰逢上外招收英语语言文学同等学力的博士研究生,我陆续收到不少申请,让我指导他们的博士论文写作。

同力博士生一般比全日制博士生年纪大,他们承担着更多的个人和工作中的责任,尤其是繁重的教学工作可能会影响他们的研究进度。他们面临的最大挑战是从工作角色转变为学生角色。对于同力博士生的指导,我需要和他们共同付出更多的努力。因为他们要坚守教学岗位,无法经常进行面对面的指导,需要使用一系列更具有弹性的指导方法来支持(scaffolding)他们的学习。这些指导方式往往还要根据不同阶段的学习特点而调整。

丁灵是我指导过的一名同力博士,她思想严谨,聪敏灵动,刻苦耐劳。为了能够专心研究,她跟工作单位协商申请到上外学习一年。这样一来,她就能够每周参加 SLRC 学术研讨会,频繁地跟导师和同学们交流互动。丁灵除了自己学习刻苦之外,还十分愿意分享,乐于助人,每次在 SLRC 研讨会上她都积极发言,认真倾听,善于建言,言辞恳切,言之有物,在学术上起到了带头的作用。她不但在自己的团队表现出色,而且还把在团队里学到的研究方法等跟其他团队的成员分享,起到了团队与团队之间的桥梁作用。丁灵不但在学习上表现突出,而且还是一个非常孝顺的女儿。我记得那一年她母亲在一次意外中摔坏了腿,在外地手术没有成功,丁灵就冒着酷暑,四处打听上海哪家医院有好外科可以治好她母亲的腿。我听说她母亲动手术那一夜晚,丁灵守在她母亲的病榻前,一边陪伴老母亲,一边阅读文献资料。丁灵就是以这种决心和毅力来面对来自生活和学习的挑战,白天,她待在上外撰写论文,选修课程,参加学术研讨;晚上她要到医院亲自照顾母亲,尽一份孝心。我想丁灵只是同力博士生中要身兼家庭、工作、学业多重压力的群像之缩影,我觉得他们收获学位特别不容易。

同力博士生在教学岗位上大都能独当一面,有的还担任院系领导,对自己的日常工作游刃有余,但初入 SLRC 和大家学术交流时,基本上都表示"心中没底""缺乏自信"。田野老师是这样描述她第一次到 SLRC 做学术汇报的内心感受:

"第一次论文指导,导师要求我们以 PPT 的形式来展示一下自己的论文,让我在周二晚上六点到国际教育学院会议室给大家做一个汇报。接到任务后,我觉得这个 presentation(演示)好难好难。接下来的连续两个夜晚我都没合过眼,拼命努力做完了PPT。周二展示的日期在忐忑不安之中如约而至。导师喊我的名字,叫我上去讲,我完全没有了作为教师在讲台上时的镇定自若,各种忐忑和紧张让我的演示显得非常狼狈。据同学们后来回忆,我的声音极其微弱,这与平时的我完全不一样。以前在给数十、数百、甚至千人做讲座时,我声音都是洪亮的,用同事们的话说,我是"经历过大风大浪的"。而此时不知道为什么,站在这十几个人面前,我却如此的胆怯,以至于我感觉到我的喉咙深处被卡了一枚橄榄核,吐不出,又咽不下,压着我的嗓子无法发声。我战战兢兢地地讲完了论文,一刻钟的时间,对我来说仿佛是一个世纪那么漫长。接下来的场面更让我恐慌,郑老师学术团队的讨论开始了……"

其实不单单是田野老师,许多第一次参与 SLRC 研讨的博士生或是前来旁听者都或多多少经历过这样的场面,着实都被这样"热烈"的学术争鸣和"郑老师时常不留情面,一针见血地指出问题"给震慑住了。但是后来,如果能够坚持下去的话,他们就会"着了魔"似的被 SLRC 的氛围所吸引,将每周二晚上的时光当做是一场精神层面和学术层面的盛宴。

前面讲到丁灵在上外研究生宿舍住下潜下心撰写博士论文,同为同等学力的博士生舒弘也决定在 SLRC 待上一整年安心写作,她认为这一年是她学术能力"突飞猛进"的一年。舒弘在 42 岁时正式成为上外同力博士生,2014 年岁末的一天我第一次见到她,不巧当时我刚做完一道小手术,还卧在医院病床上。我们就在病房里谈她的论文,一开始,我并没有直接指出她论文里存在的问题,而是用一张"V"型图向她讲解了论文研究的整体过程(图1)。

当舒弘基本上明白了博士论文写作应遵循的整体过程之后,我有针对性地跟她讲解了研究过程图中各个部分之间的相互关系,并结合她的论文题目、研究问题和研究设计进行了具体指导。我发现舒弘在有关方面的提法和表述上都存在着不同程度上的问题。的确,她的问题并不是特例,和许多同力博士生一样,她从事教学工作多年,对规范的学术训练日渐疏远,在家庭、工作和学习的各种压力下,很难全身心投入到论文写作的过程中。舒弘表示,刚来到团队的时候,她对于像研究问题之间的连贯性和逻辑性、如何搭建概念框架等都似懂非懂,经过一段时间的挣扎,她逐渐有了感觉,也慢慢地掌握了基本的学术原理和规范。

我想对于舒弘而言,最苦的莫过于 2016 年的一月份,在周围同学都踏上返程回家欢度春节时,她还坚守在上外那没有暖气的宿舍里,不得不静下心来码字,因为三月初就要交论文初稿。冬天的上海是那么潮湿寒冷,它不像北方的冬天冷得彻骨干脆,是一种穿多少衣服也都无法抵御的刺骨之冷,舒弘所住的宿舍楼只剩下几间为数不多的宿舍还住着学生。可以想象当时是多么难熬! 由于对理想的追求、对学术的敬畏,舒弘坚持下来了,最终也迎来了学业的春晖和收获。如今,舒弘已经完成学业,回到原单位工作。但每逢周二晚上,她还是那样痴迷SLRC 研讨会,坚持在线观摩并参与研讨。

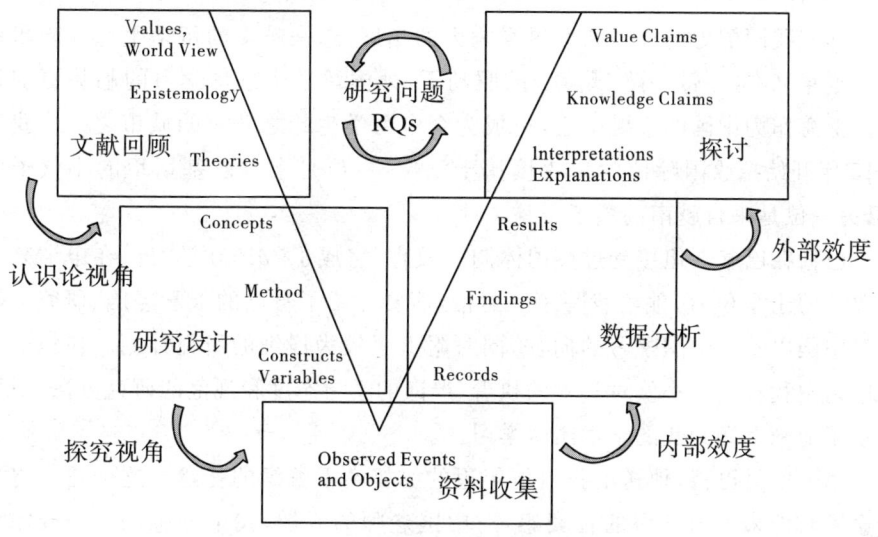

图 1　论文研究整体过程(郑新民,2014)

同力学生唐莉莉主攻方向是"三语习得",她在撰写论文过程中身体曾出现极度不适,各种生化指数都超标了,我就写信宽慰她要先养好身体,精神上要保持乐观。唐莉莉以超凡的毅力克服了种种困难,努力攻关,终成正果。当她获得博士学位时感慨颇多,对她来说 SLRC 就是她的精神家园:

"尤其是到了研究设计和论文撰写阶段,我对这一点的感触就更深了。因为有了 SLRC,我不再孤军奋战,我有导师和团队,他们愿意倾听我的想法,解答我的困惑,指出我的不足。由于有了导师的悉心指导和团队兄弟姐妹的热忱帮助,我在研究设计、论文撰写与修改至最后的答辩环节要顺畅许多,这种归属感更是让我感到踏实和温暖。"

对于同力博士生的要求和指导原则上不能和全日制博士生完全一样。除了尽量要求他们多来上外集中辅导之外,我更多使用的是电子邮件,要求他们按时汇报，我及时给予详细的批注反馈，同时还注意对他们的指导需要做到循序渐进、以鼓励为主。有了面对面的指导和电子邮件、微信、电话等多种方式的互动，他们纷纷表示收获颇多。此外，我还要求全日制在读博士生尽可能跟同力博士生进行线上和线下的互动和互帮，所以 SLRC 团队成员之间从第一届到最新一届的同学彼此都认识，也有互动。

指导国际留学生

随着我国国力的提高和世界影响力的拓展，越来越多的留学生选择来华留学。近年来在"一带一路"政策[①]的驱动下，外国留学生来华学习的趋势更加强劲。上海作为中国的金融中心，也成为众多留学生趋之若鹜的城市之一。我于 2015 年开始招收国际留学生攻读博士学位，一位是来自巴基斯坦的小伙子巴穆，另一位是来自越南的墨子。

巴穆在巴基斯坦接受过英国体制的教育，完成了 MPhil 学习。在申请来上外攻读博士学位时，他给我写了一封信，简要介绍了自己的求学经历、研究兴趣和对中国以及在中国学习的向往，同时附上了较为详细的研究计划。在他的书面申请中我看到了小伙对学术的执着、严谨的学习态度和规范的研究方法，所以同意了他来上海到我的学术团队学习。

第一次见巴穆，他送给我由他年迈的奶奶亲手编织的托盘。这个托盘寄托着全家对他来中国学习的自豪感，对中国老师的尊敬，我十分感动。一开始到 SLRC 学习，巴穆也经历了文化冲突。他自信、积极、喜欢在课堂上发表意见，有时候他并没有意识到打断他人的发言，难免引起了一些误会。另外，他不懂汉语，初来时也没有找到本国的同胞，因此有一段时间颇觉苦恼。我及时发现了这一点，并叮嘱学生对他关心和帮助。渐渐地，巴穆和中国同学建立起良好的关系，买了智能手机，也开始学习几句普通话。在研讨会上，他学会聆听，给团队成员提供善意的意见；在微信朋友圈，他积极建言献策。这表明他愿意融入集体，无论是在现实生活还是在虚拟空间都一样活跃。

墨子来自越南，看似娇小内向，但内心世界比较强大的一个女生。参加研讨会时，她总坐得离我较远，也不怎么发言，我很少注意到她。她是学汉语出身的，且在重庆完成她的硕士学习，谙熟中国文化和人情世故，我可能对她关注少了

[①] "一带一路"是"丝绸之路经济带"和"21 世纪海上丝绸之路"的简称。它将充分依靠中国与有关国家既有的双多边机制，借助既有的、行之有效的区域合作平台。"一带一路"战略是目前中国最高的国家级顶层战略。

点。但巴穆提醒我:"Sir, you don't have to praise me too much. Equal attention should be given to the rest of the colleagues, including June."(老师,请您不用老表扬我,也请多鼓励鼓励其他同学,包括墨子。)我这才意识到应该多关心这位越南女生。于是,我在研讨会上就让墨子多发言,提建议,提看法。通过这些活动,我发现墨子的思想有一定深度,她才思敏捷,话语简洁,表述得体。她对自己的要求也很严格,为了一个汇报或者作业经常加班至深夜,不到自我满意绝不罢休。尤为凸显的是,墨子坚持用英语来演示,一年下来,她的英语口语和书面语的表达能力都有了显著提高,逻辑思辨能力也得到充分的锻炼和提升。

指导博士后学者

孔仲文是我的第一位博士后研究生。学习经历比较坎坷,他大专毕业之后仍然不断进取,他一路升本、读硕、攻博,百尺竿头更进一步。他的成功是刻苦和毅力的写照。孔老师具有较为丰富的核心期刊论文撰写和发表经验,他的到来无疑为 SLRC 增添了一份活力,我希望他能以成功的科研作者身份跟同学们分享经验。的确,孔老师总是乐于分享,愿意帮助。他不仅仅在研讨会上得体礼貌地建言献策,而且在研讨会后也跟大家积极互动,善于提高质量的意见。孔老师说他格外珍惜和享受 SLRC 的学习气氛,因为以前他从来没有遇到过这样一个学术平台能够畅所欲言地进行学习和沟通。每周二都是他的"双城记(A Tale of Two Cities)",即他要奔波于上海和南京两座城市之间来参加晚间的研讨会。通常研讨结束时夜已深,孔老师才拖着疲惫的身躯前往高铁站,每每坐在高铁上他一定要在微信群里用英文发一条信息,对当晚所讨论的有关问题有感而发,充满激情,语言准确,态度诚恳,寓意隽永,令人回味。孔老师认为奔波和疲惫与收获和愉悦一比根本不值一提。我想孔老师的这些话语为我和 SLRC 学生们点燃了一盏榜样的明灯。

指导访问学者

从 2012 年开始,我陆续接受来自全国各地高校英语教师的访学,这些年轻教师共同的特点是思想活跃、积极进取、刻苦用功,但科研意识薄弱,研究方法欠缺,撰写论文无头绪。我举冉祺儿的例子吧。冉祺儿是 2015 年 9 月入学的一位青年教师。她来之前通过邮件向我申请她的访学意向,根据她寄达资料所描述的教学与科研情况来判断,我表示愿意接收她。9 月中旬冉祺儿到上外研部报到,并到我的办公室联系我,她进门时留给我的第一印象是"清新自然"。冉老师表达了想在我指导下提高学术研究水平的意愿。我给她提供了一些参考书目,赠送她几本电子版书籍,并交代她在周二晚上的研讨会上做个自我介绍,主要讲一讲她在访学期间的研究兴趣和实在内容。对冉祺儿有了进一步的了解是基于以下几件事:

  2015年10月,我在为一本新书①进行最后收尾工作。根据一段时间我对冉祺儿在学术活动中表现的观察,我觉得她有一定的悟性,办事能力较强。于是我决定把新书后期的整理工作交给她。冉祺儿愉快地接受这一任务,她一再表示愿意"做中学"。整理资料和编辑工作极需要耐心和仔细,更需要对资料和数据的来龙去脉,前后关联有深刻的了解和把握,同时语言基本功底也很重要。冉祺儿做事干净利落,认认真真,从不敷衍了事。通过一段时间的工作,她按时按质很好地完成了任务。有一次,为了观察她的协作学习能力,我让她和一年级博士生共同策划一次工作坊活动,即就研究方法和数据分析方法(如访谈法②、内容分析法③)等进行演讲。冉祺儿谦虚好学,积极献计献策,在团队中起到穿针引线的作用,通过这样的锻炼,她跟团队的协作互动得到了加强,科学能力也有了明显的提高。

  后来冉祺儿向我表达了继续深造的意愿,想试一试博士生入学考试。我支持她的想法,但告诉她报名人数多,竞争激烈,要凭实力说话。在2016年3月的入学考试中,冉祺儿笔试成绩优秀,面试表现突出,脱颖而出,如愿以偿圆了博士梦。

  我的团队中因为有了同力博士生、全日制博士生、外国留学生、博士后和访问学者,显得更加朝气蓬勃,彼此之间的交流也更加深入,他们给这个学术共同体注入了源源不断的活力,自己也从中获得了宝贵的学习和交流机会,我想这是一个"双赢"的过程。下一节将谈及博士生入学前应当做好哪些准备工作。

---

  ① 郑新民. 2016. 信念与追求——走近上外. 合肥:安徽大学出版社.
  ② 访谈法(Interview)又称晤谈法,是指通过访员和受访人面对面地交谈来了解受访人的心理和行为的心理学基本研究方法。因研究问题的性质、目的或对象的不同,访谈法具有不同的形式。根据访谈进程的标准化程度,可将它分为结构型访谈和非结构型访谈。
  ③ 内容分析法(Content Analysis):是一种对于传播内容进行客观,系统和定量的描述的研究方法。其实质是对传播内容所含信息量及其变化的分析,即由表征的有意义的词句推断出准确意义的过程。内容分析的过程是层层推理的过程。

五、水到渠成

东汉哲学家王充在《论衡·超奇篇》中写道:"足不强则迹不远,锋不铦则割不深。"意思是说:脚力不强劲,行程就不会远;刀刃不锋利,割东西就不会深。做任何事情,干任何事业都需要凭借一定的条件,不创造必要的条件,不事先作充分的准备,就难以取得佳绩和成就。

新生入学后面临着许多挑战,入学前要有备而来,一定要做足科研准备,不外乎就是要知道自己来"做"什么研究,具体研究方向是什么,能提出什么样的研究问题,运用什么方法来收集资料或数据,如何对这些资料或数据展开有效解读,如何应用逻辑思辨能力对这些资料或数据展开论证和提炼,接着是如何把这些具体过程清清楚楚,明明白白地写进论文,做到立意新颖、数据充分、以小见大、旁征博引、深入浅出、有理有据、行文流利、观点鲜明等。要想达到这一标准,博士生就要认真修好学校规定的专业课程,积极踊跃参加校内外的一系列学术活动,并根据有关计划科学分配时间,培养研究技能,掌握先进的信息技术等。博士生的学习远不止自顾自己埋头学习,还要懂得及时跟导师汇报,学会沟通,学会分享,学会协作,学会倾听。

入学港大前收集基础数据

入学之前,我跟导师 Bob 已有两年多时间的经常性联系,并已有具体课题在研。Bob 曾经到福州,指导我设计调查问卷,现场教我怎么做访谈。我们一起对在研课题进行了一些先期资料收集(pilot study)。Bob 回港大之后,他继续关注我的资料收集,几乎每天保持着电子邮件指导。我花了整整八个月的时间,托人恳请学校有关领导支持,奔波在福州三所中学之间约教师进行访谈,初步拍摄课堂教学实况片段,并收集了一些课件,备课教案,学生作业等资料。这些实践体验为我后来补充收集数据资料打下了扎实的基础。我后期博士论文撰写比较顺利,除了跟入学前研究主题得到导师的首肯之外,跟我之前收集好基础数据不无关系。入学之后，尽管我的研究主题不变，但具体的研究问题还是建立在厚实的文献综述基础上，经过一轮又一轮的修改和完善，才变得可行(researchable)、可操作(workable)、可控制(manageable)。

当然并不是所有的博士生都如此幸运，入学前踌躇满志的研究主题都可能因为种种原因被推翻重来，但建立在这个基础上并付出大量时间和精力所收集到的数据并不等于就没有意义，恰恰相反，无论成功与否，入学前的准备都为日后开展研究提供了宝贵的实战经验。如果成功，前期的准备会为后期论文撰写赢得时间，为整个研究打下扎实的基础；如果失败，则需要认真反思，为后期研究数据收集和数据分析提供一定的经验教训。

入学前收集数据：华鸿雁的故事

我的学生在入学准备中也有不少故事，华鸿雁就是其中一个典型的例子。考入上外之前，华鸿雁就对国外某一非政府组织(NGO)教育研究团参与云南偏远地区的扶贫助学工作十分感兴趣，他迫切希望能够考察这一扶贫助学工作。他一方面积极准备考博，一方面深入偏远地区收集可供研究的数据。由于种种原因，华鸿雁在"进场"(entry)[①]问题上受阻，数月辛劳化为乌有，他感到失望和迷茫。入学后，有一次他特意向我诉说了这次的经历，我看得出他满心的懊恼和沮丧。我安慰他："第一，你的经历为今后的研究提供了可借鉴教训，如果你进场之前学过研究范式，你可以顺着相似的套路做今后的研究；第二，进场失败证明这并不是一件'想当然'的事情，需要事前做好充分的心理准备和实践准备，才有胆略和技巧进入别人的'领地'，如果被婉拒，要想办法去疏通；第三，如果实在无法继续，就应该及时中止，总结经验，思考下一个研究方向和入场的地点。"听完我的话，华同学收拾心情，总结经验，放下包袱，进入他的新选研究主题。

在 SLRC 学习共同体召开的反思研讨会上，对于这段经历，华鸿雁感触颇深：

"有时一个原本设计完善的进场计划，有可能因为一句无心的话语，一件小事情，一位看似无足轻重的人物的干扰和影响而折戟。等到开始着手实施进场时，就需做好时间、经费、路线规划、记录设备、田野日志等各方面

[①] 在质化研究中，研究者明确了研究的问题并且选好了研究的人群以后，就面临着一个如何进入研究现场的问题。在与被研究者接触之前，他必须了解当地的权力结构、人员关系以及人们一般认可的行为规范。

的准备工作,心理上的整理和修复尤其重要。"

大家知道,每年博士生录取结果公布通常是在4月中旬,这离9月份入学还有好几个月的时间。我总是提醒我的新生抓住这段宝贵的时间,研读导师布置的经典书目,梳理文献,进一步思考和完善自己的研究计划,如有可能,可以尝试性地收集一些数据或资料进行分析,为入学做好充分的准备。现有的博士生学制通常是36个月:其中需要花12个月的时间修必要的学分,第18个月进行开题答辩,除去最后送审、盲审、答辩的6个月,满打满算只剩下12月时间进行数据收集和论文撰写,时间紧迫,要确保论文质量就要在入学前尽可能地从理论上、心理上和实践上做好足够的准备,为顺利毕业打下坚实的基础。

篇末语

有一副对联说道:"古今来许多世家,无非积德;天地间第一人品,还是读书。"[1]可见古往今来人们对读书的重视。的确,读书可以涤荡疲惫心灵;读书可以远离尘世喧嚣;读书可以感悟多彩人生;读书可以提高个人境界。大学被人们誉为"梦想的码头""思想的港湾"和"快乐的象牙塔",博士学习是大学里最高层次的学习,宛如在汪洋大海中远航。攻读博士学位从本质上说是读书,但也高于读书。博士生需要广泛涉猎,博览群书;也需要走出书本,在社会实践和研究中探寻真理,为某个特定领域贡献新知识。"良好的开端,等于成功的一半。"在读博的历程中,有了心理活动的铺垫和学习准备的落实,才能更加笃定前行。不管是对博士学位的无限憧憬,魂牵梦绕,还是为之夜以继日地苦读冥想,都是人生历程中宝贵的体验。有了辛劳的播种,就一定会迎来充满希冀的春华秋实。

---

[1] 出自清代金缨《格言联璧·学问》。

第二篇　学术训练，研究起航

行路难！行路难！多歧路，今安在？
长风破浪会有时，直挂云帆济沧海。

——李白

读博是历练，读博是成长。读博历程的内涵不只是完成一篇学位论文，也不只是收获一张学位证书，而是在这个过程中接受了系统的学术训练，提高了自己的学术素养和能力，在走出校门开展研究时能够独立运用这些技能，最终成长为一名成熟的科研工作者。博士生入学之后，从学生成长为学者(scholar)之旅就起航了。

奋进的青年渴望光芒，为了理想，奔跑前行的路上。他们拾起梦想的翅膀，背上奋斗的行囊，撑一支长篙，向青草更青处漫溯。博士生们正是这样"奋进"的群体。他们怀揣着梦想，挥洒激情和汗水，在学术的道路上坚定行走。在我看来，博士生无处不在地诠释着梦想和热情：他们根据自己的实际情况制定学习计划；他们积极发挥能动性进行自我调整、自我规划；他们积极协助导师工作，促成教学相长；他们与导师积极协商、探寻真理；他们与团队成员互帮互助、精诚合作，养成了乐于分享的品质。

本篇中，我将讲述博士生入学伊始制定研究计划、进行自我调整的故事；分享"教学相长"和"导师与学生协商共建"的感悟；展现博士生团队协作的过程，以期为读者勾勒出一幅博士生学术启航的励志图景。

一、有的放矢

常言道"凡事预则立,不预则废"。在任何学习阶段,制定详细的计划都是非常必要的。计划有长短之分,短期计划的意义在于制定具体的行动目标,通过完成一系列具体的短期任务使得长期的计划得以顺利完成。制定计划的本质在于对资源的综合配置,如时间、精力、资源等隶属于自身的内部资源,和学习材料与工具等外部资源。

博士阶段学习不单只是完成博士毕业论文的撰写,实际上是要接受一整套完整和系统的研究训练。因此,要实事求是地制定具体而又可操作的短期计划和科学的长期计划。有效的规划能够帮助我们把一项大任务分解成可操作,易实现的一系列小任务,而这一系列小任务的完成是我们高质量完成大任务的保障。此外,还应该根据实际情况及时修改计划,需要根据实际面临的状况和取得的经验不断地加以总结和调整,做到"有的放矢"。

我的读博学习规划

Bob 给我"钦定"课程

我十分珍惜到港留学的机会,坦诚地说,当时我心中并没有太大的杂念。我的妻子总是这样鼓励我:"要将这段学习当作丰富学识和提升研究能力的过程,不要有任何压力,万一毕业了实在没有其他高校可去,就是回到原来的福建教育学院工作也没有什么不可。"话是这么说,但是我还是要求自己要有所追求,有所计划,踏踏实实,充实愉快地度过这段时光。初入港大学习,Bob 就和我一起制定了比较详细的学习计划。我把这种学习计划称为"两条腿走路"。一方面,我要参加研究生院开设的课程,如哲学思辨、方法论、逻辑学、论文写作、演说技巧等通识课程;另一方面,我还要在教育学院修几门专业课,如语言学、文学、教育学、课程学、质化数据分析等课程。港大这种"通识+专业"的修课模式对我们有很大的帮助,从宏观层面提升我们的理论素养和思辨能力,也从特定领域的专业知识层面夯实我们的基本功。我在港大需要修什么课程是由导师推荐和签字的,记得当时我到 Bob 的办公室同他具体协商,然后再由 Bob 带我一同前往研究生院确定。当然这种选课模式并不是港大强加给学生的,而是师生共同协商的结果。我在港大总共修了 16 门课程,比规定修满 12 门课程还多了 4 门,因为导师觉得学习这些课程可以帮助我在学术素养方面得到全面、规范和系统的训练。

Bob 叮嘱每天要坚持写百字

如果说选修课程是宏观性的学习计划,那么每周要完成的书目阅读和书面汇报则是十分具体而细致的训练。Bob 将他的博士论文参考书目清单送给我,供我参考,让我根据我自己的研究方向和研究兴趣逐渐建立起我自己的参考书目清单。这种指导的方式起到了很好的过渡作用,即由导师读过的书目渐渐过渡到自己需要读的书目,是一个通过文献阅读来逐渐找到自己研究兴趣的过程。每周见 Bob 一面,他总是从他的书柜里选出两本专著,让我仔细研读后再撰写书面报告,通过我的读书报告,他可以掌握我是否读完,读懂多少,读完之后对哪些内容还有进一步探寻和拓展的需要。除了 Bob 布置的阅读任务之外,每一门课的任课老师还要求我们每周阅读 50 页的英文文献资料,这样每学期 8 门课,每周就有 400 页的阅读总量。通过这样量的积累最终使我在快速提取前沿信息的能力有了长足的进步。

撰写博士论文除了要消耗体力和脑力之外,还要消耗时间。一篇博士学位论文至少要花一年多的时间来写,期间要收集资料和整理资料,整理资料加上一定的思考来码字达到论文规定的字数,字数的达标是论文迈向成功的基础保证。接下来便是要反反复复修改,在学术深度、语篇衔接、逻辑贯通、逻辑思辨等方面对论文进行修改才能使其日渐丰满,日臻完善,这又要消耗很多时间。大家都知道鲁迅先生的成功在于他珍惜时间,先生曾经说过,"时间,就像海绵里的水,只要你挤,总是有的。"他还说,"哪里有天才,我是把别人喝咖啡的工夫都用在工作上的。"鲁迅先生工作起来从不知道疲倦,常常白天做别的工作,晚上写文章,一写就写到天亮。他在书房里,总是坐在书桌前不停地工作,有时也靠在躺椅上看书,他认为这就是休息。

在对待写作态度上,Bob 对我最经常的叮嘱就是每天要坚持写一百个字。严格地说,这一百个字是虚指,是指每天都要坚持写的意思。Bob 说,每天除了写读书报告之外,还要在博士论文的文档里添上百字,日积月累,积少成多。起初,我以为这只是 Bob 的个人经验之谈,后来通过跟港大的同学们交谈才发现,无论他们从属什么学科,他们的导师莫不是对他们都是同样相似的"叮嘱",那就是:"Keep on writing each day!"尽管每位导师的指导风格不同,具体要求完成多少字数也因人而异,但是在香港大学,这种要求学生每天坚持撰写的态度和应该养成的习惯是一致的,也许这就是一所大学的精神、积淀、学风、文化和传承吧。

打破藩篱 博采众长

我于 2012 年秋开始招收全日制博士生,一开始时,我想试着复制香港大学的博士研究生指导方式,不久便发现生搬硬套不可行,这是因为沪港在教育体制、课程资源配置、学习氛围以及学生素养等方面存在着不少差异。譬如,以研究生课程设置为例,我的学生隶属于外国语言学及应用语言学博士点,如果他们想要修英语学院的课程就有一定的困难,因为有些导师的课程只对本专业或自己的学生开放,这对于拓宽学生知识面和视野显然是不利的。

在我看来导师应该有度量,鼓励学生尽可能多地去旁听其他教授的课程,从不同的教授那里汲取学术营养,拓展自己的思路,甚至可以跟其他教授预约请教。比如,上外的陈坚林[①]、张红玲[②]、王雪梅[③]、束定芳[④]等教授就鼓励他们的学生来听我的论文写作和研究方法等课程,而我也极力推荐我的学生去听金立鑫[⑤]教授的课程。一方面,作为英语专业背景的博士生,我们不能脱离语言本体知识这个载体,金教授的普通语言学课程能够帮助我的学生充分加强这一领域的知识,而且金教授在逻辑学方面有很深的造诣,学生听了他的课会受益匪浅;另一方面,金教授对类型学有很扎实的研究,硕果累累,这对于鼓励我的学生如何及时将研究转化为成果,有着积极的意义。

我也十分欢迎其他导师的学生参加 SLRC 的研讨,接纳他们前来观摩和指导。近年来,SLRC 的影响力和辐射力日益增强,不少博士生和青年学者也成了

---

① 陈坚林,教授,博士生导师,《外语电化教学》副主编。
② 张红玲,教授,博士生导师。
③ 王雪梅,教授,博士生导师。
④ 束定芳,教授,博士生导师,《外国语》主编。
⑤ 金立鑫,教授、专职研究员,博士生导师。

我们研讨会上的常客。他们表示通过参与 SLRC 的讨论与交流，他们对自己的研究和学术论文写作的规范性意识得以加强；通过思维火花的碰撞，他们的眼光也不再局限在某个比较狭隘的领域。当然，SLRC 成员也从其他团队成员的参与交流中获得收益，其中包括学会在学术上的包容胸襟。

因材施教 因势利导

回到前面提到的学习计划制定，我头两届全日制博士生共招收了四人，加上访问学者，他们形成了一个小型的学习共同体。我也帮助他们制定了学习计划，让他们按时进行汇报，包括经典书目的阅读和研究方法的学习。但是后来我发现个别学生在定期汇报方面做得不够好，其中有一些客观原因，如出国访学；但也有一些主观原因，学生对及时向导师汇报的重要性认识不足，或想做得比较完美了再向导师汇报。这种现象客观存在，有时会蔓延，干扰了正常的有效指导，我觉得有必要严肃指出。当然，方法可以是和风细雨的、劝说式的，大部分学生都是明白人，他们懂得我的用心和苦心。

由于学生与学生之间存在着较大的差异性，因此必须私下做一定的工作来弥补学术共同体学习不足之处，即要"因材施教"。我觉得每一位学生都相当的聪明、勤奋、有自己的特长，但是我认为他们共同在一个方面有所欠缺：总是要把事情做到尽善尽美才愿意向导师汇报。我认为这是不可取的，如果不是定期和导师进行沟通，想要一蹴而就的话，就有可能事倍功半，浪费更多的时间和精力。定期汇报的好处在于及时避免阶段性错误的延伸。有的学生可能认为自己并非闭门造车，在私底下跟同学们也有不少的交流。但实际上对自己负责，拥有学术话语权的还是导师。所以学生没有理由不和自己的导师沟通。在近年的指导中，我十分强调这方面的要求，反复提醒学生及时汇报，保持沟通的重要性。大部分学生能明白个中道理，通常会选择跟导师汇报，但也有极个别学生依然我行我素，最终受损失的还是自己。

长短目标要灵活交替

近年来，随着团队成员的增加和对前期指导的经验总结，我的指导模式也进行了一些调整。从长远目标来看，我告诉我的学生读博不仅仅是完成博士论文写作，而是一个全面发展的过程：如逻辑思考、系统研究、规范写作、与人交流等等，这些基本技能都好比是一个个单独的音符，只有准确地弹出每个音符才能确保最终的曲目和旋律是完整的、和谐的。从短期目标来看，我给他们施加了更多的压力,如制定每月学习计划,每周读书报告等等。以每周读书报告为例,我要求在读硕、博研究生每周都要选取至少一篇高质量的外文期刊论文阅读,并要有具体的评论。

其实每周一篇的文献阅读量是远远不够的,我只是希望通过这样定期的汇报可以加强对学生实行监督,也方便他们互相监督,具体做法就是要求他们把作业发到我的邮箱,同时也将作业做成PPT格式发布到SLRC微信学术研讨群。说起来也可笑,别看这帮学生都过了而立之年,可是他们的有些行为举止还真像幼儿园的小朋友。不到规定的期限是没有人愿意先将PPT上传,好像会被人吃掉似的。等到有个别"胆子大"一些的试水上传时,刹那间那些在线守候已久的学生们便一窝蜂涌出,像"老鼠"出窝一样地将读书报告一股脑儿上传,那阵势颇为壮观!究其心理,他们可能是担心自己做得不够好挨批,所以有从众心理。不管怎么说,他们能够从不自觉到比较自觉,再到自觉就已经算是很大的进步了。

通过每周汇集到的20~30篇文章述评,我自己可以利用这一资源了解学生感兴趣的特定领域内的前沿思想和研究,也可以掌握到学生的学习动态。这也是我向Bob和Chris做法学习的一种实践,因为导师虽然术业有专攻,但不一定对每个学生的研究方向都能谙熟,通过阅读学生所阅读的内容,可以更好地了解他们,才能更好地指导他们。

二、循序渐进

西方有句谚语是这样的:"罗马不是一天建成的(Rome is not built in one day)。"做任何事情,切不可抱着一蹴而就的态度,同理,"但知下学而自然上达,此但自言其反己自修,循序渐进耳",这是朱熹在《四书集注》中借此强调"积累和渐进"的重要性。博士生需要确立明确的学习目标,也需要为这些目标一步一个脚印地走下去。

研究方法是灵魂

在港大学习,尽管同学们来自全球各地,都有相当优秀的专业背景,但我并没有因此感到压力。我向来把学习看作一件快乐的事情。尽管因为"文化大革命",我接受的基础教育不够系统和完善,但是我的文化课,例如语文成绩在班级一直都是名列前茅的,特别是我的写作功底比较扎实,我的作文常常被老师拿在班级当作范文宣读。港大给学生提供了宽敞舒适的办公场所,每人一张办公桌、一台电脑、一台打印机,油墨用完可随时更换,同时,办公楼每一层都有一个会客厅,内有咖啡和茶水免费供应,不同专业的学生可到这里交流讨论。跟我同在一个办公室的同学大都不是英语专业的,而英语是港大工作语言,他们写作时遇到困难找我帮忙,这样一来我因为有语言优势而自我感觉不错。然而好景不长,这种优势很快就被方法论知识不足而变为失势。

"方法论是什么?""文献综述如何展开?""概念框架[①](conceptual framework)如何搭建?"等问题成了压在我心头的几座大山。那时候我有幸结识了一位高年级的同学,他来自武汉,私底下和我交流比较多。得知我为这几个问题所困扰时,便推荐给我一些关于哲学、方法论的书,大概有20本左右,其中

---

① 研究中利用普遍被人们接受的命题或学说对各变量之间的关系作说明,这些命题的组合则为该研究的概念框架。

最经典的一本叫做 Research Methods in Education(《教育研究方法》)。于是,我就猛啃这些书籍,单单是一些术语就对我形成了一定的挑战,于是我就找来一些中文版的研究方法和哲学书籍进行比照进行学习。另外,和同学们的交流也使我取得了显著的进步。尽管大家的专业背景不尽相同,但是每当提到"概念框架""文献综述""研究方法"这些话题时,我们都是站在相同的平台,因为接受的都是规范的训练。上述说的是我在学习方面如何从不适应到逐渐适应的过程。

在生活上,我一开始也会因为地理位置和文化差异及思乡情绪等因素感到不适应。后来我积极化解这些不利因素,开始学习粤语,听从我导师的教导,每天读写到一定程度就到校外转转,去了解和体验香港这座城市。我还把课堂上学到的粤语句子使用到现实生活之中,我就是这样慢慢地学会接触香港生活。我曾有幸作为留港内地博士生两次应国务院港澳办之邀请参加了香港回归五周年和八周年的聚会。简而言之,到异地求学,积极主动地了解当地生活、适应当地生活也是丰富经历、促进学习的良好体验。

读博意味告别过去

在岁月的长河中,我们所做的每件事情,都如同随手播下的种子,在时光的滋润下,那些种子慢慢地生根、发芽、抽枝、开花,最终结出属于自己的果实。读博是人生崭新的经历,新生一般都需要经历调整期。

记得有一次我在论文写作课上问学生:"读博给你人生带来什么样的转变?"有一位学生答道:"我失去了工作。"(I lost my job)我笑着对他说,应该是:"我离职了。"(I quit my job)换一个动词则体现了不同的态度,前者含义是被动地失去了工作,而后者则是主动选择离开。读博可能会改变一个人的生活节奏和轨迹。鱼和熊掌不可兼得,这是事实。有人放弃了舒适的生活环境、体面的工作、远离家庭、失去了陪伴家人的时间,这些都是"舍"。那么"得"到什么? 读博是一种情怀,是一种追求。能深切享受这一情怀和这一追求其本身就是一种了不起的经历,是一笔财富,是一种收获。读博亦是一种积累,与最聪明的人群相处,读博更可以愉悦身心,是舍得的品味,是心灵的升华。

有一次,苏觉明跟我聊天,他谈了选择读博背后的"舍得之间":

"人们常说'此心安处是吾乡'",但若当一个已近不惑之年,工作上顺风顺水,家庭生活和睦美满的人,忽然需要放弃所有的人生积累,离开故土,在异境他乡踏上一段未知的、充满艰辛的学术曲径,内心一定经历了一种莫名的彷徨和挣扎，要是没有信念和追求伴随，恐怕很难完成这段艰难的读博远足。"

我觉得苏觉明有禅悟之缘，能悟出读博需要一份淡定，需要一份从容，读博的美好，不在于过去，不在于未来，应该是在于现在。读博需要学会简单，你对读博简单了，读博就不会太复杂。你学会简单了，你就更懂得如何把复杂问题简单化。这就是读博之道，这就是研究之道。

读博意味兼纳文化差异

在 SLRC 有两位外国留学生，其中墨子来自越南，获得西南大学的硕士学位，她中文基础扎实，基本上不存在语言障碍。而没有任何汉语基础的巴穆似乎遇到了种种不适。我察觉出这个问题。于是我就动员同年级博士生尽可能关心他。在他们的帮助下，巴穆购买了智能手机，并学会使用微信跟团队成员在线上进行互动交流；热心的华鸿雁还帮巴穆借到了一台笔记本电脑。这样一来，巴穆就不用总是靠图书馆的电脑才能写作；又一次，巴穆的脚部肿痛，同学们将他从迎宾馆宿舍楼搀扶到教学楼的会议室……有感于此，2015 年岁末，巴穆将他自己在上外求学的经历写下来，抒发了他是如何从不适应到打开心窗，以乐观的态度面对在沪留学生活的。其情其感让人读后强烈感受到巴穆是那样地热爱中国，热爱上海，热爱上外，热爱生活，热爱学习。冉祺儿将这篇文章译成了中文，放在我的博客上与更多的读者分享。

巴穆和许多新生一样，经过了迷惘与挣扎，正越来越笃定地走在自己的学习和研究道路上。他找到了在沪的巴基斯坦同胞，也开始学习汉语，努力了解中国文化，乐于和中国学生交流。现在他对自己的研究日益清晰，同时他也利用周末闲暇时间去探索上海，为的是能够更好地度过留学生活，他说毕业后他很想留在上海工作。

读博意味着承担和成长

我所指导的博士生大多数是具有工作经历的高校教师，也有个别直接在硕士毕业后考入继续深造。方青同学读博之前刚毕业于南方某师范大学，在别人看来，一个从学校转入另一个学校学习的学生应该不会遭遇太多的不适应。实际上，硕、博之间的学习还是存在较大的差异。方青在过渡期遭遇迷茫、压力和失措。

方青入学后,首先面临的是博一繁重的修课任务。每一任课老师每周都要布置文献阅读作业,读后就要在课堂上演讲和讨论;此外,每周二 SLRC 的研讨对她来说犹如"暴风骤雨般的洗礼"。高年级同学自信的汇报展示、导师的严格要求、团队成员之间"不留情面"的提建议都让初来乍到的她云里雾里的,不知所措。我能够感觉到她承受着一定的压力。为了给她留足适应期,除了对团队每个人的共同要求之外,我并没有对她提出过多的额外要求,目的是想让她在观察中适应和学习,渐渐习惯这样的学习模式。有一天傍晚,我召集冉祺儿和方青商讨协助我整理书稿,并让她写一篇后记。几天过后,当我再次询问方青工作进展是否顺利时,由于时间紧、任务重,她还没有来得及写好,说着说着竟然哭了起来。的确,别说是一个刚毕业的硕士,没有太多社会经验,就是 SLRC 学术共同体里的一些"资深"学生,其中有些不乏是学院领导级别的学生,在初入团队进行研讨时,哪个不是面临着巨大的心理压力!我对方青做出的首个支持就是鼓励她一定要自信,具体的行动就是尽快拿出文章的"粗胚"。不管写成什么样,拿出初稿是关键,有了初稿才能继续修改。如果畏首畏尾,迟迟不下笔,那么就只能永远停滞在一个地方。几天之后,方青将初稿交给了我。令人欣慰的是,她写出的内容要比我想象的好得多!事实上许多学生正是经过这样的训练和鼓励,内心就慢慢地变得强大,笔下就有神了。

三、教学相长

《礼记·学记》云:"虽有嘉肴,弗食,不知其旨也;虽有至道,弗学,不知其善也。是故学然后知不足,教然后知困。知不足,然后能自反也;知困,然后能自强也。故曰:教学相长也①。"无独有偶,参与和实践学习理论也认为,学习是人类普遍存在的活动,而人们在参与活动中要理解如何表现、如何行事,在特定的情境下某种行为是否合适等。在我看来我自己的学习经历、教学经历和博导经历就是一个"教学相长"的过程。

作为博导必须不断学习

导师是在从事教学活动中跟学生和同事互动的,导师工作也受到工作环境和社会环境影响。外界因素和处境因素给予导师的信息都会被作为反馈,激励和鼓舞着导师需要不断地学习,以便提升指导的质量。以我为例,我在中学教英语时,需要对英语语言知识本身要有扎实的掌握,在教学时还需要用清晰、系统的思路,用切实可行的教学方法才能把语言内容传授给学生。同时扎实的语言基本功也为我在港大撰写博士论文时增色不少。Bob 和 Chris 经常夸我英语语法扎实,词汇使用准确,我想这与我长期担任中学英语教学工作是分不开的。但是有一点我想说,虽然我将博士毕业论文改写成专著并在海外出版②,但对于如何教会学生撰写博士学位论文,我还有很多东西需要进一步学习和探究。

---

① 现代汉语释义为:虽然有美味的肉食,不吃,不知道它的甘美。虽然有极好的道理,不学,不知道它的好处。所以学习之后才知道自己有所不足,教人之后才知道自己也有不通之处。知道自己有所不足,然后才能严格要求自己;知道自己有不通之处,然后才能勉励自己奋发上进。所以说教人和学习是相互促进的。

② Zheng, Xinmin, & Davison, Chris. 2008. *Changing Pedagogy: Analysing ELT Teachers in China*. London, GBR: Continuum International Publishing.

自从担任博导以来，通过具体指导学生的各项活动，我对于博士学位论文的写作有了更加清晰细致的认识，这也是促进自我学习和进步的过程。担任博导，我一直处在一种紧迫感之中，因为这个职场需要我努力更新和拓展自己所需要的知识和能力。恰恰是这些学习活动更好地重塑了我教师身份认同感(teacher identity)，尤其是作为上外教师的认同感。因此，我认为指导博士生的过程是博导身份建构和重树的过程。事实上，时代的召唤、教育的改革、国家的期盼、高校的使命、学生的需要等都会对博导的"导"和"学"产生积极的影响[①]。

教学指导要有国际视野

成为博导开始招生就要面对如何指导学生开题，如何有效写作。担任博士生核心课程主讲，我有意或无意都会将自己的经验与我的授课和指导紧密结合起来，要清清楚楚、明明白白地讲给他们听，但我也明白不能够机械地将我的经验传授给学生，因材施教很重要。这样就要求我必须把经验中的概念具体化、清晰化和条理化。这就要求我回归文献阅读，重新审视有关研究问题，把过去的体验和感悟变成易于理解和接受的方式传授给学生。

经过几轮教学指导，我在这方面渐渐地有了积累。我在海外发表过SSCI论文，为海外同行评议期刊做过匿名评委，还为国外高校担任过博士学位论文答委，这些经历让我站在国际学术高地，恪守科学研究规范来指导我的学生，也为我的课堂教学提供更多真实有价值的语料。我特别注意提醒学生们要注意"概念框架(theoretical framework)"的搭建，因为它是研究的假设和支撑，我重视学生的具体研究问题(research questions，缩写为RQs)的提出，没有明确无误的RQs就好比大海航行没有指南针，RQs既是研究的起点也是研究的终点。因此它们是研究中的关键之关键，我从理论层面和实践层面，在各种不同场合，不断重复并加以强调。现在我的学生们见面，有时候他们会开玩笑地问，你今天RQ了吗？我感到欣慰的是研究问题意识已经在他们心中扎根，在他们血液里流淌。学生们能谨记学术规范标准，践行学术规范标准，这也算是"导"之乐了。

指导要建立在教学沃土之上

在上外这块教学沃土上，除了指导博士研究生以外，我还有机会给本科生和

---

① Halse, C. 2011. "Becoming a supervisor": the impact of doctoral supervision on supervisors' learning. *Studies in Higher Education*, 36(5), 557-570.

硕士生上课，而这些学生也经常给我带来许多意想不到的收获。例如，不久前，在我的《语言学》课堂上，我让学生们分成几个学习小组，就语言学中的某个知识点进行微课制作。没想到这群"孩子们"有如此强大的领悟力和高超的多媒体制作能力。其中，郭同学和巴同学所在小组给大家呈现了十分精彩的微课视频。微课视频中呈现的语言学知识讲解言简意赅，有讲有练，配音标准，制作精良，我对本科生这种优异表现大加赞赏。此时适逢上外教师发展中心和教务处联合主办"微课堂·大世界——上外首届教学微视频大赛培训讲座"，于是我带领这组本科生应邀跟青年教师分享微课制作经验。我的观点是微课的设计有赖于教师的认知，不论是传统教学还是微课堂教学，教师认知、课堂设计、课堂实践和学生学习，都是不可或缺的组成部分。通过分析教师角色的转变，我提醒教师在设计微课时要注意学生自主学习和个性化指导相结合。接着郭同学和巴同学以及SLRC的访问学者分别展示了他们的微课设计成果。在交流过程中，我的本科生与在场的上外教师就微课设计软件的优缺点、设计内容的选择、团队合作的重要性以及设计心得与收获等方面展开了热烈的讨论和互动。

我一直坚持和提倡博士论文选题也可以紧密结合本科教学，尤其是上外的本科教学，这是因为"语言文学"教学与研究是上外的主流，且历史悠久，底蕴深厚，十分值得深入研究，好好总结，以便更好地发挥上外语言文学学科在全国乃至全球的教学与研究的引领作用。参与这次培训讲座，我更加坚定了教学一定要与科研相结合，有了教研作为驱动，我们就会更加关注将学科知识、教学知识和技术知识有机结合，让语言教学方法与时俱进，并给语言教学研究带来灵感和课题。

努力播撒更多学术的种子

我认为学生不但要会学习，而且还要善于总结。看到SLRC学生们的进步，我就鼓励他们把学习心得写出来，编辑成书，出版发行。《英语学术论文写作之探——来自"郑新民研究团队"的报告》讲述了SLRC学术共同体的成员们在科研探索中的故事，描述他们如何尝遍酸甜苦辣，经历了怎样的喜怒哀乐，有峰回路转，有柳暗花明。这是一部关于师生共同研究、共同探讨、共同构建、共同进步的学术故事。故事里我们可以感受到他们是如何逐渐学会逻辑思考，善于质疑，巧于答辩，勤于反思，并在系统研究、规范写作和人际沟通等方面的进步，同时透过故事我们还可以看到他们如何将所学的知识整合内化，重新出发，活跃在各自的课堂教学和研究第一线。

前面提到舒弘于2015～2016年作为访问学者来到SLRC学习共同体脱产学习,她比其他同力博士生获得了更多参与团队学习和面对面指导的机会。她初来团队时,虽说论文已经基本完稿,但平素缺乏系统训练和指导,她在基本概念、研究范式、概念框架问题上存在纠结。经过一段时间的学习,她逐渐解开缠绕心头的学术困顿。舒弘说她一边在团队里学习,一边还辅导同单位的同事如何指导本科学生毕业论文。她现学现卖,也算是"教学相长",舒弘在SLRC学习一举两得,既提高自己,又帮助了同事们,上外在国内高校外语科研的辐射力和引领力也由此彰显出来。

的确,这种影响随着我到全国各地讲学而逐渐扩展起来,一位华中某高校硕导在了解到我指导学生的细节时,通过微信给我发来这样一段话:

"我个人总是以为自己是个责任心比较强的导师,对研究生和本科生的论文指导及个人生活关爱有加。然而,近日与上海外国语大学郑新民教授的微信互动令我汗颜,再也不敢用'责任心强'四个字来定位自己了。前天,郑教授给我分享了他为博士生修改英文会议纪要的文字批注,密密麻麻,不放过任何一个语言表达的细节,包括标点符号!我真的被郑教授的这种精神感动了……我的研究生上周刚刚开过题,其中一位学生的开题暂时被搁浅,因为她的文献、文字、主题等各方面都没有达到我的最低要求,正如郑教授评价那位博士生的会议纪要中的'文字、思想都不令人满意'那样。

昨天上午到校后我打开电脑,第一时间开始认真审阅那位研究生重新提交的开题报告,并把她叫到我的办公室,当面交流,直到午饭时间。今天上午,我又收到郑教授分享的三张微信截图。认真读后,我更加意外和被感动:原来郑教授对他朋友圈内的学习共同体内成员发表的内容也如此关注,并那么认真地加以引导(郑教授的提问直奔学术研究中的数据收集方式,同时也关心那位学生的人身安全)……我无数次反思过一个问题:何为'师德'?对'师者,所以传道授业解惑也'这句话也努力解读了多少年,可是,就这两天,郑教授在微信上给予我的点拨和引领无异于醍醐灌顶,令我顿悟……"

单芸芸是个勤奋踏实、能活学活用知识和技巧的优秀学习者,她毕业后常常回到上外看望SLRC同学们,她跟大家讲述了有关她在理论联系实践方面的故事:

"我从郑老师那里学到的访谈技巧和实践积累使我毕业之后在教学实

践中受益匪浅。2013年6月,我如期毕业,并回到原来的学校任教。第一学期教授《语言研究方法论》这门课程。对于以访谈作为工具和技巧这一章节,因为跟着郑老师学习,亲历见过他多次的访谈,加之我在博士论文研究中也使用了访谈这一工具,再加之我在英国访学选修研究方法的随堂学习,因此,我在讲授访谈研究时驾轻就熟,需要的只是理论上系统的梳理和授课环节上备课。

比如,我把访谈过程应注意的环节设计成小品,让学生参与现场表演,作为访谈者,我故意露出许多破绽,比如:访谈问题不明确,访谈者跟着被访者的谈话跑偏;访谈过程不严肃,频频接电话;访谈中提出过多专业词汇,让被访者无从回应;访谈中自己说的太多,喧宾夺主,等等。

表演之后,随即让学生说出访谈中不恰当的地方。访谈研究以现场直播的形式呈现,授课形式让学生耳目一新,并激发学生思考,学术内容也在谈笑中深深记牢,教学效果立竿见影。我觉得,若没有郑老师在访谈研究上对我形成的耳濡目染,若没有他亲身的传授,若没有我博士论文的亲力亲为,我教学工作上不会有那么顺利和出彩。"

上述故事只是许多年轻教师在上外读博学有所获的缩影。一所大学是否具有吸引力取决于很多因素,比如校友以及跟这所大学有过交集的人是否对她有认同感,这种认同感的高低取决于太多的因素,可能是教育质量,可能是教育投入,可能是导师水平,更有可能是教育过程中师生互动的情感、体验和收获,尤其是情感体验与收获是终身的珍贵记忆,是榜样的体现,是大学的灵性。上外之所以有这样的灵性,就是因为有无数这样的导师在默默地工作着,以独特的方式和魔力吸引着仰慕她、喜欢她、热爱她的莘莘学子前来深造。

四、导师引领

导师是学生学术生活的引路人,导师的话语要求和言传身教都对学生影响至深。在3年或者更长的博士学习时间里,导师是学生学术生活中最重要他人之一。因此,博士生努力与导师建立富有成效的关系对于自身的发展至关重要。

在港大学习时,Bob 和 Chris① 对我的学术成长起着主要的引领作用,尽管他们的指导风格有所差异,但治学严谨、尊重学生、师生协商、定期汇报等是他们的共同特点。Bob 对指导工作一丝不苟,严谨投入,每周固定见面,每次两个小时,为了让指导不被打断,他每次都邀请我去梁銶琚(K. K. Leung)大楼的教工餐厅,他自己掏钱买热咖啡请我喝。一边喝着浓香味纯的咖啡,一边引领我在学术道路上一步一个脚印不断前行。而 Chris 的独特指导模式令我受益良多。

Chris 独特的指导模式

Chris 其人

Chris 对我的指导也是可圈可点的。作为女性学者,Chris 的学术思想十分前卫,在港大各种语言学会议场合总能见到她的身影,能听到她的犀利观点。有一次,我好奇地问她为什么叫 Chris Davison,而不随夫姓 Cummins? 我还问她为什么会如此有个性,为什么会如此维护女权? Chris 听后爽然一笑地说这是她先生纵容的结果。刚结婚的时候,她父亲在送给她的礼物上总是特意写着,Mrs. Chris Cummins,意在提醒她是 Cummins 家的媳妇。当父亲知道她要学开车,就劝她别学了,说开车是男人的事,女生不要学开车。Chris 接着说,她很幸运,有传统的父亲,又有开明的丈夫,她不但能听到告诫,同时又能享受任性。

---

① Chris Davison,澳大利亚新南威尔士大学教育学院院长,主要从事教师教育、教师专业发展等方面的研究。

Chris 手把手教的模式

让我们回到 2002 年春的港大,回到 Chris 指导我的具体画面中。应该说 Chris 的指导风格和 Bob 截然不同。尽管在公开学术场合她评论言语犀利,但在私下 Chris 对学生是十分和蔼友善。Chris 喜欢"手把手"地示范,像我这样的学生,模仿力稍强于创造力,所以比较喜欢老师的具体点拨,然后就能顺势而为。Chris 是善于循循善诱学生的高手,她谙熟心理学,善于察颜观色,喜欢使用传统师徒引领的指导模式,譬如她跟学生见面之前,总是要把学生通过邮件交给她的作业或论文打印出来,用笔在上面直接修改。这种修改不只是一般的"打问号"、画画"下划线",而是具体的修改(underlining vs. recasting),有时候把整版面修改成"大花脸"。由此可见 Chris 指导学生有多用心,多认真,多细致。这种指导模式对于我长期学习和短期研究的计划和思路都有好处。长期来看,我看到了自己相关研究领域中知识的短板;而短期来看,我要花时间把导师评点的道理搞清楚,琢磨透,把自己的进步落在实处。Chris 跟 Bob 同样要求学生要按时汇报,而且要有实质性的汇报(Chris 用了 substantial 这个词),正是有了这种定期的、有实质性的汇报,我才有了踏实的进步。

Chris 的"数据可视化"理念

Chris 是个做事讲效率、有条理的导师。她的研究兴趣主要在测试(testing)方面。通常情况下她更倾向于使用量化研究方法,并且要涉及处理比较多的数据。源于她的研究经验,她经常鼓励我多使用图表(diagrams and tables)来进行归纳与总结,让数据可视化起来,而且叮嘱我要养成一种习惯。Chris 认为,博士研究就是要让复杂问题简单化,要多多使用图表,当然也不是一味片面地追求复杂的图表,追求所谓的高大上,越简单的图表越容易让读者理解和接受,而快速易懂地理解数据正是"数据可视化"的最重要目的和最高境界。每周见面,Chris 都要亲自给我讲授一到两种图形,如柱状图(bar chart)、折线图(line chart)、饼状图(pie chart)、散点图(scatter chart)、气泡图(bubble chart)、雷达图(radar chart)等不同的特点,以及这些图在数据呈现时的具体用法。我记得她在连续几周辅导之后给我这样一张图表来总结这些图状特点(见表1)。

图表	维度	注意点
柱状图	二维	只需要比较其中一维
折线图	二维	适用于较大的数据集

续表

图表	维度	注意点
饼状图	二维	只适用反映部分与整体的关系
散点图	二维或三维	有两个维度需要比较
气泡图	三维或四维	其中只有两维能精确辨识
雷达图	四维以上	数据点不超过 6 个

表 1　不同图状表达的特殊含义

此外,Chris 还教导我在开展文献综述搭建概念性框架时,凡涉及叙述一个理论或维度时都要养成及时使用图形对其中的因素或变量加以梳理和总结的习惯。等到整个综述完成时,再按照逻辑关联将这一张张图整合起来,就可以形成一幅具有内外在有机关联的概念总图。这幅概念总图能够清清楚楚地让读者把握文献综述的来龙去脉,逻辑关系和研究重点等。同时,这幅概念总图还可以用来比对经过数据资料验证而生成的理论框架图,帮助形成博士论文的逻辑性和严谨性。Chris 的这些理念对我博士论文的撰写以及后来的指导起到很重要的作用。

Chris 的国际视野

Chris 不愧是一位具有国际视野和学术眼光的导师,具体体现在她对我博士论文成果转化上的关注和建议上。当时我要求不高,只想在国内找一家出版社出版我的博士学位论文,但 Chris 多次提醒我要胸怀大志,剑指国际高端出版社。说来也巧,2004 年底,英国 Continuum 出版社[①]总编 Anthony Haynes 正在筹划出版一部有关中国英语教育改革的专著。他的考察足迹遍布了北京、上海、西安、广州、杭州和重庆等地,寻觅潜在合作者,要求是能够建立在有理论的基础之上,客观、真实、详实地分析和叙述我国英语教学的现状以及所面临的挑战,尤其是能够透析在教材教法和考试改革的背景下,英语教师是如何转变教学观念来开展课堂教学的,但是遗憾无果而归。

2016 年春末,我在上海师范大学外国语学院参加博士论文答辩会上,偶然

[①] Continuum Publishing Corporation 是英国一家著名出版社,出版学术专著多涉及哲学、语言学、历史、心理学和教育等。2011 年 7 月被布鲁斯伯利出版社(Bloomsbury Publishing)兼并。

从华东师范大学邹为诚教授[①]那里获知原来当年 Anthony 到上海找的就是他。邹教授建议他可以考虑从海外或境外博士论文中试一试。无巧不成书,北京师范大学王蔷教授[②]此时正在英国攻读博士学位,我跟她保持着一定的学术联系。当我把出书想法告诉王教授,她马上就将 Anthony 推荐给我。

我给 Anthony 写了邮件,告诉他我的想法,并附上我的论文。不久他就回信了,说他先要把书稿外送审阅,视情况会再联系我。时间过得特别慢,我等了整整两个月,Anthony 一直都没有进一步的消息。就在我感觉失望要另做处理的时候,Anthony 终于来信了,而且是一封长长的信。我快速浏览,当读到"我十分高兴地通知你……"的字眼时,我高兴极了。接着我慢慢地往下读,Anthony 援引了外审专家的话来肯定我的论文具有一定的理论高度,逻辑清晰,方法严谨,资料详实,论证充分等。但他话锋一转说论文过于学术化,Continuum 无法按照原样出这本书,他们需要市场,需要惠及更多的普通读者,若要出书就先要写一份 5000 字左右的出书计划,重点阐述专著的可读性和市场营销度。

Chris 请"学术男神"David Nunan 作序

我把情况告诉给 Chris,她回了一封很短的信:太好了,新民,但你要妥善处置,千万别搞砸了! 导师的话一字重千斤,我知道它的分量。一整周时间我都沉浸在撰写计划书之中,狂查资料,搜肠刮肚,苦思冥想,倾尽全力。计划书的第一个读者是 Chris,计划书的第一个建议者也是 Chris,导师就是这样一个人,当你需要她的时候,她总是在你身边。修改过的计划书凸显了此书的特色、亮点和市场预期。三个月过后,我终于收到了 Continuum 的出版合同,将书名定为 *Changing Pedagogy*: *Analyzing ELT Teachers in China*。接下来便是改写,事实上改写有时候要比撰写还要难,但 Chris 一如既往地支持我,鼓励我,帮助我。令我特别感动的是,当我把 Continuum 样稿发给 Chris 时,她居然让她 92 岁的老母亲当第一读者,老人家拿着放大镜,在悉尼住所洒满阳光的翠绿草坪上,端坐在手扶椅中,神态安详,逐字逐句校读的情景永远定格在我的脑海里,镶嵌在我的心田中。

Chris 对我的帮助和支持还具体体现在她与国际外语学术大咖学者之间的交往上。书稿样本出来后,需要请人作序。这时 Chris 联系到 David Nunan,邀

[①] 邹为诚,华东师范大学教授、博士生导师。
[②] 王蔷,北京师范大学外文学院教授、博士生导师。

他为专著作序。Chris 告诉我,当她读到 David 写的序时十分感动,因为她从来没有见过 David 用如此褒扬的语句来行文作序。David 在序中称这部专著是"根植于拥有全球最多英语学习者的国度,作者对英语课程面临挑战与改革,透过课程、课堂、教师所呈现出的真知灼见和深刻思考……拓展、延伸和更新了外语教学理论,对外语课程理论是一个重要的贡献,而这个贡献已经超越了外语语言课程本身,值得凡对课程学感兴趣的人认真阅读。"我想我们今天提出"讲好中国故事",讲好中国人外语教学改革的故事是特别有意义和有必要的。

Changing Pedagogy:Analyzing ELT Teachers in China 出版之后,在海外引起了较大反响,海外学术刊物,如《现代语言杂志》(*The Modern Language Journal*)、《亚太交流杂志》(*The Journal of Asian－Pacific Communication*)等分别刊登书评,给予高度评价。据不完全统计,该书已被包括英国国家图书馆、剑桥大学图书馆、牛津大学图书馆、美国国会图书馆、哈佛大学图书馆、耶鲁大学图书馆、澳大利亚国家图书馆等数千所海外科研机构或院校图书馆所收藏。Chris 还自掏腰包,购买了 10 本此书精装版送给香港大学教育学院图书馆作为馆藏,她还特意把该书放在教育学院教职员工专著陈列橱窗里展览。

Chris 的师生价值观

我这里想特别提一下,2004 年我毕业离开港大时处理掉很多生活用品,而唯独舍不得弃掉 Chris 批改的所有文档。我把导师修改过的稿子装订成册,带回保存至今。这是一份珍贵的实物和记忆:睹物思人,从导师一笔一画之间,我仿佛见到了导师孜孜不倦,呕心沥血指导学生的情景;睹物励志,我常常告诫自己要善待学生,关心学生,支持学生。

我毕业离开港大之后,Chris 也回到家乡悉尼任教。虽然地理空间相隔遥远,但师徒之间依然保持畅通的电子信件联系,每逢年节,我都会写信向导师问好。2013 年岁末,我毕业离港已经 8 年之久,Chris 和她的先生要去东北讲学,她来信告诉我她要在上海特意逗留一个晚上,想看看我。Chris 年纪跟我相仿,当时都已过了知天命之年,看到他们伉俪其乐融融,我说了一句,"少年夫妻,老来伴"。Chris 一听这话,马上纠正我,话语还像当年她在港大学术会上提意见时那样的犀利,"我们还没有那么老!这次出来是度我们第 30 个蜜月的!"看到 Chris 夫妇激情依旧,浪漫犹在,我真心地祝福导师:青春永驻,教研顺利。

<h3 style="text-align:center">成功的博士学位论文＝选题＋导师指导</h3>

很多研究表明博士生学习顺利与否往往取决于"研究主题＋导师指导

(topic+supervisor)",即是否在导师指导下选好切实可行的研究。在港大读书时,我的导师 Bob 觉得我长期在中学执教,对中学英语教师这样特殊职业群体有着比较深刻的了解,就建议我可以透过对英语教师的"信念和教法"展开挖掘,自下而上来研究教师教学法,进而上升到探究中国,乃至全球英语课程设置和教学改革等问题。后来,Chris 接手指导我,起初我担心是否因为她的研究方向是测试(testing)而让我易题。事实证明,这种担心是多余的,Chris 不但肯定了我的选题,而且还鼓励我顺着既定的思路做下去。值得一提的是,Chris 还基于她的经历和视角,向我推荐了迈克·富兰[①]的理论,从而大大地丰富和充实了我的论文理论内涵。

  我在指导过程中比较乐意跟学生分享我对新近了解的研究主题,鼓励他们进一步挖掘这一主题,进而探究是否可以顺势而为,发现研究问题。例如,岑浅草想要研究海归教师的身份认同,在寻找研究对象时遇到了一些困难。得知这一情况,我辗转通过朋友将某一财经大学的教授介绍给她,让她沟通联系,看能否符合她的研究设计。再比如,石云峰对汉语教师的实践性知识颇有兴趣,但是在物色研究对象时遭遇许多婉拒,有的教师拒绝他旁听,有的拒绝他录音或录像,有的拒绝他多次观察等等。这时,我启发他争取研究对象也要讲人情味,动之以情,晓之以理,不要心急,先交朋友,用真诚打动对方,赢得对方的理解和支持。最终石云峰得以顺利进场,他极为珍惜这来之不易的机会。在采集具体数据之前,他十分认真地制定了一张极为详尽的"数据收集时间安排表",他认为这张表就像"地图"一样指引着自己在不同阶段应该收集哪些数据,但我还是提醒他,计划只能是计划,人文研究资料收集带有很多不确定因素,还是要根据实际情况来修订日常安排。此外,基于石同学的经验,我也鼓励远在外地收集资料的华同学和侯同学都要相应制定出周密的日程安排表,并叮嘱他们日后在撰写学位论文研究设计这一章节时,要详细地将类似这样的过程加以详细描述,彰显本论文独特和与众不同的地方。

"导"与"学"之间要磨合

  实际上,"导"和"学"是一个双向的互动,上面提到我的基本指导方式,不同学生接受指导,可能效果和收获都有所不同,有时候甚至难免发生误会。侯文魁

---

  ① Michael Fullan,多伦多大学安大略教育研究所的名誉教授,安大略省省长道尔顿·麦坤迪的特别教育顾问。

是我招收的2015年级博士生,他聪明勤奋、行动力强。这一届我招收了三位中国男生,他是第一个向我递交期刊论文初稿的。我读后并没有急着给予详细的修改反馈意见,只是从宏观上提供意见。侯同学看到我给其他同学给出详细的评语,心生疑惑。在百思不得其解的情况下,他就直接问我是否对他的研究主题存在偏见。在一起散步时,我告诉他:"手心手背都是肉,每个学生都存在差异性。我只是根据每个人的不同情况和进展给予相应的指导。之所以没有详细地从字词句层面修改你的论文,是因为还没有到那一步。"听完这些话,侯同学才恍然大悟,理解了我的良苦用意。所以,导师的"导"和学生的"学"是需要相互磨合、彼此相互理解的。

我经常自问,"什么的指导方式才是成功的?"事实上,博士生指导实践不完全等同于高等教育环节中的教和学,博士生指导的过程更需要将教学技能和人际关系融合起来。指导博士生的终极目标不仅是完成一篇学位论文而已,更重要的是要帮助学生成长为独立的研究者。这就需要让学生和导师共同发挥富有成效的能动性和互动性,而这种互动在本质上是人与人之间的互动,有互动就可能有冲突,有问题,要磨合,在互动中要争取做到以下三点:跟导师保持的密切联系;"摸清"并适应导师的指导风格;尊师重道。

定期汇报好处多

在目前体制下,大多数高校实行"一生一导"模式,尽管也有少数高校配有副导师。从导师的角度来看,一个导师往往需要指导多个年级的硕士生、博士生、访问学者,甚至还有博士后等。导师本人还需要承担大量的教学(行政)科研等工作,有的导师还有社会兼职。所以,如果博士生采取"等、靠"的学习方式,恐怕想要按时完成学业是有困难的。作为学生,要敢于并且要善于向导师寻求帮助,从导师的研究经验中学习科研方法。博士生需要养成定期汇报的习惯,让导师了解自己的学习进展,方便导师更好地指导自己。

前面已经说过,我在港大读博时,养成了定期向导师汇报的习惯。定期汇报的好处在于:①督促并约束自己,通过汇报检查自己是否按照学习进度开展研究工作,如读文献和写作等;②总结成绩,通过汇报可以清楚地认识到自己在现阶段中已取得哪些成果;③发现问题,通过汇报理出现有存在哪些问题,这些问题的性质如何,准备如何应对;④寻求导师帮助,通过汇报,明确与导师面谈需要得到他的哪些具体指导和帮助;⑤明确下一步具体做什么,通过反思,总结和接受导师指导,明确下一段工作的重点,有的放矢,使自己的论文写作更顺畅。这一方法是我从港大 Bob 和 Chris 两位导师那里学到的。我于 2011 年春去英国利兹大学访学的导师 Simon Borg 教授①也有相似做法。这是一种职业责任感很强的一种态度,是对学生认真负责的一种行为方式。

而当我以同样的方式要求我的学生时,似乎不是每人都能做到。每周的读书报告总是有一些学生不能按时完成,理由是"电脑坏了、忘记了、家里有事"云云。博士学位论文撰写有很多重要时间节点,我要求学生将自己的计划做一张表格张贴在办公桌前的墙面上检查对照,要按照每个时间节点主动将自己的论文最新进展通过电子邮件发送给我。这样我才能分配一定的时间来细读,接着给他们写具体的反馈。

遗憾的是,无论我怎么强调,每次总有少数学生不能做到。一再催促下,看到他们匆匆忙忙的样子,到了截止日期才勉强地把材料交给我。于是,我在反思这个现象,为什么我们的学生们就无法自觉地,不折不扣地完成他们应该完成的任务?读博是一种契约,对自己,对导师,对学校,甚至是对社会的一种责任。读博是一个职业训练过程,如果博士毕业后继续从事学术研究,科研就是一个职业了。那么,如果没有科研的热情,没有科研的直觉和敏锐,没有吃苦耐劳的精神,没有忍受寂寞和失败的能力,没有追根问底的执着,那么就是不适合选择科研作为职业的。还有关于博士生考勤的问题,通常学校对文科生没有明文规定,但我一直认为导师对于学生是在校还是离校外出(尤其是离开上海)要有知情权,这也是对学生负责任的一种态度。这一理解源于我在港大读书时,我的两位导师都明确要求我如果离港需要向他们报告,我认为这是很有必要的。所以,我也要求学生们有事离沪需要报告,遗憾的是并不是每一位学生都能做到。

与时俱进:反馈的方式要多元化

在港大,导师和学生之间主要靠邮件和面谈进行指导,一般连电话都不使用,Chris 说师生之间有时候要保持一定的距离,这样能够让学生更能沉下心来独立思考。我接受了这样的训练,因此在执教的过程中也受到这种模式影响。我知道上海外国语大学语言研究院的许余龙②教授曾就读于香港理工大学,他

---

① Simon Borg,研究教师认知和教学实践的知名学者,曾任英国利兹大学教育学院教授,现为自由讲学人。

② 许余龙,上海外国语大学语言研究院教授、博士生导师,《当代语言学》《外语教学与研究》《外国语》《现代外语》《外文研究》编委。

至今仍然没有使用智能手机,一直使用电子邮件作为与学生交流的主要方式。我在内心深处也非常认同以电子邮件为主要的沟通方式,因为使用大学的电子邮箱具有官方认证、比较正式、有可存档和多次重复提取的特点。但是随着科技的日新月异,我与学生们的沟通方式也越来越趋于多元化。

我给学生的反馈主要包括书面的和口头的反馈,而这两种的反馈都是通过不同的渠道和形式呈现的:其中有邮件往来、面谈、小组讨论、非正式面谈(如散步)、社交软件等。说到对学生的书面反馈我不禁想到我担任校际或校内的论文评审工作,论文评审和书面批改稍有不同,因为它需要建立在对具体问题考量的基础上做出综合评判:以国际化视野和规范出发,结合国内、校内的研究现状对论文做出综合性的评价。这个过程也在一定程度上丰富了我的知识面,起到了"教学相长"的作用。而在评阅学生的期刊论文稿件时,我要宏观和微观相结合,既要在哲学方法和逻辑思维方面做好方向性的把控,又要对学生英语和汉语的遣词造句字斟句酌。要做到这么细致的批改,我往往采用和学生合作撰写一篇期刊论文来实现。

我跟学生们打过一个比方,撰写期刊论文好比学骑自行车,一开始导师总是站在后面扶着,学习者时常会偏离方向甚至因为平衡不好而摔倒,这时候我需要做的是"扶一把",矫正方向。后来,学习者越来越自如,在他们还以为身后老师还在扶持时,其实我早已在悄然间松了手,让他们"独立"起来。当然,对博士学位论文的批改不能拘泥在学生的语言基本功上,而是需要更加注重他们的观点,如逻辑,立论,关联,说理,类比,演绎和归纳等能力。这一系列能力的形成要通过一次次当面指导来扎实细化推进。

我的当面指导方式之一就是在研讨会上对学生的汇报(presentation)做出评价,及时提出或是笼统,或是具体的建议供他们思考。但学习共同体研讨会有时间紧和人数多的特点,很难做到结合每个学生的特点"量体裁衣"加以指导,因此就需要结合个别当面指导的方式来加强导师与个体学生之间的交流互动。我和学生都住在学校附近,见面比较方便,当我或者学生想到某个具体问题时,我们就会约定在办公室会面(正式会谈),有时也可以在校内咖啡厅,或者在操场散步(非正式会谈)时进行交流。2016元旦过后不久学校就放假了,大部分学生均已离校返家,而华鸿雁还在校园,守着期刊论文撰写。通过几次在操场与他一同散步，我们最终确定"网络志研究方法"(netnography)①是一个值得探讨的研究话题。除了面谈，我也结合现代化手段对学生进行指导，如微信语音留言、电话等等。这些方式结合起来形成了一个多元的、立体的沟通体系。

事实上，我对学生发布在微信朋友圈的消息也比较关注，因为从中可以观察到一些他们的细微困顿。比如，华鸿雁在云南西双版纳景洪少数民族地区收集资料，他跟我保持着比较密切的联系和沟通。有一天早晨，我看到他在微信朋友圈发布了一张他给当地老师做教学展示的照片。我及时发表点评，首先我肯定了他的努力和他取得的进展，但我也善意给他提了建议，启发他进一步思考：

"你务必要确定你在做哪一种观察，譬如是参与式观察（participatory observation），还是非参与式观察（non-participatory observation）？这样的结果可能是不一样的。至少，我感到你代替观察对象往讲台那里一站，一讲，对坐在下面观察你的教师是一个影响。我想这张照片的拍摄者可能就是原班级的英语教师，从教室后侧往前拍摄你的讲解。这样是不是意味着你在讲，他(她)在学？你讲的有新意让学生将你跟原教师对比？通过你的讲授让原教师反思？总之，你是在做示范教学。即使那个英语老师向你学习了，作为一个该课题的研究者，你怎么才能保持客观？记住你的身份，正如你要研究身份认同一样，你的任务是观察、追问、探究、发现，不介入。少介入是保持研究有价值的重要保证！"

看完我的点评，华同学开始思考如何最大限度地保持"客观性"这一问题，他说他会尽量注意避免或减少自己作为研究者对场地正常活动的影响和干预。当然，我也反思在朋友圈直接点评有时候会伤及学生的自尊心，令他们缩头，不再公开他们的行踪。今后如果需要点评，可以使用私信形式开展，这样学生可能更易于接受。我所指导的学生大都过了而立之年，他们有着比较丰富的工作经验，相对也有较强的自我管理能力。我告诫我自己在他们迷茫困惑需要帮助的时候我要及时给予帮助，但一旦他们步入"正轨"，我就要减少干预，尽量从宏观上给予指导，让学生多思考、多实践比什么都重要。

---

① "网络"+"志"合起来看就是互联网上的人类志。就是把人类志方法运用到互联网上，通过网络这种现代媒介进行研究。Marotzki把传统的人类进过二次两次转变用以研究网上出现的新的文化现象。他指出网络志的两个特征:运用定性调查的方法工具和调查主要涉及网络社群。

2016初夏,我要求包括石云峰在内的五位同学提前一个学期开题预答辩。那时候,石同学沉浸在选题的困惑中,整个人看起来提不起精神。我觉得要找他谈一谈,稳定他的情绪。通过几次有目的的沟通,石同学的研究问题日见明晰。但是到了秋天,石同学又遇到了新的问题,他表示在研究场地观察课堂教学时像是"大海捞针"般没有方向。看他这样子,我就多接触他,听他汇报,并给予他反馈,建议他从汉语教师的语法实践性知识入手,"以小见大",揭示现象背后的故事。如今,每每谈及自己的数据收集,石同学就显得十分自信,我能从他的脸上看到那份自信,那份从容以及对科研的那份执着。看到他逐步走入正轨,我也就减少了干预,放手让他在研究场地开展各项活动,仅在必要时给予宏观指引。

因此,导师干预的程度也随着时间,随着学生实际状况的变化而变化。基于我的经验,我认为导师指导应该是学生汇报——及时反馈——细致观察——宏观把控这几个方面循环往复、交替进行的过程。

让学生懂得"助教""助研"的益处

韩愈在《师说》提到:"师者,所以传道授业解惑也。"意思是老师是传授道理、教给学业、解决疑难问题的人。导师是学生在学习过程中的"重要他人",导师在指导过程中经常会有意识地提供一些机会去锻炼学生。锻炼的形式是多样的,可以是在课堂上发表与其博士研究课题相关的学习体会,可以跟导师合作撰写发表论文,可以协助导师整理和编辑书稿,可以协助导师给本科生活、硕士生授课等等。人文学科研究适当地让学生参与导师课题,在文献、论文等方面做辅助性工作,是教学培养的一个环节,有助于提高学生的科研能力。事实上,学生是通过一次次跟导师的合作和指导,增强彼此联系的纽带,导师通过具体的实例给予学生给予具体的指导,学生通过这一系列的具体指导学会开展学术研究的基本功。那种认为学生参与导师的教学与研究是"学生帮老师打工"的想法是狭隘的。

我在港大主编《教育研究》丛书

香港大学教育学院为博士生提供形式多样的锻炼机会,其中有一项就是让博士生们自己主编或参编《教育研究》(*Research Studies in Education*)系列丛书,鼓励大家先将手头正在撰写的期刊论文初稿投给该书发表,随后再做进一步的修改投到国际学术刊物上发表。这样做的目的是为了让学生们都有机会实践当主编、编辑和评审的工作。这一项工作的最早发起者是港大教育学院副院长

Colin Evers 教授,他的想法得到时任院长 Mark Bray 教授的大力支持,院里还特别拨专款赞助此书出版。我与陈国海、李梅合作承担其中一卷的主编工作。编书的目的就是鼓励同学们将手头正在撰写的论文初稿投过来,我们按照国际期刊的规范标准进行盲审和组稿,本着实事求是的态度和高质量的标准给每一位投稿作者详细的学术反馈,每一位投稿者既是作者,又是评审者。通过这样一种合作学习,大家普遍加深了对语言教育研究需要掌握扎实的本体论、认识论、方法论的认识,同时深感谙熟教育领域各流派理论的必要性,在参编过程中还提高了每个同学的分析能力、鉴别能力、批判能力和编辑能力。就我而言,这一次的锻炼为我后来的博士学位论文撰写打下了更加坚实的基础,也为我后来撰写其他核心期刊论文在学术上、规范上做好更加充分的准备。实际上,我刊登在 RELC[①](Zheng & Adamson, 2003)[②]的文章就是将发表在《教育研究》(Zheng, 2003)[③]上的文章提炼而成的。

学生在写作课上"现身说法"

我的这段经历使我认识到让我的学生们参与这样实践学习的重要性和必要性。在上外,每一学年开始,我都要为研究生部开设《应用语言学博士学位论文写作》这一门课。这门课的目的不只是讲一讲论文的结构,论文的遣词造句,论文的谋篇布局,更重要的是要讲研究的关键词,即如何选题,如何拟定 RQs(研究问题),如何开展文献综述,如何搭建理论框架,如何设置科学可行的研究方法,如何有逻辑、有批判、有凝练地展开学术讨论等。这看起来似乎有点超出了写作课的范围,但由于大多数学生对上述内容知之甚少,不这样讲,论文写作课就根本无法开展下去。来听课的学生有新生,有访问学者,其中不乏也有正在撰写论文的高年级学生。他们当中有的多次"回炉",即两次甚至是多次地听课。他们说之所以再来听是因为领会博士论文写作的真谛不是一件那么容易的事

---

① 东南亚教育部长组织(SEAMEO)区域语言中心(RELC)刊物,主要研究内容包括第一语言和第二语言的教学、语言与文化、话语分析、语言规划、语言测试、双语教育、文体论与翻译。

② Zheng, Xinmin, & Adamson, Bob. 2003. The Pedagogy of a Secondary School Teacher of English in the People's Republic of China: Challenging the Stereotypes. *RELC Journal*, 34(3), 323—337.

③ Zheng, X. M. 2003. English Language Teaching as a Vygotskian Sociocultural Act in the PR. China. *Research Studies in Education*, Faculty of Education, The University of Hong Kong.

情,要具体地将撰写技巧落实到自己的行文之中得多听多写。

  学生们反映,授课过程中所使用的大量图表让他们对有关研究过程的逻辑关联印象深刻,他们还十分乐意应邀随堂"现身说法",他们也喜欢听往届,甚至是上外在职青年教师的学术分享,因为这些演讲都是论文撰写的真实经历和具体思考。在我的课堂上不但可以见到丁灵、苏觉明、钱莺、牛犇、冉祺儿等人的身影,也可以看到来华留学生 Ihsan、Mahdi、Firdo、Merji 等人的参与,他们或是慷慨激昂,或是娓娓道来,抑或是游刃有余,通过自己的研究案例与台下的同学进行深度交流。我觉得这是"多方共赢模式"的一种尝试。第一,通过他们的参与,我的课堂讲授更加立体,课堂效果更好。第二,修课同学看到高年级学长或同级同学的案例,结合自身,进行深度思考。第三,演讲同学通过 PPT 的构思、制作和陈述,锻炼了自己的口头表达能力,也提高了现场回答质疑的能力。

学生协助编辑专著

  2008 年来到上外工作之后,我觉得上外有着悠久的办学历史,无论是在教学课堂里,还是在科研岗位上都有一批忘我工作、出类拔萃的优秀教师和学者,从他们身上我似乎看到了"上外精神"。我觉得很有必要通过访谈或口述的形式将这些人物和经验记录下来,作为上外"文脉传承"的重要组成部分之一。于是我就着手开展这一项工作。经过较长时间的努力,我终于将这些故事写成两本专著,即《语言教育新概念》(2011)[①]和《信念与追求——走近上外》(2016)。在撰写这两本书的过程中,我也有意邀请学生参与到半结构访谈、访谈文本转写、文稿校对、编辑整理的工作中。其中冉祺儿同学就是一个典型的例子。她于 2015 年秋来到我的学术团队访学,初次与她见面,我就发现她是一个性格开朗、积极上进的好苗子。通过多次交谈和观察,我觉得冉祺儿有热情,有能力协助做好书稿后期的整理工作。在整理和梳理过程中,我发现她做事严谨、理解能力强、动作麻利,且认真负责任。冉祺儿告诉我,她一直本着"做事学艺"的态度,珍惜导师的具体指导,举一反三,事情做好了,自己的本领也学到了,这样可以为日后处理文本资料积累经验。2016 年秋,冉祺儿考入上外,成为我的博士生,我们的合作还在延续着。我把自己在港大如何读博,又如何在上外当博导的体验形成专著(即本书),旨在探究博士生导师指导模式,以此彰显上外的独特校本文化。我还组织 SLRC 学术共同体成员执笔,每人寻找一个切入点,刻画他们在这

[①] 郑新民.2011.语言教育新概念——海内外学者访谈录.合肥:安徽大学出版社.

个团队学习时是如何开展各项科研实践活动的,由此来折射一个时代、一所大学、一个团队、一种追求、一种精神、一种契约和一份执着。我的想法很快便得到学生们的支持,但说易行难,期间需要做很多工作来协调。我有意锻炼冉祺儿和方青两位新生,让她们联络已毕业的学生和高年级同学,让她们参与编辑和处理文稿,让她熟悉 SLRC 的故事和底蕴,借此促使她们学习和反思,更好地从容面对未来的博士生涯;也借此来提高她们的文字处理能力。冉祺儿是这样跟对我说的:

"通过老师交给我的书稿编辑任务,我能跟导师有更多的互动。我也有了直接领会导师为人处世的思想。我将这些思想加以总结,尝试内化,希望能够在潜移默化中成为自己学术思想意识的一部分。通过编写新书,我还有机会对老师进行访谈。老师手把手教我,使我意识到访谈法的复杂性和其所具有的独特的人文魅力。通过文字编辑,我熟悉了生成目录、文献检索和引用等实用技能。通过阅读师兄师姐们的故事,我对未知的学术道路不再恐惧,能够更加从容、自信地走下去。我并不觉得这一系列'助研'工作枯燥、苦累或是毫无意义。相反,我怀揣积极心态在实践中收获成长,这远远大于'任务'的本身。"

我欣赏像冉祺儿这样做事效率高,同时又乐于以学习的心态接受导师任务的学生,但我也发现有少数的学生入学前信誓旦旦说要如何与导师"共学、共研、共进",可是入学之后只埋头专注于自己的研究,缺乏和导师的互动和合作的诚意,这样的学生虽然只有极个别,但影响不好,且对于他(她)自己未来的发展也没有什么裨益。我真诚地希望学生们应该和自己的导师都能保持密切的联系,做到入学前、入学后以及毕业后都能做到始终如一,不忘初心。

学会与导师交往

《后汉书·孔僖传》曰:"臣闻明王圣主,莫不尊师贵道。"尊师重道,注重师德是中华民族传统美德,古往今来,代代相传。它从另一个侧面体现了中华民族的聪明智慧,尊师重道是指尊敬师长,重视自己的教育事业。教师在人类发展中起着十分重要的作用,是人类文化知识的传递者,对人类社会的延续和发展有着承前启后的桥梁作用。教师是跟学校共始终的一种职业,只要人类社会存在,无论现在、过去和将来,教师职业将永远存在下去,任何社会有了教师,才能够有目的、有计划的把社会长期积累下来的科学文化知识、生产经验以及和一定生产关系相适应的思想观点和行为规范传给下一代,使人类社会一代代发展下去。

在和导师相处的过程中要学会尊师重教,因为尊师重教不是一句空话。但是,我也注意到现在有些年轻学生不太注意和导师的沟通方式。我自己的亲身体验是,不论我是在港大读博,还是在国外大学访学,如果要想和导师见面,就必须提前通过电子邮件跟导师预约,之所以使用邮件来联系,这是因为它被普遍认为是一种较为正式的社交方式。而有些学生不是很注意这些细节,比如某学生在周末通过微信突然发给我一个调查问卷,第二天一早便追问我为什么没有给他反馈;也有的学生在腾讯 QQ 随便给我发了一篇论文初稿,就要我给他修改。还有个别学生面临论文答辩,一再推迟将论文送给批阅人,或无法准时将论文送达批阅导师手中,连半句致歉的话也不会说。这些对我而言,虽不悦,但都是可以原谅学生的。但我想提醒他们,待他们毕业进入社会或参加工作,要跟不同的人打交道,一定要注重这些细节。如果作为象牙塔里修炼出来的高级知识分子,连知书达理都不懂的话,那么这真的就是我们教育的失败和社会的悲哀了。

适应导师的研究风格和指导风格

在现实指导中,我们会听到有些学生私下议论:某某导师对自己的学生要求严格,事无巨细,皆要汇报;某某导师对学生采取"放羊"政策,全凭学生自觉;某某导师要求学生提前开题,以争取更多的时间写论文;而有的导师明确规定,入学第一年莫谈选题,看重的是学生文献阅读的积累和沉淀。由此可见,每个导师具有不同的指导风格,主要是他们的个人性格、学习经历、工作经历、家庭背景和学科背景等因素所决定的。作为学生则需要充分意识到这一点,并尽快适应每个导师的指导风格,并与之建立起富有成效的沟通模式。

以开题时间为例,其实没有简单的对与错。比如,应用语言学方向的学生大多都选择实证研究,这样一来,田野调查需要他们到实地考察,要面对许多的不确定因素,极具挑战性,这就需要花一定的时间去调研。因此在我看来,我的学生要两条腿走路,一方面,他们入学后按照学校的课程设置规定,修必要的学分;另一方面,他们在我的学术共同体里,接受我的指导,布置他们开始阅读相关文献,寻找他们拟要开展的研究话题,进而确定他们的具体研究问题。接着就是反复阅读文献,确认研究话题,确定研究问题,再接着,大概在第二学期就开始撰写研究计划,大约 30～40 页,包括第一章绪论、第二章文献综述、第三章研究方法。然后在 SLRC 学术共同体不断演讲,反复切磋。到了第二学期末,就可以开题了。

尽早开题的好处多，首先他们在第三个学期就可以开始联系研究场所，确定研究对象；其次，我的学生大多开展质化研究，有些数据或资料不是一次性就能收齐，还要后续跟踪，早点开题就能为后续收集资料预留一定的时间。而对于一些文学或翻译方向的学生来说，他们可能更多的是从已经阅读的文本中提出问题、分析问题和解决问题，如果没有丰富的阅读量、没有合适的理论去指导自己思考和分析显然是不行的，所以一些导师要求"入学第一年莫谈选题"也是不无道理的。因此，任何研究都要根据实际情况，没有一个固定的模式，只有导师比较熟悉学生的研究需要，所以适应导师的指导风格，听从导师的指导是保证学位论文撰写成功的基础。

那么，如何适应导师的指导风格、听从导师的指导呢？通常情况下，导师不管在知识储备还是社会阅历上都是高于学生的，因此在与导师的交往中应当了解导师的研究风格，尽可能学习导师的研究风格，并逐渐向导师的研究风格靠拢。适应导师的指导风格和听从导师指导还意味着要尊重导师。在和导师相处的过程中要格外注意学术伦理，比如撰写论文要署导师的名字之前必须征求导师的同意。有的研究生私自在自己的论文中添加导师的名字，如果这类文章涉及学术剽窃，导师无辜牵连受累的案例不在少数。另外，学生也要努力向导师的治学风格学习，争取获得导师的信任和尊重。言而无信或懒惰怠工往往会让导师对学生失去信任和尊重。我对具有良好学习习惯的学生总是褒奖有加，对于能够独立思考的学生给予鼓励。良好学习习惯的养成和独立思考的能力对于博士论文顺利进行是十分重要的，以我的个别学生为例，一度研究习惯不好，不太讲究规范，数据收集不是以问题为导向，没有抽样，没有选择，没有比对，见到什么都觉得好，结果造成数据（资料）泛滥，堆积如山，到要分析时，又不好好针对研究问题，理出分析框架，不讲逻辑，不讲透明，最后的结果就有可能捡到芝麻，丢了西瓜。所幸的是，这个学生最终能够听从导师的建议，摆脱困境出来，但毕竟还是在时间、质量和情绪上付出了一定的代价。

学生和导师的沟通不是只言片语就能说得完的。在实际交往的过程中，也会出现学术观点的争鸣、思维模式的碰撞以及行为方式的冲突，只要积极总结、正确面对，争取与师生之间能进行顺利而有效的沟通，形成"导"和"学"的良性发展，其中适应导师的研究风格和指导风格至关重要。

五、团队合作

原子核物理学之父卢瑟福说过:"科学家不是依赖于个人的思想,而是综合了几千人的智慧,所有的人想一个问题,并且每人做它的部分工作,添加到正建立起来的伟大知识大厦之中。"团队学习本身是一种社会建构,即特定组群的人(如学生、研究者)聚在一起,讨论研究和论文写作。我起初指导学生方式是基于学生个人的、单独的、监管的指导。但随着博士生录取人数的增加,这种指导方式已经有必要加以调整。除了保持和学生进行一对一的指导,结合个体因材施教之外,我把基于SLRC学术共同体的讨论作为学术指导和反馈一个重要的补充。在我看来,博士生阶段最重要的训练是在团队研讨会里完成的。尽管SLRC研讨会不存在实质性考核机制,但我的学生几乎没有人忽视它的重要性。尽管这里热烈和善意的批评环境会给学生带来更大的压力,但也更能锻炼人。对别人的研究提出挑战,以及迎接同行的挑战,是学者日后教学与科研中的家常便饭。我认为利用SLRC学习共同体的学习和讨论能够给每一位学生提供通识知识,可以分享研究资料,可以共同解决问题,可以彼此鼓励继续前行。

港大的学习共同体

港大实行宽进严出的博士生入学制度,在学术管理制度上非常严格,目的就是要在最大程度上力保博士教育的高质量,为了帮助学生增长见识,培养综合思考能力,研究生院开设了类似于通识教育的课程,使学生能够在瞬息万变的现代社会中迅速找到自己的立足点,有助于培养出更多的优质复合型人才。通常,港大博士生必须参加三类学术活动:①各自导师组织的小课题讨论;②各院系组织的学术交流会;③专业领域的大型国际会议。港大办学的一个非常重要的机制是在不违背法律的前提下坚持大学自治。在倡导学术自由、科研至上、学术为本的前提下,保证港大博士生教育的高层次、高质量。浓厚的学术气息,严格的学术管理制度,使学生不得不端正治学严谨的态度,致力于潜心钻研,着力提高自身的学术造诣。

大凡海外或境外高校中都有"中国学生学者联谊会",这种联谊会实际是一个公益性、志愿性、服务性、非政治、非宗教、非盈利的学生学者社团,它的服务对象包括所在高校中的全体中国留学生和学者,是一个学习和生活上互帮互助的共同体。除了上述三种类型的学术活动,港大的"内地学生学者联谊会"也经常组织学术活动。我们每隔一周就会在固定的地点进行不同学科融合的学术讨论与交流。这一活动不但有内地留港学生来参加,还吸引了不少港大的导师和研究生来参与。

"港大内地学生学者联谊会"每一次所开展的研讨会都是独特的。记得有一次有人组织了一种"请你替我出主意"的讨论会,与会的同学分别利用十分钟时间向大家陈述自己正在考虑中的选题,接着洗耳恭听其他人的意见,欢迎批评。我认为这种做法特别好,它可以帮助学生避免走弯路。读博期间,有人阻止你做一件浪费时间的事情,往往要比有人建议你做一件事更加难能可贵。一般来说,在这样的讨论会中,高年级同学发言比较积极,他们乐于对每个人发言者的演示提出建议。低年级的同学则是以听和观察为主,积累宝贵的经验。尽管大家的专业背景不同,但是正是在这样一个多学科的环境下,才使我的研究视野不被我的专业方向所局限,使我能够在规范的科学研究方法认知指导下去协商、讨论、分析和发现研究中的共性和特性。港大学习共同体对我的学术成长和视野开拓起到了很大帮助的,同时也为我日后在上外指导博士生提供了可借鉴的经验。

上外的几个学习共同体

我到上外工作的第一个单位是语言研究院。当时,王德春教授[①]的办公室就在我的隔壁,我有幸亲眼目睹了他指导学生的具体实践。每周一和周二上下午,王教授都会在上外举行研讨会,参会人员人数十来个不等,其中有他的在读学生、修课学生、访问学者和部分已毕业的博士。学生们把课桌一围,王教授端坐上首,学生们按照事先规定好的顺序一一展开汇报。汇报的形式就是口头形式,没有使用PPT。王教授一边听,一边记。他极有耐心,等到学生讲完之后,才开始进入点评环节。点评阶段,他还是先让其他学生对前面的发言者所说的内容提意见,他还是一边听,一边做记录。最后,王教授才开始做总结发言,整个

---

① 王德春,曾任上海外国语大学教授、博士生导师;中国修辞学会会长,中外语言文化比较学会副会长,上海语文学会副会长。

研讨过程充满了智慧和思维的火花。这样的学术共同体给我留下了深刻的印象。

与此同时,上外还有一些博导也采取研讨会的方式对其学生进行综合能力的培养,如金立鑫教授。金教授继承了他的导师王德春教授的做法,但金教授还十分注重使用现代化信息技术来开展讨论。一年多以前,金教授到韩国高丽大学任教,但他十分擅长运用科技手段举办讨论,如电话会议和视频会议等等,尽管金教授远在韩国,他依然可以对他的学生实行近在咫尺般的指导;还有陈坚林[①]教授的"陈家班"也具有相当大的规模,每年陈老师都会接收一定数量的访问学者,他将这些访问学者组织起来和博士生们一起研讨,互相交流学术思想,如今"陈家班"学术共同体的影响力日益增强,声名远扬;再比如邹申[②]教授和她的博士生们也形成了强大的学术共同体,他们定期举行讨论,在学界享有一定的学术声望。还有虞建华[③]教授带领的学术团队也是一支训练有素的队伍,虞教授认为学术氛围是通过各类学术性制度和活动积淀形成的学校本质、个性、精神面貌的集中反映,包括制度氛围和观念氛围。浓厚的学术氛围有利于形成良好学风,启迪思维,促进研究生的创新能力的提高,帮助他们开拓文化视野,完善知识结构,培养科研兴趣,提升科学素养,激发创新灵感,提高创新能力。事实上,虞教授的学术团队就具备了十分浓厚的学术氛围。值得一提的是,上外这些学术共同体不是独来独往,孤立存在,相反的是,他们之间有着友好的交流和分享,这种良性的学术互动为营造上外的学术氛围和助推学生的成长做出了有益的贡献。

SLRC 形成与发展

SLRC 正式形成也就是最近几年的事儿。起初我招了一名全日制学生,加上苏觉明等访问学者一起组成一个小型的共学、共研小组。每周他们基于一周以来的阅读展开交流和讨论。但由于缺乏"领头羊",学习效果并不十分明显。大约过了一两年,随着博士招生人数的增加,以及访问学者的加入,SLRC 的研讨机

[①] 陈坚林,教授,博士生导师,上海外语音像出版社、上海外语电子出版社社长兼总编辑,国家级外语学术刊物《外语电化教学》副主编。

[②] 邹申,教授、博士生导师,上海市第十届政协委员,教育部高等学校外语专业教学指导委员会委员、英语组副组长。

[③] 虞建华,教授,博士生导师。

制才得以不断的发展和完善,有关 SLRC 的详细研究,请参见《信念与实践:以一名外语学科博士生导师为例探索研究生指导之路》的博士论文(郑王东,2017)。

学术共同体的学习氛围

SLRC 定于每周二晚上 6 点到 9 点半举行研讨,事先安排好 3~5 个发言者,或是就某篇文章谈阅读感想,或是就某个研究方法内容(如访谈法、内容分析法等等)谈学习心得,或是就论文的阶段性进展进行汇报(如研究问题是什么,概念框架是什么,研究方法如何呈现,结果与讨论的结合等)。整个晚上的讨论气氛往往可用"热烈",甚至"激烈"来形容。有同学这样描述我,"在研讨会上郑老师平时的'慈父'形象仿佛褪去,他变得严格、挑剔、直接,往往一针见血,不留情面地打断和指出问题"。在我的引领下,学生们个个也都逐渐变得直接、挑剔,而且更加犀利和勇猛!他们不但能够善意地提出问题,质疑问题,而且他们还乐于提出建设性的意见。是的,SLRC 的研讨会就是这样,没有强大的心理承受能力,很难适应这样的气氛。经过千锤百炼,我的学生们一个个都能够从刚进入团队的不适应,甚至害怕的状态,逐渐成长为"经得起挑战和考验",并拥有强大内心的研究者。

前面谈到 SLRC 研讨会的气氛是"热烈的",甚至是"激烈的",现在就来听一听学生们是怎么描述的。冉祺儿如是说:

> 周二傍晚,我第一次来到 SLRC 的研讨会,参加会议的有郑老师和他三个年级的全部博士生以及访问学者。郑老师把我介绍给大家后就开始了正式的研讨了。我清楚地记得当天晚上有博士二年级的学姐向团队展示她的期刊论文初稿;也有三年级的学生向大家汇报博士论文的部分章节。给我留下最深刻印象的是郑老师总能一眼就看出各自所存在的问题,也能在第一时间给出建设性的意见。当然,台下聆听的成员们也绝不是抱着一副"事不关己"的态度,他们每个人都全神贯注:或提出质疑,或提出建议。"热烈"和"规范"是我真实的感受,这一感受让我觉得这个团队是接受过比较严格的训练。

初入 SLRC 研讨时,博士后研究生孔仲文是这样描述 SLRC 的研讨氛围的:

> 我到 SLRC 参加第二次研讨活动,郑老师临时让我介绍一下我的研究。因为事先没有做任何准备,就谈了不久前在《现代外语》上发表的一篇研究论文。当我兴致正浓讲到研究结果部分时,我被这些话打断了,"你这 1043 份问卷,就能代表全国高校英语教师吗?""阐释研究结果时,措辞可以更缓

和些,考虑跟读者去协商。"当时我着实被惊到了……SLRC 成员之间的交锋正是源于活动系统中的冲突,冲突给研讨活动的推进带来可能、挑战与未知。如果没有了系统冲突,那么每周二晚的研讨活动可能形如一潭死水……我很快适应了研讨活动中随时发生的打断、质疑、批判或争辩。最后我想澄清的是,没有人在故意为难谁,因为我们有着共享的目标,立志于提升研究与论文品质,进而通达各自的学术理想地带。

其实,还有许多学生跟上述两位学生有着类似的感受,都认为每周二的研讨是一场激烈的"头脑风暴",由不得半点的懈怠。我有时也在思考,随着退休年龄的临近,我的招生临近尾声,团队的成员会越来越少,像这样的"鼎盛"时期势必会消退,我也在考虑跟上外其他博导联合举办"泛 SLRC"研讨会来弥补,但我想,不管人多还是人少,只要我们坚持对学术的探索精神、坚持对研究的规范要求、坚持理性的批判,总能在讨论中分享、互动、进步和成长。

SLRC 的读书报告

SLRC 的研讨会内容丰富多样,有读书报告、期刊论文撰写、学位论文不同章节撰写体会、文献综述、概念框架、研究问题、研究设计、结果与讨论、结论等等。此外还有研究软件的使用演示,如 CiteSpace 和 NVivo 等。"读"指的是要广泛涉猎文献,作为外语类的博士生,我认为目前学生的阅读量是不够的。在港大读书时,我每周需要完成将近 400 页的英文阅读量,这为我的学术研究和论文撰写打下了坚实的基础。现在,我结合学生的特点,要求他们每周完成两篇高质量学术论文的阅读和报告,这比起 400 页的阅读量有很大的差距,但是我觉得重要的是贵在坚持,积少成多,只要坚持,最终能够从量的积累变为质的变化。当然,阅读不是一味地"忠实原文,一字不漏"的读法。我鼓励学生们带着批判性思维(critical thinking)去读,要着重看看现有研究中有哪些不足,想想看自己能做什么,怎么样提出可行的、有价值的、可以操作的研究问题。

SLRC 的论文修改

有人把博士论文分为三种境界:"毕业、科研和贡献",我对学生的要求是本着严谨、规范的态度,用可操作的研究为解决某一问题做尽可能科学、系统、客观的研究,这也就是我经常说的 so what 问题。比如,当苏觉明在 SLRC 研讨会上分享抽样(sampling)方法时,我当时就问了他一句 so what? 也就是说仅仅汇报抽样方法是什么是不够的。在我的鼓励下,苏觉明对中国外语类核心期刊论文中用的抽样手段进行了研究,还在 CSSCI 核心刊物上发表了文章。在他的带领下，SLRC同学们还开展了类似这样的研究，除了学会研究方法，还收获了科研成果。

要有一定程度的"读"（输入），才能进入到"写"（输出）和"改"的过程。以侯文魁为例，他在撰写期刊论文时，前前后后经历了十八稿的修改，正是在这种不断修改的过程中才使他对自己的研究有了更清楚的认识，也由此让他变得更自信，论文也就更具有学术水平。同时我也提醒他，稿件可以投稿了并不代表他的论文已经完美，其实还有很多地方值得商榷。没有任何一篇论文是完美的，一定要摆正心态，踏踏实实。不能因为取得一点点成绩就得意忘形。

可以这么说，SLRC研讨会为全体同学在博士学位论文或期刊论文写作过程中都要面临的"读、写、改"这三个过程提供了循环往复、不可或缺的平台。通过高低年级同学们交叉展现"读、写、改"的心得体会，大家不断地接触到更多必读的经典著作和最新、最前沿的期刊论文，借此不断夯实自己的学术基础，发现自己的研究兴趣增长点，从而踏踏实实行走在博士论文的写作道路上。

篇末语

培根说过，我们不可希冀一边播种，一边就可收割。我时常对我的学生们说，要将自己的博士论文当做工艺品来打磨，越精致越好。当然，这件精致的艺术品需要时间去设计、制作、打磨、成型。博士阶段的学习时间有限，因此，制定缜密的学习计划、较快适应新的环境、与导师和团队建立富有成效的关系是十分重要的。

的确，博士生入学后尽快调整状态、平稳过渡，并在导师的指导下制定系统的学习计划。如果说课程学习为学生打开视野，掌握全方位技能打下基础，那么与导师的指导就是"量体裁衣"般的准确和细致。人文学科的博士生不光从导师那里学习开展研究的技能，更重要的是对于科学的敬畏以及开展研究的"工匠精神"。团队学习为博士生提供交流平台，养成"乐于分享"之精神。回首这一切，博士生收获的不止是学位，更重要的是不断蜕变和升华。

第三篇　学海拾贝，锚定问题

江北秋阴一半开，晓云含雨却低徊。
青山缭绕疑无路，忽见千帆隐映来。

——王安石

阿拉伯学者阿卜·日·法拉兹说过，缺乏智慧的灵魂是僵死的灵魂。若以学问来加以充实，它就能恢复生气，犹如雨水浇灌荒芜的土地一样。可见智慧和学问对于人类的重要性。无独有偶，《易经》中也有这样的文字："君子学以聚之，问以辨之。"就是说君子通过学习来积累知识，通过讨论来明辨事理。古人的智慧告诉我们"积累"和"讨论"之于学术是多么重要！而追求真理和学问的活动绝不是空洞无物，它与人类生活紧密联系。进入到博士阶段的学习，人们对于博士生的期许更多是希望他们拥有独立思维的研究者，而不是被动接受知识的学生。

伴随着研究生活，可能有不少关键词跟博士生科研活动息息相关：如学术技能、研究问题、开题答辩、撰写论文等等。在我的读博和导博过程中，我强调博士生应当培养自己获得前沿研究动态的能力、领会基本的哲学观、认识论和方法论、培养自己的批判性思维、熟习文献综述技能、善用图表表达逻辑关系、做敏锐的观察者、学习新技术开展和辅助研究。"问题导向"是研究的重要属性。只有善于观察，做生活的有心人，博士生才能尽早找到自己的研究问题，在不断修改和完善的基础上与之"协商""对话"。撰写开题报告、开展开题答辩是博士生与导师签订"师徒契约"，更多地进行自我管理的一种形式。另外，期刊论文撰写和发表也是博士生们面临的任务之一。我提醒他们在导师指导、团队研讨和自我修改的过程中不断反思、再认知,从而达到"螺旋式上升"的学习效果。

  本篇中,我将围绕上述内容回顾自己在港大难忘的学术经历,呈现自己在上外有意培养学生学术能力的种种尝试,讲述我的博士生们的研究故事及心得体会。

一、拓宽视野

"会当凌绝顶,一览众山小",杜甫在自己的诗句中表达了自己登临泰山顶峰的决心、自信自励的意志和坚定豪迈的气概。在博士学习中要"精骛八极,心游万仞",才能广博深厚,所以,我极力鼓励学生们要通过多种渠道来扩大自己的视野。如果博士生的学术互动仅限于和自己的导师或者是同门,那么他们的视野一定会受到极大的限制。下文我将在两个方面讲述自己如何鼓励学生广交学术朋友,博取众人之长。一方面,我认为,博士生需要发挥自己的主观能动性,主动获取多元的信息;另一方面,导师有义务利用自己的社交网络,为学生提供更多的资源,搭建更广阔的平台,以便他们汲取更多的学术营养。

港大学习 登高望远

我的导师 Bob 具有较为广泛的研究兴趣,他大学专修法语,硕士攻读文学,博士专攻新中国成立以来的外语政策与课程设置,此外他还从事多语境下的外语教育对比和三语教育研究。Bob 告诉我,做研究不能只具备单一学科知识,否则研究视野就会比较窄,诠释问题就会比较弱。他鼓励我不要拘泥于港大的课程,在了解自己的研究领域需要相关理论和知识的前提下,也要适当了解导师的研究兴趣。要开展外语教育研究就要多学习语言学、文学、修辞学、教育学、课程学、话语分析、语言习得、外语教学等理论知识;此外,也需要学习像哲学、逻辑、信息技术等通识理论知识。Bob 特别强调对通识理论知识的了解,他认为人文教育要超越功利性与实用性,要向大学问家和大思想家学习,学习他们身上独立的人格与独立的思考品质,这对于博士教育来说尤为重要。

通过学习,我在通识理论知识方面较前有了一定拓宽,这对于我能从更宽阔的层面去看问题和思考问题不无好处。港大是一个综合性的大学,同学们来自不同的研究领域,尽管研究方向不同,但是研究范式和研究手段大都相通。有了通识知识,我逐渐能更容易听懂其他方向的学术讲座,这也就更加坚定了我的信念:"做研究应该跟各种专业的同学和学者多交流"。Bob多次带我去香港中文大学、香港科技大学、香港理工大学和香港浸会大学等高校参加学术研讨,这些研讨会大多涉及文学、哲学、艺术、历史、语用、文体、诗词翻译、语言习得和外语教育等,我发现演讲者的研究视角都很新颖,有所创新,很受启发。在香港期间,Bob还把我引荐给著名英语教育专家William Littlewood[①]。他的学术造诣在香港乃至亚洲各国吸引了大批的追随者。William定期在理工大学举办研讨会(每月至少一次),每次都会提前将研讨的主题内容、时间、地点、乘车路线以邮件的形式通告大家。每次大概约有四五十人前来聚会,每人都会带一道菜,而William则会负责叫外卖,准备一些点心或主食,大家一边吃饭、一边聊天、一边交流。通过这样的活动,我们得以和不同的思想碰撞、交锋、融合,扩充了自己的视野。

上外指导 国际视野

国际大咖"挑刺":单芸芸接受挑战

到上外指导博士研究生,我有意识地引领学生走国际化道路,为他们提供具有国际视野的学习机会,以便他们向海内外专家和学者取经求教。Rod Ellis[②]是上外聘请的首位"长江学者"讲座教授,他出版了许多有关二语习得的学术专著,编写了一系列英语教程,并在许多国际著名学术刊物上发表了具有学科前沿理论与观点的论文。由于他的卓越贡献,2013年11月当选为新西兰皇家学会会员(Fellow of the Royal Society of New Zealand)。当时我在语言研究院任职,跟Rod有较多的接触,偶尔会听到有人贬损他,诸如讲座内容无甚新意,乏善可陈等。但我认为,Rod除了作为二语习得研究的开拓者,是应用语言学领域当之无愧的国际权威专家之外,他在指导博士生方面也积累了丰富的经验。有一次我建议他每次到上外讲学时是否开一次博士生的开题指导讲座,这样才能够更加充分地发挥他的专长,学生则能有机会接受名师的具体指导,他欣然接受

---

① William Littlewood曾任香港教育学院教授,其研究方向为课堂语言学习、语言教学法、任务型教学,主要开设课程有社会语言学、外语/二语学习、语言教学方法等等。

② Rod Ellis教授目前任教于新西兰奥克兰大学应用语言学与语言学系,他还是加州Anaheim大学"对外英语教学"教授。自20世纪80年代以来,他出版了30多部有关二语习得理论与实践的专著和100多篇研究论文。其专著 The Study of Second Language Acquisition 风靡全球。

了。语言研究院时任常务副院长许余龙教授也特别支持这一想法，就决定外国语言学及应用语言博士点的学生们可以采取自愿为原则，在开题前一个月将报告电邮给 Rod，让他事先有所准备。

有两位博士生勇气可嘉，愿意接受学术大咖的点拨和挑刺，一位是束定芳教授的学生，另一位是我的博士生单芸芸。单同学做的是 code-switching（语码转换）方面的研究，当时正处在撰写开题报告阶段，有许多纠结和迷茫，挣扎在文献综述和研究问题的具体落实上。单同学当时这么对我说，"老师，我不怕拿出来给专家看。做好了是给您争光，做不好是我个人的事情。"Rod 十分认真对待此次点评讲座，站在学术高地和前沿，结合两位学生的具体开题报告展开点评。大师就是大师，言之有物，一言中的，为两位学生提供了许多宝贵的建设性意见，对这两位学生后期的博士论文撰写起到了很好的支架帮助作用。Rod 每年都来上外一两趟，我建议我的学生们积极参加他的讲座，同时还鼓励他们跟 Rod 预约见面。2016 年秋，留学生巴穆在我的建议下去听了 Rod 的讲座，凑巧得很，Rod 此次所作的报告与巴穆研究的学术动机（motivation）正好契合，我就鼓励巴穆一定要单独向老先生求教。果不其然，巴穆说老教授有学术前瞻性和理论高度，向他推荐了不少有价值的参考文献，使他获益良多。

Bob 亲临 SLRC 指导

我的另一种做法就是将我的导师 Bob Adamson 和我在英国利兹大学访学的导师 Simon Borg 请到 SLRC 指导我的学生。巴穆是这样描述他第一次见到 Bob 时的情形：

>"郑教授时常提到他的导师 Bob，幸运的是，我自己也获得了面见 Bob 的机会。研究会下午七点才开始，而我却准时到了会场，这对我来说已是很不平常。紧接着，我们最尊贵的宾客 Bob 出现了。每个人都起立热烈欢迎他的到来。一开始，我们合影留念。接着，他坐在了平时郑教授坐的位置。我冷静而轻松地坐在了他斜对角。他好奇地看着我问：'你是来自巴基斯坦的 Ali，对吗？'我头脑中开始闪现出一个问题，他怎么会认识我？但是我的直觉告诉着我，肯定是郑教授跟 Bob 谈起过我。我知道，即使我不在郑教授身边的时候，他也一直向别人宣传我，我对此感激不已。

>不一会，Bob 和我开始闲聊起来，聊起板球和我祖国的政治环境。我娓娓道来，告诉他我对我们这个研究团体的感受和反思，同时也表达了我对中国人以及他们的勤劳本性及友善行为的感激之情。在我们谈话的最后，我

大力赞美郑教授不懈的努力和奉献精神,以及他对这个学习研究团体的担当。听到这些,Bob 微笑着表现出满意之情。他点点头,低声说:'很高兴见到你。'"

Bob 让学生们一个个上台发言,他针对不同的 PPT 讲演,提出了"KISS"原则,即"Keep it simple and short",意思是说要言简意赅。Bob 强调发言一定要简洁,但又不失全面,他提倡质朴不花哨、听众友好的演讲方式。针对研究问题的提出,Bob 说:

"一个问题好,两个问题尚可,三个问题太多,四个问题简直就是在折磨自己。"

同学们听完哈哈大笑起来,仿佛是对自己平素纠结于问题不够多的一种释放。在指导学生如何把握研究节奏和时间时,Bob 点评如下:

"在数据收集阶段,你的论文就应该开始动笔。你可能要花三个月时间去收集数据,而用九个月的时间来写论文。所以研究问题的提出要适当、可控,不然你要花更多的时间去收集数据,你的博士论文进度就会进一步延后。不要搬起石头砸自己的脚,让生活变轻松一点。一定要记住写作是一个长期的过程,所以要每天写一百个字。"

听到这里,SLRC 所有的同学们都不约而同地望我一眼,然后会心地笑了起来,可能是平素我不断地重复着 Bob 的话,今天他们算是亲耳听到了师祖的当面叮嘱,更为亲切,更为可信。

Bob 在香港教育大学任教,他申请到一笔科研经费制作了网络在线"研究方法论"课程。该网络课程实际上就是一种微课,以寓教于乐和通俗易懂的方式免费向社会开放,旨在帮助研究生和导师正确地理解和科学地使用"研究方法"来从事相关的学术研究。得此消息,我马上就将该课程平台推荐给我的学生们,并广为传播,让大众学习和受益。学生们坚持看了一段时间跟我汇报,认为该网络在线课程跟我平常指导他们的内容很相似,通过收看这一系列节目他们温故知新,受益良多。这也从侧面反映了我对师学的传承和对国际化规范的坚持。另外,2016 年 7 月,由北华航天工业学院外国语学院院长尹静教授牵头,Bob 在河北省英语教师教育与发展国际学术论坛上做主旨报告,苏觉明、侯文魁、石云峰和华鸿雁等几位同学有机会跟 Bob 再次近距离接触,在会场里,在汽车上,在烈日中,Bob 都十分乐意对他们每个人分别给予具体详细的指导,令他们获得了一个重要的思路整理机会。

诚邀海归博士做指导

除了这些国际"大咖"外,我还邀请了香港大学在沪校友亲临或在线参与 SLRC 学术共同体研讨。上外英语学院的李茨婷博士和复旦大学外文学院的郑咏滟博士皆为香港大学校友,她们都曾经得到全球英语教育专家 David Nunan 的悉心指导,上外英语学院的赵冠芳博士是上外目前最年轻的博导(她不久将前往澳门大学履新),她毕业于美国纽约大学,其博士论文获国际语言测试领域最杰出博士论文奖。2011 年秋她刚到上外时,我就认识她,并且跟她保持了学术上的联系。当我的学生进行开题答辩时,我就专门请她们来当专家评委。在点评中,她们直奔主题,犀利又不乏中肯,她们的专注、敬业、视野、学术造诣和洞察力给我的学生们留下了深刻的印象。对他们的论文开题提供了富有成效的建设性意见。特别令钱莺感动的是李茨婷博士将她在港大学习时积累下来的,上面还写满密密麻麻的读书批注的一大摞相关文献赠送给她,犹如雪中送炭。除此之外,我也鼓励我的学生们积极选修上外或其他高校博导的课程,如陈坚林教授、金立鑫教授、俞东明[①]教授等。

对于学生来说,认真聆听"走进来"的专家是一种学习方式,自己"走出去"也是非常重要的。我一方面鼓励我的学生参加国内外的学术会议;另一方面要求他们尽量参与到我平常的学术活动中。例如,我在上海师范大学担任博士答辩评委,华鸿雁、侯文魁等几个博士生跟随前往观摩学习;我应上外教师发展中心的邀请给青年教师们做题为"认识自我:语言教师认知与课堂教学实践"的讲座,我的学生们也全程参与,并积极提问发言。我外出各地讲学,诸葛谦、苏觉明、丁灵、郝海涛、牛犇、彭冬梅、钱莺、程心、鲁南等同学有机会同行,他们在讲座上或是与我互动,或是演讲,他们的不俗表现受到了广泛的好评。此外,侯文魁准备申请国家留学基金委的留学资助项目,外方导师给他提了几个问题。(如:你的研究问题是什么?你决定采用何种研究方法,这背后的原因是什么?你打算采用什么方法进行数据分析?)侯同学发现这几个问题正是平时我在课堂教学、研讨会议以及单独的学生指导中最为强调的、并不断强化的内容,他不无感慨地说,"我们的学习是与国际接轨的!"

[①] 俞东明,博士生导师。中国语用学研究会常务理事、中国文体学研究会副会长、中国功能语言学学会常务理事。

SLRC团队成员结构丰富，这对于学生们来说也是一种不错的学习体验。每年，我都接受来自全国不同高校的访问学者和博士后，其中来着南京某高校的博士后孔文仲每周二晚上风雨无阻从南京赶到SLRC学习共同体，他说他很享受SLRC的学习氛围，同时SLRC成员也从孔老师坚韧不拔、忘我执着的学术精神找到榜样的力量。我想这种"多位一体"的学术共同体对于博士生的成长是有裨益的，因为这些学习体验都是扎实的锤炼过程。

二、夯实基础

史学大师陈寅恪[①]曾说过:"时代之学术,必有其新材料和新问题。"他强调的是学术研究需要创新。清代史学家章学诚[②]说过:"高明者多独断之论,沉潜者尚考察之功。"他认为创新和思考使人优秀。博士生阶段的学习也和思考和创新密不可分。

博士生能否顺利开展自己的研究,能否顺利完成学业,并为今后独立开展研究奠定基础在很大程度上取决于本身的学术能力。学生在入学考试时往往需要向口试委员会专家展示其在某一特定专业的知识素养,同时也不要忘记研究者还应具备通识知识和基本学术能力。而作为导师,带领学生一同发展这些必备的知识和能力显然是很重要的,导师应该了解学生已经具有哪些能力,还需要进一步提高哪些能力,以及获取新技能的途径等等。这些技能的掌握虽然很大程度上取决于特定的个人,特定的研究项目,但是有很大一部分的技能是不同的研究项目所共通的,必须掌握的。

港大图书馆以及信息技术支持

信息素质教育越来越受到人们关注,而在线信息素质教育平台也层出不穷。美国大规模在线信息素质教育的实施始于20世纪90年代初,港大紧跟步伐,也积极开展了在线信息素质教育。我在读期间(2001—2004年)了解到的港大图书馆每年要花将近4个亿港元购买全球核心刊物和各种专著的电子版供教职员工使用,这可是一笔巨资啊!港大向所有学生提供"综合信息素质教育指南"这一基本信息检索、信息评价、信息利用的教育平台,提供具有普遍指导意义的信息资源相关知识。值得一提的是,它提供的相关知识不仅仅只局限于本馆

[①] 陈寅恪(1890—1969),中国现代历史学家、古典文学研究家、语言学家、诗人。
[②] 章学诚(1738—1801),清代杰出史学家和思想家。

内部的资源，还包括馆外资源和互联网等资源。在综合信息素质教育指南中还特别详细地向学生们介绍了如何撰写学术论文、如何引用他人成果，以避免学术剽窃等不端行为的发生。此外，港大还有基于学科或课程的在线信息素质教育指南、图书馆资源在线使用指南、数据库检索使用指南、在线馆藏目录（OPAC）使用指南、图书馆虚拟导游等。港大的多媒体以及网络技术的应用比较成熟，网页设计富有时尚气息，比较有活力，在线信息素质教育平台内容比较丰富，整合了所有类型的在线信息。个性化服务是港大信息技术服务的主题之一，在线信息素质教育也不例外。通常每一个院系都配有数名信息技术工程师，学生在使用各种软件遇到操作或专业处理数据有问题时，都可以预约工程师寻求帮助。

记得我来到港大的第一天，导师 Bob 就带我去了一趟图书馆，详细向我介绍馆藏的图书分类、检索方法和借阅方法。港大图书馆收藏的港大各专业博士生的论文都是精装版，使用统一颜色的外壳和烫金字体。Bob 用左手从书架中掏出一本，将右手拇指和食指几乎贴在一起做了个比划，笑着对我说："薄的。"接着又从另外一个书架中拿出一本，又用手在空中比划了一下，说道："厚的。"接着他对我解释说，英国体制的博士学位论文首先讲究的是厚度，通常要有 300 页左右。他们认为，学位论文必须先有厚度，接着再讲深度，有了厚度才可能将问题说透、说通。尽管我心存疑问，但博士学位论文要有一定的厚度给我留下深刻的印象。入学后，我跟其他博士生花费了一定的时间和功夫去图书馆听关于文献检索、信息技术使用等核心讲座，找学院的信息工程师帮忙讲解具体的操作，很快我们就能检索和定位到学科前沿的知识了。此外，港大的"大陆学生学者联谊会"也从多方面渠道给我带来了知识养料，有来自不同专业背景学生参加的关于如何使用信息技术的小组交流和私下交流，这对于丰富我研究视角和拓宽我的研究知识面起到积极的浸润作用。

大数据时代：研究不能没有信息技术

日新月异发展的信息技术让我们的生活方式不仅发生了革命性的变化，开展外语教学与研究也必须与时俱进。对于研究者来说必须掌握好各种先进的技术和研究软件来为自己的科研服务。SLRC 学习共同体学习的好处在于大家乐于分享。一些善用多媒体软件技术的同学会及时将他们掌握的较为新颖的技术分享给大家。例如华鸿雁善用思维导图软件，侯文魁将 Q 方法运用到社会性网络服务（SNS）语言学习领域，苏觉明与大家分享博士论文排版技巧（目录生成、图表排列等），钱莺分享图形制作与思维表达，冉祺儿尝试使用新型课件制作软件 Focusky，覃雪菲和苏觉明合作讲解质化数据分析软件 NVivo，一种可以取代传统的卡片分类法的软件，苏觉明还专门向 SLRC 同学们介绍了 CiteSpace 的用法，这是一种文献梳理新软件。

SLRC 信息技术素养：苏觉明施展才华

在上外指导学生科研实践过程中，我也特别注意指导他们检索文献和获取前沿动态的能力。除了在课堂上不断强调获取最新研究动态的重要性，在研讨会上，我也鼓励擅长文献检索和信息技术手段的学生给大家详细地演示使用方法。故事先从我介绍引领 SLRC 使用 EndNote[①] 说起。在港大读书的时候，有个同学叫 Gunter，是特殊教育方向的博士生，他所收集的数据需要使用统计方法来处理。有一次我见到他在使用一种软件处理数据，速度很快，形成的图形也很直观漂亮，就上去问个究竟。Gunter 告诉我他使用的这款软件叫 EndNote。

Gunter 介绍说，EndNote 是一款用于海量文献管理和批量参考文献管理的工具软件，是研究生必备的软件。他说他父亲也是个研究者，以前他父亲深陷在文献综述困境之中，阶段性从各大数据库中搜集到的文献往往千头万绪、或重复或遗漏，难以管理，阅读所作的笔记则分散各处，难以高效地进行有机整合。到写论文时，大量的文献引用往往复杂异常，尤其修改时，牵一发而动全身。而 EndNote 的出现可以彻底解决上述问题。一听说有这么一种利器，他父亲十分慷慨地给他 1500 元港币，让他买一个正版的使用。Gunter 说，他购买时得到特别许可，可以在三台电脑上同时安装使用，他愿意免费分享给我。得益于 Gunter 的帮助，我很快就初步学会了使用 EndNote 的基本功能，在后来的写作过程中，边使用、边学习、边提高，有效地增强了我的博士论文写作管理。

当我把 EndNote 介绍给 SLRC 之后，苏觉明最用心，也学得最快。苏同学是个十分热心公益事业的人，他主动提出了愿意把他收集到有关 EndNote 如何使用的资料分享给同学们，同时，他还花了一个小时的时间在 SLRC 研讨会上耐心地进行辅导。据我了解，苏觉明还在业余时间为了普及 EndNote 使用做了大量的志愿者工作。

随着信息技术的不断发展和新软件的不断推出，苏觉明还跟 SLRC 学习共

---

① EndNote 是一个著名的参考文献管理软件，用来创建个人参考文献库，并且可以加入文本、图像、表格和方程式等内容及链接等信息，能够与 Microsoft Word 完美无缝链接，方便地插入所引用文献并按照格式进行编排。

同体讲授了如何利用CiteSpace①对研究热点进行图谱分析的用法。CiteSpace是一款可视化文献分析软件,能够显示一个学科或知识域在一定时期发展的趋势与动向,形成若干研究前沿领域的演进历程。简而言之,它能帮助研究者找出学术文献中包括作者、杂志、关键词、被引用词汇等文字的关系,并以可视化图表呈现表示出来。苏觉明推广普及SLRC使用这一软件,与我平素重视文献的"新"和"系统性"是吻合的。在我的写作课上,我总是提醒我的学生们在做文献综述时要从某一方向的"开山鼻祖"理论起源说起,再到"分水岭"和"集大成者",最重要的当然是要尽可能追溯到这个领域的最新动态。此外,有关这一研究方向领域都有哪些实证研究,使用什么样的方法,解决了什么问题,还有哪些问题尚待解决,即我们通常所说的研究空隙(research gap)。我还时常提醒学生哪怕是在论文提交的前夕,我们也非常有必要再做一次检索,如果有新的研究出来,就需要将其更新到自己的文献之中,使学位论文的文献处在最新引用状态。有了CiteSpace这一软件,同学们在开展文献综述时就能做到更有条理,更有系统和更具科学。此外,苏觉明还向同学推荐了NVivo等软件,对于数据或资料的分析起到较好的效果。苏觉明搜索和查找文献资料的能力也很强,他像一只辛勤的大工蜂。当毕业离开SLRC时,他赠送给我一个SAMSUNG移动硬盘,内装了大量的电子版资料。苏觉明博士毕业我十分高兴,尽管他离开SLRC不在我身边,我有点依依不舍,但他乐于助人、用心钻研的精神却留在SLRC,并得以发扬光大。

使用信息技术开展远程讲座

我鼓励学生们积极参加各类讲座,邀请一些知名学者来到SLRC学术共同体分享他们的最新研究成果。比如,我邀请港大校友、复旦大学外文学院的郑咏滟博士来我校作专场报告,分享她利用动态系统理论开展阅读教学的最新研究,学生们从郑博士高亢激昂、抑扬顿挫的发言中学到了学术研究的干货;我还邀请原云南大学教授,现任中南财经政法大学外国语学院院长王革通过在线视频演讲,讲述他在云南少数民族地区开展多语研究(multilingualism)的故事。王革教授研究经验丰富,治学严谨,著作颇丰,他的专著 *Pains and Gains of Ethnic Multilingual Learners in China: An Ethnographic Case Study* 《中国多语学习

---

① CiteSpace是一款可视化文献分析软件,能够显示一个学科或知识域在一定时期发展的趋势与动向,形成若干研究前沿领域的演进历程。

者的代价与收获——人种志个案研究》一书由 Springer 出版,向全世界讲述中国人的外语教学故事。王革教授注重田野考察,他的研究成果就是出自田野调查,来自课堂教学实践。我很赞同王教授对学生们的激励,即要走出书斋,走进学术田野,扎实地研究一线外语教师的教学实践与探索,这样中国的外语教学改革才有春天,才有希望。

语言教育研究需要正确的方法论

学过哲学的人都知道,方法论是人们认识世界和改造世界的根本方法。方法论不同于具体研究方法,它是宏观的、哲学的、抽象的;而具体方法则是人们为了实现某一研究目的而采取的研究手段。博士生入学通常都会遇到研究方法论的问题,这是因为方法论往往涉及哲学层面、理论层面和实践层面的多个维度,这些是需要通过反复的思考和学习才能掌握的。那么,学校的课程设置和导师需要通过一系列有针对性的训练来帮助学生领会研究方法,例如开设课程、推荐参考文献、和学生面对面讨论,学生撰写心得来思辨等。

我在进入港大学习之前,对于方法论的认识比较肤浅。到了自己开展研究和撰写学位论文的时候,才发现自己在这方面存在着短板。没有方法论的知识引领要做好研究,举步维艰。好在港大研究生院和教育学院给我们开设了系统的通识课程和与专业息息相关的课程,其中不乏对方法论的详细介绍。即使有了课程的学习,我依旧感觉到自己在这方面进步缓慢,甚是懊恼。这时我的好友邓猛教授[①],一位来自武汉的高年级博士生,给我推荐了好几本关于方法论的书籍。他嘱咐我要好好细读,还不时地跟我讨论,把他的体悟毫无保留地与我分享。有学长的帮助是读博中的幸事。读哲学观和方法论的书会遇到不少非常晦涩难懂的术语,于是我借到有关的汉译版,一边读英文领会原文的思想,一边读中文版帮助我进一步理解和消化。这样一来,我对逻辑思辨和方法论概论有了最基础的了解。到了自己开展研究时,我对如何使用归纳和演绎的、如何针对研究问题的特点交叉使用量化研究和质化研究也有了进一步的理解。

进入上海外国语大学任教后,我开设了"应用语言学博士论文写作"一课,虽然这是一门写作课,可是我并不想把它上成一门讲授学位论文篇章体裁这类纯语言的课程。我觉得有必要在写作课里涉及语言哲学观、认识论和方法论的知识,于是我将我在港大所学、所思和所悟再次梳理,结合自己撰写论文的经历,将

---

① 邓猛,北京师范大学教育学部教授,博士生导师。

抽象、晦涩的方法论清晰地呈现给我的学生。这也是我在前面章节提到的"教学相长"。必须指出的是，在跟学生讲解西方出现的社会科学研究方法时，如实证主义、结构功能主义、冲突论、批判理论、行为主义、后现代主义的时候，我坚持一点，那就是一定要坚持以马克思主义为指导，马克思主义是社会科学方法论的灵魂，如果离开了马克思主义的指导，就不可能了解社会历史的本质和发展规律，因此必须旗帜鲜明加以坚持。在给学生讲解不同方法论的时候，我告诉学生实证主义要回答的问题是"是什么？""有多少？"而现象主义要回答的是"为什么？""如何？"实证主义联系的方法是调查和实验，而现象主义对应的是观察和访谈；实证主义指导下的发现是"测量"，而现象主义指导下的发现是"意义"。

使用图像呈现逻辑思辨

我上课时候比较喜欢使用图表来演示，这也是我的导师 Bob 和 Chris 反复教导的结果。在我的团队研讨会上，我也经常在白板上画出研究线路，例如我们先从宏观的文献入手，找出某一点重点研究，紧接着挑选能够回答研究问题的研究方法在进行数据收集，到这里每一步都是越来越具体，由宏观到达微观，此为演绎。接下来，我们根据收集到的数据，以小见大，需求研究内部的信度，以有限的发现上升到宏观层面，由个性辐射到共性加以讨论，探讨结果的外部效度，彰显研究的意义，此为归纳。因此，整个研究路线就是演绎和归纳轮转和更替的过程。通过这种可视化的演示，加上详细的讲解，多方面的提问和交流，学生对抽象的方法论有了具体的认识，逐渐在题目的学位论文撰写中有意识地去体现出来，使得推理和论证显得更有逻辑和理据。

批判性思维的养成

创新是一个民族进步的灵魂，是国家兴旺发达的不竭动力。创新依赖人们的批判性思维。批判性思维（critical thinking）就是为了改善思维，通过一定的标准评价。它是一种合理的、反思性的思维，既是一种技能，也是一种倾向。现代社会将批判性思维普遍确立为教育特别是高等教育的目标之一。在任何一门学科中，博士生阅读文献往往只是为了获取信息，这个初衷并没有什么不妥。但是要进入一个更高的层次就更具挑战性了，那就是批判阅读。

在港大学习时，我的导师 Bob 和 Chris 每次和我见面都会结合我的研究从他们的书柜里面抽出几本书，让我在下次见面之前读完，并就其中的一些内容发表书面的批判性见解。港大任课老师们也采取类似的方式让我们撰写评论读后感。通过日积月累的阅读量达到语言功底的、思维的质的变化。正是这种自然的、积少成多式的训练才使我们有了不断的成长,使我们尽情遨游在文献的海洋,而又不会被汹涌的波涛所淹没——接受书中的大量信息,但也要有自己独到的见解和反思。我想这就是广泛涉猎,撷取精华训练的意义所在。

在上外指导学生,我发现不少学生在进行文献综述时只是简单地"综",而较少地有批判性的"述",差不多就是这样一个套路:"A说了什么,B认为什么,C主张什么……"这样做仅仅是不同观点的堆砌,缺乏分析,见解和阐释。这样的文献阅读是缺乏批判性思维的,对文献的认识只能是浅层的、皮毛的,未深刻触及文献的内涵深度和本质关联。除了在课堂里和研讨会上反复强调批判思维的重要性之外,我还有意识地训练他们这方面的能力。我要求学生们每周至少阅读一至两篇英文核心期刊论文,并在读懂文献的基础上发表自己独到的观点。希望通过这样的长期坚持,他们能养成一定的批判思维能力,到了开展文献综述和撰写论文时,才会有章可循、下笔有神。

思维导图:表达学术逻辑关系

我在上文中提及过"一图胜千言"。这句话是我平常在与学生们交谈和教学中相当强调的一点。不论是学生进行课堂展示,还是在撰写期刊论文或学位论文时,我都提醒并要求他们恰当地使用图表来图解、演绎和归纳有关论点,尤其是经过大段大段冗长的文字描述之后,用一张图可以达到既直观又清晰的效果。使用图表的好处至少有三点:首先,图表更加清晰明了,方便读者阅读和理解你想要表达的意思(reader-friendly);其次,相比罗列大段文字,利用图表表达自己所想更具有挑战性,它需要你"吃透"文字,运用自己的逻辑思考对其进行归类;最后,适当运用表格梳理学术思想便于自己进行文献综述,使自己站在"制高点"评价这些文献。

作为一名导师,我是这样要求学生的,我也是这样要求自己的:学会善于利用图表来表述观点。我在课件中,有85%的幻灯片都使用了路线图、表格或其他导图来表达我的观点。比如图2能够较为直观地给学生再现一个完整的研究开展线路。又如图3,我搭建了课堂教法的研究框架:课堂教法改革涉及四个层面,即教师认知、课堂设计、课堂实践和学生活动,而影响课堂改革的因素又包括外部因素、内部因素和处境因素。通过这个图,读者就可以一目了然地看出课堂教学改革的各个环节,决定自己从其中一个或多个因素找到研究方向。

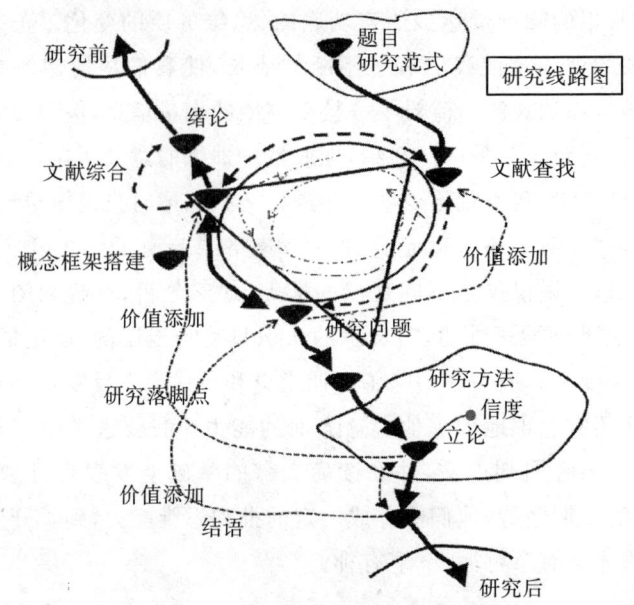

图 2　研究线路图(郑新民,2014)

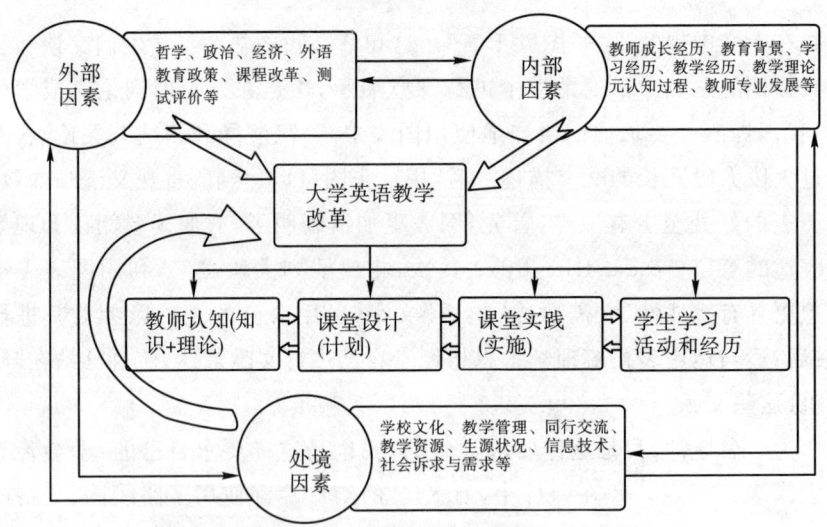

图 3　课堂教法研究框架(郑新民,2004)

在质化研究中,多使用图形和表格可以帮助我们整合重要的理论概念和他们之间的联系。这就涉及另外一个需要用到图表又非常重要的部分——论文的概念框架(conceptual framework①)。从操作的层面,我们可以把概念框架理解为有关所研究问题的关系分析图;是为了使现实问题更容易讨论、分析或研究而简化现实问题。它是通过选择特定的现象、变量和提出它们之间的特定关系而简化现实。此外,图表还为组织数据提供了多维空间,在相关数据中建立可视化的联系。在我的言传身教下,学生们也逐渐意识到使用图表进行课堂展示、文献综述甚至是学术论文写作的重要性。在学位论文撰写过程中,除了在数据/资料/发现呈现章节,我建议学生还可以在其他章节中使用文字描述的同时,结合使用多种图表,如柱形图、饼状图、散点图、折线图等来帮助段落做承接和总结。例如钱莺在她临近博士论文撰写收尾阶段时想要使用图表来表达海外来华留学生的语用能力发展。她认为:

"概念框架"图在我整个研究中起着指导性的作用,同时为我分析质化数据时提供了相应的视角与维度。其中"概念框架"中的活动、内部因素、外部因素影响留学生的语用能力发展,语用能力的变化是通过分析请求语言行为来实现的(图4)……看图说话容易,但是绘图是一个复杂的过程,因为它涉及再概念化能力、逻辑思维、批判能力、空间想象力和动手能力。"

无独有偶,已毕业学生柳虹在回忆她如何在博士学位论文中制作和使用图表时,如数家珍:

"图表作为一种可视化交流模式,具有简洁、清晰、准确的特点,逻辑性和对比性很强。对于用文字表述不够清楚明了,或对一些项目多而较繁杂的问题,如果用表格表达出来,则显得清晰直观。我对表格的青睐也源自郑老师的耳濡目染。郑老师是我见过的最会设计和使用图表的老师,无论是在他的论文中还是在他的课堂讲解中,各种精美的图表总会让人耳目一新。在他的鼓励和帮助下,我在论文中也尝试使用了表格,在博士论文中我共设计了42个不同的图表……"

我欣慰地看到,越来越多经过我指导的学生在学术展示、研究汇报、期刊和学位论文撰写中使用图表表达来学术思想的意识日渐增强。我希望他们通过进一步的努力,可以更加娴熟地使用这一技能,选择"恰到好处"的图表形式来辅助

---

① 概念框架为一个或多个关系相互作用的逻辑构建。它纯粹是思想的、逻辑的描述;它是经过了充分彻底的推理得到清晰的展示。概念特别关注关系,它们可以是变量中的基本关系,或更为复杂的关系体系。

自己的学术展示,并且希望他们能够带领更多的人使用这一技巧来实现更好的表达效果。

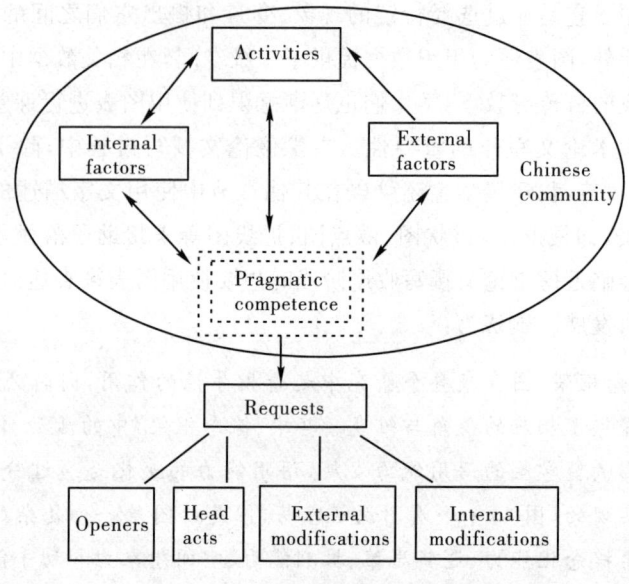

图 4 留学生语用能力发展概念框架

认真聆听:研究需要会讲故事,讲好故事

  我招收的博士生通常都有着几年的外语教学实践经验。我认为,要想做好研究,尤其是质化研究,一定要有较为丰富的教学生活阅历,人不可能生活在真空之中,有一定教学实践经历的研究者更能够自觉开展反思,才会形成自己相对稳定的世界观和价值观,才会用这些经验去指引自己开展研究。不过,也有人质疑,在研究过程中如果掺杂个人主观思想就会影响研究结果的客观性和准确性。这种说法不无道理。

  但事实上,质化研究并不像有人想的那么简单,无章可循。在我看来,质化研究是有章可循的,有"法"可依的。通常开展质化研究大家必须遵循一定的研究范式(paradigm)和研究套路,不同的研究遵循规范和恰当的研究方法去收集数据和分析数据,在探讨、梳理、论证和演绎观点时需要依靠系统性的文献资料,详实的数据和研究者睿智的哲学审视力进行多重交叉、碰撞、拷问、协商、质疑和思索等复杂思辨过程,渐次得以凝练和升华,进而才能形成自己独一无二的见解。正因为如此,每个研究者都有自己的解读视角,才会让我们的研究犹如万花筒般色彩斑斓,这才足以彰显质化研究所能散发出独特的"人文性"和"美之韵"。质化研究者需要对生活怀揣着一份真心的热爱。我喜欢与人交流,我享受与不同背景的人交谈。从形形色色的人身上我听到了丰富多彩的人生故事,我分享了他们的酸甜苦辣,也洞见了世间百态。

我眼中的上外老师

2008年秋我来到上外工作之后,有机会逐渐认识了一些上外教师。在和他们的交流中,我或多或少对他们的不同成长背景和学习经历有了些许了解。我发现他们身上有一种对上外的身份认同感,突出表现出来的共同特征是在追求课堂教学的严谨,讲究语言口语的流利和力求语音上的纯正。这些特质在上外的老一辈教师中表现得尤为突出,如章振邦教授、杨小石教授、李观仪教授以及已故的王德春教授等等。

因为做访谈,我与章振邦教授有过几次交谈,感觉到他特别醉心于教学方法,尤其是语法教学的研究。几十年来,章教授努力不懈地去探寻一种适合于中国英语学习者的教学方法,曾与上外英语系教师们一到致力于以加强外语基本功训练为中心的英语教学法改革工作,并根据大家的教学实践经验总结出一套名为"听说领先,读写跟上"的教学方法,从根本上提高了上外英语系基础阶段的英语教学质量,此外章教授还和英语系的教师们一起,努力探索英语教学语法体系的改革工作,逐步建立和完善了一部有着上外特色的语法教科书《新编英语语法》,对我国英语教学的发展起到了积极的促进作用。

我跟杨小石教授也有过几次交流。杨教授的特点是健谈,虽然已是耄耋之人,但从普通的交谈中就能感受得到他博学强记。杨教授出自名门望族,父亲是留法博士,母亲是瑞士学者,他读大学时的复旦大学外文系名师云集。杨教授说,他大学时代的学习,复旦大学的各位名师学者高深的学术素养和严谨治学的态度对他后来的发展是至关重要的;杨教授饱读文学经典,广泛涉猎各学科的书籍,特别重视批评性思维的养成,这在很大程度上丰富了他的学术视野,奠定了他后来为师治学的基础。在培养青年教师方面,杨教授也有特别的心得,如在改革开放初期,上外要选拔一批青年教师到海外进修。杨教授挑起培训的重任,他采取基于主题(topic-based)的方式给他们上课。譬如,他要求青年教师在课前各自去查阅百科全书,或其他有关的参考资料,一次指定一个主题,如"国家""战争""音乐""动物""食物""花卉""疾病"等。上课的时候由大家轮流陈述。十几个学员交流同一个主题,内容相似,不但学会了大量的词汇,还加强了听说和相互纠错的能力。建立在这样学习的基础上,杨教授还要求这些青年教师写短文,然后精批细改。在他的指导下,这些青年教师有了长足的进步。杨教授的教学理念是课程内容不能只局限在语言与文学上,应该涵盖各学科,面要铺得宽一点,教师应该有选择课程设置的自主权(teacher autonomy),同时又要在课堂上彰显具有个性化教学(personalized teaching)的理念。

如果说章教授和杨教授是上外老一辈教育家的杰出代表的话,那么,由新中国培养出来的上外知名学者,如戴炜栋①、冯庆华②、虞建华、许余龙、李维屏③、李基安④、邹申、陈坚林、金立鑫和王恩铭⑤等教授同样为上外的语言文学学科的发展和创新发挥了重要的作用。认真聆听他们每个人的经历和故事,我看到了他们共同的信念是对学术的坚守和"桃李不言、下自成蹊"的育人精神。让我感到高兴的是,上外人事处原处长孙信伟教授⑥多次邀请我为上外人事处开设外语师资专业发展讲座,通过论坛的交流,我还认识了一批年轻上外"青椒"教师,如赵蓉、李茨婷、周小舟、赵冠芳、吴芙芸、王森、吴英和曾莉等博士,这些生于上世纪七八十年代的青年才俊,寒窗苦读二十余载,终在高校谋得一席教职,尽管在他们身上我看到了成长中的困惑,但我看到的是他们对自己理想和信念的那份坚定追求,以及在生活中满满的正能量释放,现在吴芙芸和赵冠芳都被聘为博士生导师。

我与国际学者们的交流

作为从事语言教育和研究的学者,我认为接触和了解一些国际知名学者的思想是很有必要的。在港大读博,参加国内外学术会议期间,在上外工作期间等,我有幸通过各种渠道,结识了 William Littlewood、Vivian Cook、Rod Ellis、David Nunan 等学者。围绕"语言教育"这个中心话题,我跟他们进行了交谈。他们结合各自不同的经历与经验,通过不同的视角,对语言教育背后蕴藏的一些现象、本质和规律跟我谈了他们的想法,为我的研究提供了珍贵的语料。当然,

---

① 戴炜栋,曾任上海外国语大学校长(1990—2005)、校党委书记(1995—2004)。现任上海外国语大学英语教授、博士生导师。曾任教育部高等学校外语专业教学指导委员会主任委员。

② 冯庆华,教授,博士生导师。上海外国语大学副校长。

③ 李维屏,教授,博士生导师。

④ 李基安,教授,博士生导师。

⑤ 王恩铭,教授,博士生导师。

⑥ 孙信伟,教授,曾任上外对外交流处处长,人事处处长。

我们之间的谈话有时候还超越了学术话语,但胜似学术话语。

例如,2011年我在上外语言研究院工作时,有机会多次陪同 Rod Ellis 教授,对这位语言教育专家有了更多的认识。有一次的话题是从现代孩子"啃老"现象说起的。Rod 说,他出身贫寒,通过辛苦的努力奋斗获得了英国伦敦大学的哲学博士学位(PhD)。当他生活条件有了改善之后,他时刻记得报答有着养育之恩的父母。Rod 说,有一次,他父亲说十分喜欢某款式的轿车,他就将自己积攒多年的积蓄拿出来,给自己的父亲买了一辆。看到他父亲满心欢喜地驾驶着心仪的轿车时,Rod 觉得比自己开那辆豪华车更为开心。说到这里,我看到 Rod 的眼中闪烁着难以描述的幸福光芒。

Rod 还坦言,现在的年轻人由于父母的经济状况比较好,从小就过着衣食无忧,甚至是"啃老"的生活,这是因为社会普遍存在缺乏吃苦耐劳和艰苦奋斗的韧劲儿。说到此,他表达了希望在现代化社会生活中的年轻人不应当丢失"尊老爱幼"的传统,同时更应培养起自立的生活意识。

分享到巴基斯坦邻居种植的菠菜

那是2011年初春,我在英国利兹大学访学。我的紧邻住着一户巴基斯坦的朋友,男主人叫 Aja,他16岁只身来到英国,25岁回国娶妻生儿育女,又于34岁时再度来到英国,一住便是30多年。他听说我是从中国来的,便翘起拇指,连声说,"中国,好!中国和巴基斯坦是真正的朋友!"

我从我房间的窗户望下去,便是 Aja 家的庭院,经常看到他躬身在一小块地里拔出植物,直接往嘴巴里送,品尝得津津有味。有一天下午,我看到他又在地里拨弄着,于是我就下楼,隔着围墙跟他打招呼,问他在吃什么植物。Aja 招呼我从他家正门走,到他庭院里跟说。于是,我顺便从厨房带了一小包我从国内带去的压缩黑木耳送给他,并教他怎么烧着吃。

Aja 热情地把我带到那片小菜园里,说里面长着三种菜,芹菜、菠菜,还有一种好像属于十字花科类的菜,即 Aja 接二连三拔起来吃的那种植物。Aja 说,芹菜和菠菜是英国的种子,十字花科类植物的种子是他从巴基斯坦带过来的,可以生吃,刚入口时,有点苦,有点辣,慢慢咀嚼之后,能品出它的甜味。说着,他拔起几株那植物,用手去掉根,递给让我试一试。我往嘴里送,果然味道很好。先苦,再辣,最后是甜。

要离开 Aja 庭院的时候,他说他想把所有的菠菜都拔起来送给我。我说我一个人,吃不了那么多。他笑了笑说,他想腾出种菠菜的空间种点别的东西。为了不辜负他的一片心意，我说点头说好，就要了五六棵。回到厨房，我用菠菜煮碱面吃，味道真的很好，有一份独特的清香、淡甜、爽口。是啊，在英国，大凡家庭都会在自家的庭院里种些菜，施之有机肥，吃起来放心，安全这也算得上是一种"特供"吧。

瓦莉，蓝眼睛的德国老妪

故事还是发生在英国利兹。我清晨一早出门散步，两次遇见到瓦莉，离我住所不远处的一位邻居。两次见到她，恰好她都正猫着腰在庭院里除草。她满头华发，盘了个发髻，用黑丝绸带扎着，身着月白色衬衫，要不是她转过头来，从背后望过去，还真像是中国农村的老大娘。

听到小区路上有人在跑动，就在她转过身看个究竟的刹那，我刚好跑过她的大门，也朝她的庭院看了看。瓦莉主动跟我打了声招呼，充满着友好的声调。见她那么友善，我便收住脚步，跟她打起招呼。我说，"大姐，你自己打理庭院啊，干嘛不让小孩帮帮忙呢？"她说，"凡是我自己能做的事情，我都尽量自己做。"我又说，"大姐，您身体还很硬朗啊！"瓦莉笑笑了说，"不行了，老骨头了，猫着腰再直起来就很难受。"说着，她用右手敲了敲自己的腰。

见她还想接过话头，我想何不跟她聊聊，也好了解一下这个社区，于是我接着说，"大姐，听您的口音好像不是英国人，您是？"瓦莉说，"你听出来啦？我是德国人，不过在英国已经住了50多年了。我的大儿子在德国工作，小儿子和女儿就住在附近。我周末还到女儿家替他们看小孩呢。"我说，"大姐，您独居啊？"听到这个问题，瓦莉停了停，不紧不慢地说，"呵呵，是的。"老人顿了顿，伸直腰，抬起头，望了望蔚蓝色的天，接着说，"我18岁从德国柏林只身来到利兹，到一家医院从事护理工作，认识了一个叫米勒的医生，不久就跟他结婚了。很快我们就有了三个孩子，没想到米勒是个极为自私的家伙，对家庭不负经济责任，斤斤计较，只知道爱他自己，对孩子也不照顾。我想，有这样的丈夫还不如没有的好。三个孩子都是靠我一个人带大的。现在，孩子跟我很亲近，德国的大儿子几乎天天打电话给我，周边住的儿女也隔三岔五地来探望我。"

没想到，一个礼貌客气的打招呼，却引出这样一段对话。我当时脚迈不开了，我想不能如此匆匆忙忙地结束这样一个真诚的谈话。于是我就更认真地听着老人的叙述。老人见我认真听，就愈发来劲了，她略朝前走了两步，将有点累的身躯倚靠在门柱上，接着说，"我在德国的哥哥见到我一个住，出入不方便，便将他的大众牌轿车送给我。"说到此，她转过身，朝庭院内深处指了指，我看到了一部蓝色的旧款大众小轿车，静静地趴着。我说，"德国车的驾驶室是靠左，而英国车的驾驶室几乎都是在右边，英国驾车是靠左行，您习惯吗？"瓦莉说，"一点问题也没有，我最近还刚刚自己驾车到马勒姆去了。"听她这么一说，我真的太惊讶了！马勒姆？天呐，那里的路窄，弯道多，这么大岁数的老人还敢玩冒险？瓦莉见我惊讶，便说，"一点事也没有，开那样的路我悠闲得很！"

我直视着瓦莉的眼睛，她那双略带浅蓝色的眼睛还很明亮。我就问她一个有点调皮的问题，"大姐，您当初来英国的时候，心里是想着嫁给有绅士风度的英国美男子吗？"听到这样一个问题，瓦莉笑了。她说，"我这一代人都很淳朴，很简单，甚至有点天真，对什么是爱也没有认真去思考。被英国医生追上了，也就接受了。有时候我在想，当初我要是不嫁给米勒的话，我要是嫁给一个德国人，我的今生会怎么样？不过，后来我又想，要是不跟米勒结婚，我现在就没有我的三个这么孝顺的孩子们。跟其他人结婚会怎么样，孩子又会怎么样，都真的不知道。"说完这些，瓦莉抿着嘴笑了笑，嘴里咕噜了几句，好像是说，"人生总是有得有失，对于自己的人生，自我满足就可以了。"

我显得有点不好意思，觉得自己有点唐突，有点冒失。怎么可以随便追问一个老人的身世，让老人引发感慨和感叹呢！我陪着老人笑了笑，说有空路过时再跟她聊。老人朝我挥了挥手，用德语说句"Auf Wiedersehen!"（再见），我则用普通话回了一句"再见！"便继续跑我的步。

上海"的哥"的"阴晴冷暖"

有人说，你想要了解一个城市，最快捷的方式是跟的哥聊天。的确，在上海这样一个繁华都市的车水马龙中，的哥既连接着打拼者与他们的梦想，亦是上海城市形象的一张张活名片。由于我在上海没有私家车，出行大多要靠打的或"滴滴"网约车，于是我就有了与外来的司机聊天的机会。

小张师傅，26岁，安徽淮南人。2016年2月来沪前无业。怀揣着7000元人民币，驾驶执照和身份证，到上海小车租赁公司租得比亚迪小车，以5000元押金，月租6500元开始了他闯荡上海滩之梦。2016年3月份，他每天跑10多个小时，扣除油费和小车租金，他实际收入7000元，其中有4000元是滴滴公司给他的奖励费。小伙子在上海近郊的租房开销是1500元。并没有人为他缴纳社保基金，因为他与租赁公司的合约关系是月租使用小车的客户关系。

金师傅来自江西，今年35岁，在上海开出租车之前开的是货车。金师傅头脑"灵活"，一次偶然的机会他和负责拆迁的工作人员交谈，意外发现拆迁后的场地蕴藏着巨大"商机"。经过多方打听,金师傅凑齐了200万元,将某个拆迁后的现场"承包"下来,他负责组织人员和车辆进场清理。在清理的过程中,他将一些建筑垃圾,如旧钢筋、旧木料、铝或铜线以及旧设备等卖给回收公司,就这样他挣了800万元,除去各种开销,赚到了人生中的第一桶金——500万元。我好奇地追问他,为什么后来没有接着做下去。金师傅告诉我,他用这笔钱去投资其他生意,不幸地血本无归,从"暴富"到"巨亏"只有一步之遥,但生活总要继续下去,这才"起早贪黑"地开起了网约车。看得出金师傅是个能经得起风浪的人,他淡定地说道,"人生就是这样,谁也不知道自己以后会做什么。说不定我哪天又不需要开出租车了呢!"

在魔都,有冲入云霄的摩天高楼,有繁华斑斓的霓虹灯,有街头巷尾的市井弄堂,有光鲜亮丽的"华丽上班族",也有终日奔波的普通劳动者。上海在这儿,你来她欢迎,你走她目送。这座城市饱含深情,以她开放的胸怀和深厚的情怀,承载着人们的各色梦想,滋润着追梦者疲惫时的心田。

聆听这些追梦者的同时,我也不断总结、不断反思。在我开展研究时,我也带着客观见解,对于映入我的视野里的现象进行合理的解读,生成我对研究领域的价值添加。"热爱生活,体悟生活"是我对学生们的要求。要想做好研究,首先就必须去充分了解和认识我们周围的世界,深入到这个世界的"田野"中学会讲故事。

三、巧妙选题

有人把博士论文撰写比喻为"行走在迷宫里"的探索。我想这个比喻凸显的是撰写过程中的重重困难,如果不能拨开云雾,不能用逻辑思辨去解释问题,就很容易迷失在迷宫错综复杂、眼花缭乱的道路上;也有人将博士论文撰写比喻为"跨栏",面对着一道道人为障碍,我们需要凭借自己的努力,越过这些障碍,最终到达终点;还有人将博士论文撰写比喻为"登山运动"。登山的障碍物不是人为设置的,是自然形成的。在这一过程中也没有竞争和攀比,重要的是登山者通过克服困难,最终达到顶点,是一种自我挑战的精神。

如果用一个时间轴来概括博士论文写作,我想大抵是:研究选题—论文开题—开展研究与撰写—修改—答辩。毋庸置疑,论文选题是其中重要一环。要写出高质量的学位论文应该建立在大量文献阅读的基础之上,从中判断是否有价值的切入点,即选题,结合现有前沿研究,再找出可研究的具体问题,使用恰当的研究方法,收集详实资料,科学有条理展开分析,既要有对比、有批判、有诠释、有演绎、有归纳、有提炼、有升华,最后逐一落实在言简意赅、逻辑清晰、富有哲理的行文之间。由此可见,选题是论文写作的第一步,也是最为重要的一步,它决定着论文的方向,决定着论文的成败。一个好的选题会事半功倍,而一个差的选题会事倍功半。

选题的学科属性

复兴中华民族的文化,建立强国之梦,国民的外语技能起到十分重要的作用。外语学科的发展需要跨界、跨学科发展,同时,外语学科还应结合国家政策和战略的需要跨界、跨学科发展,在对外传播中国传统文化过程中承担其应有的使命。外语学科和其他学科的互动研究是十分重要的,作为英语语言文学方向的博士论文选题要适应时代的发展,担当起引领和提升社会需求的责任,这些都是责无旁贷的,毫无疑问的。

但任何一个学科的存在都有其深厚的理论和范式基础,尽管随着社会的发展,涌现出越来越多的跨界、跨学科研究,但也要充分考虑到选题的学科属性,以及其科学性和可行性。我的学生们大多来自高校的外语院系,其身份是英语教师,毕业之后也将回到教学岗位上继续从事英语教学和研究。因此,学生在论文选题时,我总是提醒他们要注意到他们的学科属性。比如研究教师身份认同,这似乎和教育学、人类学、社会学有很大的相关,如果把身份认同看成是主因,不与英语教学中的语言、教师学科知识、教师实践性知识、教师语言技能相结合,其研究很可能被英语学科所质疑,搞不好就有可能影响到职称评审,这是一个十分现实的问题。

由此我建议他们在论文中要尽量涉及英语语言本体知识的教学实践:如研究对象选择英语教师,课堂观察要具体看这些英语教师如何开展词汇、语法、和写作的教法,学位论文要尽量使用英文来撰写等。这些努力能够使他们的研究清晰地贴上英语语言文学研究的标签,这对于他们未来的就业、发展和学术成长都有益处的。因此,我建议学生们的选题一般都是"以小见大",不做"宏大叙事"。毕竟,博士论文是要扎实地对学生进行综合的学术训练,加上任何一个博士论文选题都需要从宏观层面、中观层面和微观层面来看问题,三者缺一不可。我通常建议学生做如下选题(见表2):

(1)英语语法意识研究	(8)英语测试
(2)大学生英语学习需求分析	(9)英语课程设置
(3)双语学习/三语学习	(10)作为专门用途英语
(4)英语教师认知	(11)基于语料库的英语作文研究
(5)英语词汇学习	(12)外语政策与规划
(6)英语句法教学研究	(13)信息技术与英语教学
(7)英语教师专业发展	(14)英语学习中的识记问题研究

表2 供学生参考的博士论文选题

选题渠道和基本原则

理论上讲,学位论文选题的渠道主要是通过文献阅读,由此找到研究空隙(research gap);接着要跟导师开展紧密的沟通和协商来确立具体研究问题;再接着就是通过多种方式进行演讲,听取不同的意见来夯实研究问题。当然参加学术讲座,咨询有经验研究者等学术活动也有可能发现可研究话题的线索。在具体的选题过程中,我告诫学生们要遵循的几项原则,即先进性、创新性、前瞻性、可能性、可挖掘性、可操作性、机动性和发展性等,其中"可能性、可挖掘、可操作"又特别重要。

例如博士后孔老师,他的博士论文探讨的是大学英语教师开展科研活动的情况,跟踪考察了来自 4 所不同类型高等院校 7 名英语教师组建的研究小组的研究活动,重在追溯教师参与研究的过程与结果。他的研究就比较好地体现了"可研究、可挖掘、可操作"这一原则。如今,孔老师已经成为博士后,积累了更多的研究经验、有了更多的项目资助和研究经费,他的研究已经拓展开来。他通过努力成功地在全国 200 多所高校收集问卷,为他的大样本量化研究获得了丰富的第一手材料。为此,我觉得孔老师的研究还体现了"可持续"这一特征,一个选项是否具有可持续性,是否可产生后续研究是判断该选题是否具有现实性,前沿性和先进性的依据,是否能站在所属学科的制高点关系到该选题有没有未来的问题,没有未来的研究是没有生命的研究。

在选题过程中,需要正确处理好跟导师的关系。有一些学生自己盲目选题,不与导师沟通,我行我素;也有一些学生过分依赖导师,"等、靠、要"。这两种做法都不可取。香港大学招收博士生时要求考生写一份长达 30 页左右的研究计划,这从根本上保证了导师能读到考生的具体文本来了解他/她的研究兴趣、研究积淀、研究问题、研究思路、研究设计、分析方法、可行性论证等内容。如果导师觉得研究报告与他/她的方向或兴趣不符合,就会将其转给其他同事,或干脆婉拒。而反观国内博士招生,这方面相对薄弱一些,有些考生虽然有初步的计划,但入学后疏于跟导师交流沟通,待到要开题了才与导师联系,造成"生米煮成熟饭"。这种做法是不可取的,因为开题之前,大多数的学生还没有自己特定的、成熟的研究领域,比较难把握好选题是否具有"可研究、可挖掘、可操作"的。导师大多是这个领域的专家,对选题的意义、难度、实际价值有更好的把握。

文前提到的港大一位博士生,由于他的选题一直没有得到他导师的认同,结果他的博士论文一直无法正常开展,直至最后换了一位导师来指导他才有了转机。与导师的交流和沟通是必要的,但过分依赖导师则难以形成自己的观点,对研究方法的掌握很不利。导师是博士生的引领者,但他不可能面面俱到、什么都教。导师对学生的帮助应该是告诉学生这些问题需要找哪些文献典籍,找到了之后应该如何鉴别使用这些资料,论文的论证方法和关键是什么,应该如何处理这些问题等等。准确地说,导师的作用在于高屋建瓴,激活思路,传授方法,指点迷津。博士培养的要旨就是让学生学会如何做研究,做好研究。这就是古训所说的"要授之以渔,不要授之以鱼"。

选题的"冷"和"热"

不少学生在进行论文选题时会受到选择"冷门"还是"热门"话题的困扰,我认为"冷"和"热"都各有优势和劣势,不管选择哪个话题,都要理论联系实际。"冷门"话题的优点在于研究者可以独辟蹊径,令人眼前一亮,创新性上略胜一筹,而遇到的困难就是已往的文献和研究匮乏,无从参考;"热门"话题的优点在于容易搜集资料,社会和学界对话题的关注度高,而缺点就是难以创新。所以我认为可取的做法是在占有资料的基础上结合自身兴趣开展前期研究,再根据这些基础进一步框定和修改研究问题。另外,"冷"和"热"也不是一个绝对的对立面,它是一个相对的、动态的演变过程。研究"冷门"的人多了,它自然就变成了"热门"。

博士学位论文要对知识和理解有原创性的贡献,这些贡献有可能是批判的、实验的、理论的或者是部分创新的,我们所需要做的就是把这些要素整合到一项研究中。研究问题帮助我们聚焦这些内容,把有价值的知识论点整合在一起。研究问题的提出具有两大目的:第一,它决定了研究者在哪里(研究场地)? 开展何种(量化研究、质化研究、混合研究等)研究? 第二,它指明了某个研究/某篇论文的特定目标。研究问题是整个研究和整篇论文的"定海神针",或是导航的GPS,没有它的指引,我们的研究无从下手,我们的研究就没有方向。确立研究问题是研究者开展研究过程中涉及方法论层面至关重要的第一步,研究问题应当准确无误。无论是质化研究,还是量化研究,研究问题的确定都是首要的工作。在一些研究中,研究问题还是概念框架构建的基础。我在论文写作课上跟学生分享了高质量的研究问题应当具备以下四个特点:

(1) 价值层面:选择有意义(理论意义和实践意义)的问题;
(2) 创新层面:尽量选择新问题,在文献阅读的基础上找到研究空隙;
(3) 操作层面:能不能在指定时间内利用自己的知识和技能完成;
(4) 内容层面:研究问题之间要互相呼应,体现内部连贯性。

我在港大的博士论文选题

先谈一谈我在港大撰写博士论文的选题经历。在港大学习,我先后得到两位导师的指导,先是 Bob,后来由于 Bob 的工作变动,改由 Chris 来指导我。两位导师的研究方向不尽相同，Bob 的主要研究方向是中国英语课程设置，他的视角较为宏观，主要考察中国的政治变化对于英语课程演变的影响，比如在"又红又专"的时代背景下，英语仅仅作为一个陪衬，掌握与否、掌握的程度都不受社会重视；而到了"全球经济一体化"的今天，英语则作为媒介帮助人们更好地去认识世界和改造世界。Bob 的博士论文采用文献分析为主，访谈为辅的研究方法，到了指导我选题时，他根据我的兴趣所在是微观层面的课堂教学，即考察英语教师课堂教学行为跟他们教学信念之间的关系，因此课堂观察和深度访谈是我需要采用的主要研究方法，深入细挖的质化研究是我需要努力的方向，我们经过协商之后达成了此共识。根据我的求学经验，我认为学生报考某个导师时，需要对他/她的研究有一定的了解，结合导师的研究方向和个人的研究兴趣来确定未来的研究选题。所以"选题＋导师＝成功的论文"这一培养模式一点不假。

我读博的第二年，Chris 成为我的导师，这其中有一件轶事。离开港大前往昆士兰工作之前，Bob 拟推荐一位化学专业的教授做我的导师，他认为英国体制的导师制更侧重的是宏观层面的把控和研究方法上的指导。而我自己则考虑如果导师的学科背景和自己更为接近，我就可能少走弯路。于是我主动找到 Chris，询问她是否愿意做我的导师。经过多方沟通和协商，Chris 同意做我的导师，但保留了 Bob 当副导。Chris 年富力强，指导博士生颇有经验，她看了我的前期论文内容之后就给我一条非常重要的建议，即研究教师认知（cognition）要注重与教师实践的共建共构动态发展的过程，教师信念既不是一成不变的，也不是想变就变，因此要把握住信念因何变、如何变的问题。根据她的建议，我修改了自己的概念框架，并接受了她的建议认真地阅读了迈克·富兰的书，将"变"（changing）纳入到教师教法之中。另外，Chris 还告诉我教师教学受到多种社会因素的影响，可以考虑引入"社会文化理论"（socio-cultural theory）作为支撑，来探究"变"的根源。其实，更换导师是一个转折点，如果不顺利，就会走弯路。幸好我能及时调整，接受新导师的建议，于是在后来的论文撰写过程中我都能顺风顺水，没有遇到更多的麻烦。

我还想用另外一个例子来说明导师的重要性。有个比我先入学的广州同学，由于他的选题没有得到导师的认可，一直僵持停滞不前，令他失去信心，几近绝望。直到学院分管研究工作的副院长上任后，同意他更换导师，这才帮他解了围。在新导师大刀阔斧的整改下，他只花了八个月时间就完成了前面三年久拖未决的问题。上述例子都说明论文的选题十分重要，相对于理工科选题往往是导师的子课题之外，人文社科学生的选题有一定的自由，但也一定要获得导师的认可，否则不利于后期的指导和学习。

我指导博士生选题

总体上说，我对学生的选题采取较为"宽容"的态度。我所从事的外语教育（教育语言学）和第二语言习得与实践两个方向的研究，可选的研究相当丰富。尽管我的学生选题各异，但我认为他们总体的理论框架都会涉及认知、信念（belief）、互动（interaction）和变化（change），这些核心内容跟我的研究有着千丝万缕的关联，是一脉相承的。下面我们看几个实例。

苏觉明来上外攻读博士学位之前曾参加北京外国语大学与奥克兰大学联合培养博士项目，师从刘润清[①]教授，后来由于种种原因搁浅。遗憾之余，苏觉明没有放弃读博的念头。2013年秋入学之后，他跟我商讨了他之前的研究计划，主要涉及 L2 的输入和输出（input and output）研究。后来经过多次协商，苏觉明转而研究上外博士生的学术成长历程，探究课程、导师、互动和成长之间的关系。

杨岚对高校外语教师发表期刊论文动机感兴趣，想要探寻当今青年外语教师在论文写作和发表过程中的认知、知识储备、动机等，这一研究不仅涉及语用学、文体学、学术写作能力、话语分析等内容，还跟动机、态度等心理学方面的变量相关，同时跟学术环境和社会环境中的诸多变量也有关系，而这一切都要通过认知这一中介。

岑浅草想要研究海归教师的身份认同，一开始她表示自己作为研究者没有海外学习经验，恐在分析数据时不能完整、系统地呈现所要研究的问题。2016年初，岑浅草得到国家留学基金委[②]和江苏省青年教师项目的资助，前往英国曼彻斯特大学进行访问学习，通过海外学习的访学，岑浅草对海归教师的身份认同研究有了比较深入了解和直观的认识，这对于她更有深度地解读所收集的数据，并回答相关研究问题大有裨益。

---

① 刘润清，北京外国语大学语言研究所所长、教授、博士生导师，兼任全国自学考试英语专业委员会秘书长、北京应用语言学会副会长、全国语言文字标准化技术委员会境内外语应用分委会主任。

② 国家留学基金管理委员会（China Scholarship Council），国家留学基金管理委员会是直属于教育部的非盈利性事业法人单位。国家留学基金主要来源于国家留学基金计划的财政专款。基金委同时也接受境内外友好人士、企业、社会团体及其他组织的捐赠、资助。

白桦起初想要研究某高校女博导的指导模式,试图构建出具有我国特色的博士生指导方式。现有案例是以中山大学夏纪梅①教授为例,描述和分析了夏教授指导博士生的方式。但是白桦在开展研究的时候遇到了一些困难,比如无法深入到该研究团队收集数据。后来在我的导师 Bob 的建议下,她将之前搜集到的资料作为先导研究(pilot study),改为深入调查 SLRC 学习共同体的指导模式。研究她自己所在的学术团队尽管会有一些局限性和敏感性,但白桦能够收到多维度、深层次的数据。作为当事人,我给予白桦最大的理解、鼓励和支持。白桦说,"有导师赐予的尚方宝剑、免死金牌,我就策马扬鞭,绝尘而去啦!"她的意思是说有导师对她给予的全力支持,她就可以放开胆,实事求是地分析和诠释 SLRC 的科研实践模式了。

列举了以上学生选题的例子是为了说明他们选题的丰富度和传承性。一方面我倾向于跟学生协商,允许他们选题的多样化;另一方面,在多样化之中也希望看到学术传承的东西,例如认知、互动、改革等。

我通常在第一个学期就会鼓励新生在充分阅读文献的基础上,尽早开始思考可行性的研究问题。要敢于提出问题,在 SLRC 研讨会上征求研究,然后再跟导师面谈,不断地打磨。随着新学的学术知识和实践阅历的增长和进步,他们会自觉地、不断地对原有的问题进行批判和补充,进而演变成相对明确、可行的研究问题。下面举侯文魁选题的反思例子来进一步认识选题应该如何跟导师保持密切的联系和充分的沟通。侯文魁是这样描述他在选题初期遇到的困境以及他后来如何克服困难,从而确定了现有的研究主题:

"通过我自己的选题经历,我认识到了博士论文的选题关乎了研究的价值和创新意义,体现的是研究者的视野和科研能力。我在第二学期开学伊始,也同样经历了许多文科博士生所面临的钻研了大量庞杂的专业知识后,却发觉无题可论、不知从何入手的困境……我的博士论文科研计划先后经历过五次大的调整,从最初的专门用途英语(ESP, English for specific purposes)背景下任务型教学研究到英语教学大赛平台上优秀教师叙事探究;从我国大学英语教师的实践性知识解读再到大学英语听说课堂的小组互动研究……其中历经困顿,备受煎熬。于是,我集中精力在一个月的时间

---

① 夏纪梅,中山大学外语教学中心主任,教育部高等学校外语教学指导委员会副主任委员,教育部大学英语考试委员会委员,教育部大学本科教学评估专家。

里参阅了近十年里国内外关于 M-Learning 的文献资料,移动辅助语言学习(MALL, mobile-assisted language learning)这样一个全新概念体系逐渐进入了我的视野。当然,这期间我跟我的导师保持了十分密切的联系和充分的沟通,也有一些冲突,但导师坚持不命题,坚持让我自己做决定。一路走来虽历经千辛万苦,但却十分的坚定和自信。"

从侯文魁的描述我们不难看出,选题非"一朝一夕"之功,而是需要学生大量阅读文献,拥有充分的学术积淀,当然如果有教学实践经验,能够找到的切入点就更多一些,灵活一些。同时,我们还看到了在这个过程中,学生要结合选题的标准,不断的批判审视,与导师勤交流,与同学多交流,逐渐精准定位到自己的学术领地(niche)。

对每个博士生而言,在最终确定论题之前都不可避免要遇到困难和瓶颈,甚至会走一段弯路,回过头看,这些都是在学术道路上前行的宝贵财富。只要坚持不放弃,就一定能找到具有研究性的、可操作、可行的研究主题。由此可见,如果想让博士论文达到较高水平,选题就应具有一定的难度,所谓难度,就是要求作者能够探索规则。这些规则是隐形的,不经过大量的调查和研究是很难发现的,所以说难度的挑战来自对发现规则的困难性。博士学位论文的选题当然应该具有学术前沿性和原创性,无论你的选题是针对某一问题继续进行深入地研究,还是用来填补以往的研究空白,都应该具有对现实问题的指导意义。只有把握好科学与社会的关系,具有现实意义的选题才可能是一篇优秀的论文。博士论文选题应该是前人没有研究过的,能够构建一定的理论模型,其研究的成果能够对国家制定政策提供重要的参考意见,或解决社会生活中急需解决的现实问题,对促进生产力、发展经济和文化教育起到推动作用。

四、精确开题

博士学位论文开题是博士生培养方案里的必经阶段,是毕业论文答辩委员会对学生答辩资格审查的依据材料之一。学生在正式开展研究之前制订整个课题研究的工作计划,它初步规定了课题研究各方面的具体内容和步骤。研究方案对整个研究工作能否顺利开展起着至关重要的作用。一个科学、系统、可行的方案,可以使学生避免无从下手,保证整个研究过程有条不紊地进行。可以说,研究方案水平的高低,是一篇博士学位论文质量与水平的重要反映。

论文开题的基本条件

前面我们提到选题+导师指导=成功的博士学位论文,学生要开好题,首先就是要尊重导师,跟导师展开良好的沟通,争取获得导师的最大化支持。事实上,学生的选题跟导师的研究方向、学术计划等因素有比较大的关联。有的导师会将一张选题清单发给学生,让学生在其范围内选择想做的题目;有的导师会给学生提出具体的研究方向,协商选题;有的导师则要求学生继续做导师研究工作中的后续研究。无论如何,要跟导师多沟通,弄明白导师的底线与期望,否则,即使是开了题,后期能否顺利完成,能否按时毕业都很难说。由于开题报告、中期汇报和毕业论文答辩是记录在案的,通常要遵守一定的统一格式和对相应程序,提前把具体要求和程序弄明白,不要遗漏事先该准备好的相关资料和表格。最后,博士论文开题还要实事求是,是否符合自己的能力和要求;学生对自己要有个明确的定位,未来是否走科研道路,如果是,那么就要选择一个可发展的选题一直做下去。简而言之,开题要先做到符合基本要求,再追求水平的提高;先做到满足开题要求,把能保证按时顺利答辩作为基本条件,最后再衡量选题是否具有可延续性与长久性。

开题报告包含哪些内容

开题报告的主要内容都有哪些呢？简单地说它包含了：①现阶段已经做了哪些调研，最终定位在哪些具体的研究问题上（方向）；②在这些具体的研究问题中，所确定的研究对象是什么（课题）；③对该选题做了哪些准备，对研究结果有什么预测（目的）；④根据参考文献和已有知识，准备以什么样的研究（思路）来确保研究思路（概念性框架）导向结果（方法与步骤）。明确了开题的主要内容，那么开题报告实际上就是把以上内容具体地、清晰地使用语言表达出来，先是学生自身的推敲，接着和导师一起推敲，如有可能就在团队里演示，征求更多人的见解。上外研究生部印制了开题报告的表格（网络可以下载），其中包含了题目、选题缘由、文献综述、主要内容、目的和意义、思路与方法等，要逐项按照要求填写好，填写的过程就是帮助学生厘清学术思路、构建论文结构与逻辑过程的——这个过程也帮助学生学会如何从"外部"来"逻辑化"其开题报告。

指导学生撰写开题报告

完整的开题报告应该包括标题、研究问题、文献综述和研究设计这几项内容。我提醒学生们要意识到清晰的标题是学生们在研究的汪洋大海中航行的第一个路标。如果某一研究是为了证实某个假设，那么标题中通常都会包含相关的变量、研究对象等。如果某一研究是探索型的，标题中需要出现的就是研究聚焦的内容。题目拟定的原则要简洁、清楚，字数要控制好，不要冗长。当然，我认为应用语言学的论文标题在满足以上要求的基础上应当兼具人文气息，论文的题目也不是一成不变的，随着研究的进展，我们也有可能对原定题目适当加以修订和完善。其次，研究问题是整篇学位论文的目标。刚到上外工作时，我惊讶地发现有些送审的博士学位论文里面居然没有研究问题，有的论文看上去似乎设置了几个研究问题，但都过于笼统、宽幅、关联度差，逻辑松散。这就好比开车没有方向盘，航行没有船舵。所以我很重视让学生们明白开题报告中研究问题，要学会如何提出缜密的研究问题。研究问题提的好，开题通过之后，后期的研究也好开展，研究质量也有保障。

开题报告的撰写说到底还是学生学术写作能力的大比拼，因为学生不但要整合自己基于论文撰写的思想，还要在特定的格式、体裁的限定下行文。所以我把培养学生的学术写作能力当作一件实事来抓。学术论文写作和其他体裁的文章不同，是一种非常正式的语篇形式。尽管应用语言学博士开题报告写作格式不是千篇一律的,但总有一定的格式和章法可循。我强烈建议学生们去了解上外研究生部规定的撰写格式,避免后期出现不必要的麻烦。

我招收的大多数学生是英语专业出身的,在教学岗位上也工作了一些年头,有一定的英语写作能力。但是毕竟博士开题报告撰写有其学术的特殊要求,如篇章布局和专业词语使用等。有鉴于此,我推荐他们阅读英文学术写作专著 Academic Phrasebank[①]一书,该书学术性、实用性和针对性都比较强,鼓励学生们熟读背诵,经过短期阅读之后对于学生了解开题报告中应该如何遣词造句都有很大的帮助;其次,我要求学生们多读、多总结、多观察高质量的英语期刊是如何撰写学术论文的,在遣词造句上有哪些特点;再者,我要求他们在课堂和研讨场合使用规范的学术用语来强化学术英语的应用和表达能力;最后,我还通过一些具体练习方式来锻炼他们的英文写作能力,如要求学生每周选两篇英文论文阅读,写好读书报告,在 SLRC 研讨会上坚持使用英文发表观点,研讨会之后,我让学生们轮流用英文撰写会议记录,公开发表之前必须先送给我审阅,就其中的语言点一一加以纠正和把关。

撰写开题报告除了博士生为自己定下可行性的研究计划之外,就是要接受答辩委员会专家教授的质疑。通常专家教授的提问先易后难,主答辩教授会提出三个或三个以上的问题。如果第一个问题答好,就会放松紧张心理,增强"能答好的信心",从而有利于在以后几个问题的答辩中发挥出正常水平。我在港大开题时,答辩委员会教授像连珠炮一样提出下面一系列问题:

(1)你选择探究福建省福州市的英语教师认知和实践之关系的问题。
你为什么要选这一问题?
(2)尽管这个问题与区域性相关,但你对这一领域的国际性研究进展如何有什么了解?
(3)你研究福建省福州市的英语教师,有什么意义?
(4)你原想采用混合的研究方法来开展研究,可是你现在决定使用质化的研究方法。
请你详细讲一讲你为什么要改变?
(5)描述一个省份某个区域的研究,你的创新性在哪里?
(6)你是否考虑过其他的思路、方法、手段?请具体地谈一谈。

[①] 由 John Morley 博士编写,英国曼彻斯特大学出版社出版(2014)。

千万不要小觑这几个问题,每一个问题都有一定的分量。由于事前跟导师Bob交流得比较充分,这些问题我们基本上已经料到,所以我信心满满,较好地回答了这些问题,也得到了教授们的一致好评。根据我的个人经验以及学术圈内约定俗成的做法,在我的指导过程中,我"依样画葫芦"让我的学生们多注意上述六个问题的内涵,我特意让学生们思考为什么要选这个题,而不是其他题,比如其他相关更热门的研究;我提醒学生这个方向的国际性进展如何,实际上就是要确认你的研究是其他人还没有做过的研究;问这个选题有什么意义,专家教授们想衡量你的选题够不够博士学位的分量;问为什么要采用这样的研究思路、方法或手段,专家教授意在质疑你是否还有其他更好的方法;问创新性在哪里,实际上就是质疑你的研究结果跟已有的研究结果相比具有什么样的先进性;最后再问是否考虑过其他的思路等,就是在提醒万一使用原有的思路做不下研究时,还有其他什么样变通的方法等。

面对这些问题,要将开题报告的具体内容扎扎实实地落实下来,这种落实是需要付出大量的时间和精力。根据这些年来我的具体指导实践来看,我发现大多数学生或多或少在文献阅读上还做的不够扎实,其阅读量还有待于增加,尤其是核心文献远远没有吃透,学生往往只注重文献浅层的内容,而忽略了文献本身在理论体系构建、研究思路、逻辑的内在与形式表达上的可学习性。石云峰在一次交流中这样说道:

> "我在写开题报告时,内心曾有过抱怨导师给我指导不够具体,有时候觉得导师的指导比较模糊,那么大的文献量,就像航行在茫茫的大海中,真的一时半会不知道从哪里入手。后来我就找导师谈一谈自己的思路,导师先是耐心地听,接着就揪出我的思维逻辑不够缜密这一问题,导师批评我不能清楚、有序地表达理论体系建构的来龙去脉,以及我为什么要搭建这样一个框架等。后来我回去一想,导师之所以那样说我,实际上是我无法将海量的文献做一个清晰、准确、有条理的阐述。我逐渐认识到导师的作用就在于引导我,逼着我学会'钻研',如果导师都帮我做出来了,那就是导师在读博,而不是我在读。"

此外,我的大部分学生在入学前都没有像样地开展过实证研究,因此开题报告是他们要集中精力学习来思考如何开展实证研究的重要开端。通过开题报告的撰写,他们要认真考虑如何使用恰当的研究方法去解决所提出的研究问题。墨子是这样谈到她选择研究方法的:

"导师一再强调博士学位论文研究都需要有研究方法,没有方法就没有可信的研究结果。我也看了不少专著,给自己补补课。等到选题确立后,我再三提醒自己要相信导师的话,认真考虑我的研究究竟要使用什么方法。我认识到假如不看研究问题属性,随便把几种方法摆在一起,就觉得阵势强大,可能会犯错误的。选用'适宜的'研究方法,我认为宏观上应该考虑以下内容:首先要根据研究目的,如果是解决实际问题的,可以考虑行动研究的思路;如果是想要获得新知识,考虑定量或定性研究方法,其次要根据研究问题;如果涉及数据、实验调查等,应考虑定量研究;如果是特殊情境下的小样本研究,则可以考虑质的研究。最后还要考虑自己的研究能力,选择自己可以使用的方法。"

一旦开题报告正式获得通过,学生对于博士论文的格式、篇章、内容都有了比较清晰的认识,自然而然地就可以开始写作工作了。但是,博士论文写作是一个荆棘密布的丛林探险,学生们对其难度应当在心理上有所预估,才不至于在撰写过程中遇到这样或那样问题时而措手不及。

论文开题时间的划定

香港大学通常是在博士研究生入学后的第 18 个月进行资格确认,由于我入学时是读 MPhil,学术委员会在我入学后第 12 个月对是否同意我由 MPhil 转为 PhD 学习进行答辩,事实上也就等于对我的博士学位论文开题的资格审查。由于在这之前,我已经收集了丰富的数据,研究有了比较扎实的基础,所以由硕士转博士的过程比较顺利。在上外博士生培养模式中,考生主要是通过笔试和面试的方式考取的,尽管考生也递交了研究计划,但不作为考核的标准,因此考生的研究计划可行性有待于进一步提高。在我招收的头几届学生中,我发现他们在时间规划方面处于比较被动的状态,每到一个时间节点检查他们需要完成的任务时,他们总是显得仓促、紧张。为了改变这种被动的局面,我要求从 2015 级博士生开始提前半年开题,把多出来的半年时间用来调整研究计划和夯实论文撰写上。这样做前期可能会紧张一些,但我相信这样的安排对他们有好处。但是令人遗憾的是,这批学生虽然提前半年开题,但是他们开题之后的论文写作基本上陷于停顿状态,个中原因复杂多样。有的妻子生二胎,回家照顾去了;有的收集数据,必须坚守第一线;有的认为要等数据全面收集完整再动手写论文。看来学生们要将"每天坚持写一百字"具体落实到实际行动中去,还是有一定的差距和困难。

开题答辩会:迎接各路挑战

如果说开题报告撰写考验的是学生的逻辑思辨和学术写作能力,那么开题答辩会则是学生口头向答辩专家陈述和展示自己的研究计划,就专家的提问和建议作出回应的重要过程。在答辩专家的选择上,我有自己的标准:第一,要有海外高校的博士学位头衔;第二,必须是拥有副教授职称(这点是学校规定)的青年教师。可能有人会质疑为什么非要有海外的博士学位头衔。当然,并不是说国内毕业的博士在学术规范方面做得就没有海外博士好,只是我个人通过这么多年的经验积累和观察发现海外博士接受了一整套更加严格规范的学术训练,研究范式跟我的也比较相近。至于我比较倾向于使用青年教师,这是因为他们刚刚获得学位不久,对于学术饱含的激情促使他们能够对我的学生"轮番轰炸"。批评建议开展得越猛烈,就越能够帮助我的博士生们获取有价值的反馈,越有利于他们成长。

例如2014级的博士生开题答辩的时候我邀请了我校的李茨婷博士、赵冠芳博士和谢晓燕博士。在答辩会之前,根据学生的研究方向,三位青年教师花费了大量的时间"一对一"地对学生撰写的开题报告书进行阅读和反馈。看到她们在学生的开题报告上做了大量的标记和批注,我和我的学生们都特别受鼓舞、特别感动。在答辩现场她们开足马力,给予学生们很多有针对性的建设意见。学生们一致反映这三位海归博士所倡导的学术规范和行为准则在很大程度上和我平时对他们的指导形成无言的呼应。这充分体现了在坚持国际化标准的平台上,我们的学术话语和研究范式是趋同的、相似的。令人感动的是,由于钱莺同学的研究和李茨婷博士曾经做过的研究有一定的相似度,李博士在答辩会结束之后将自己在国外开展研究的资料和文献全部打包送给了钱莺。这也充分体现了上外海归青年教师乐于奉献、乐于分享的精神,我要求我的学生们要以她们为榜样,学习她们忘我的工作态度和与人为善的精神。

开题后更要扬鞭策马

我的2015级博士生在入学后的第九个月进行了开题答辩,这样做的目的我在前面已经介绍过。当然,这样的安排有可能也会招致一些误解和质疑。开题越早就是越好吗?万一开题失败怎么办?我对学生们说:"提前开题就代表我要提前把你们送入运行轨道。开题的过程中专家会给你们各种各样的意见,也会给你们许多挑战,在开题后的日子里,就需要你们自己去思考、去调整,直到入正轨、找到合适的运行速度。"所以,提前开题的意义就在于此,为学生赢得更多的时间去修改和调整。因此,不宜将答辩看做一个阶段性的结束,而是应该将其当做新的开始。墨子在答辩结束之后第一时间跟我分享了她的思考和反思,这着实让我对这位留学生刮目相看。以下是她用中文写给我的反思:

"2016年6月13号,谢天谢地我们五个人的开题还算是比较顺利。最重要是第一次正式站起来为自己的题目辩论。被批得'遍体鳞伤',不过,受伤很开心。郑老师说过:'Take it as a chance to learn!'(把它当做一次学习的机会)真的是学习了很多,下面是我的几条总结:

(1)我的选题得到老师们的肯定,认为这个题目能做下去。目前针对越南汉语教师研究理念和参与科研活动的研究比较少。是的,我要在这一片处女地上种下种子!

(2)目前我的题目理论支撑上还有待进一步提升,文献读得还不够多。这的确是我的不足。原因主要是英文能力不够,读英文的学术文章少;就是读了,分类、分析、系统化能力也较弱;缺乏使用网上资源、搜索文章的软件。

(3)专家博士提出让我做纯质化研究。听她们的讲解以后我觉得非常不错。但回去想了想我觉得自己要慎重。先多读她们推荐的书籍,然后好好考虑我的选题,最重要还是考虑到自己的能力。

(4)以前郑老师提醒过我,越南北方受中国文化较深,越南南方受了西方的影响多一点,要考虑到历史背景。这个问题昨天评委老师也再一次提到!越南人受了中国、法国、美国人的影响,越南的语言也有汉语、法语、英文的痕迹。在这么有意思的背景下,如果做不了深度和有层面的分析就太可惜了。

(5)昨天的PPT和语言表达尚有小错误。小错误就是错误!以后一定要找中国同学来帮我做proof reading(校对)了。

(6)昨天看了其他同学的答辩,学到很多东西。中国博士生真的了不起!他们做研究很扎实,理论方面充分,想法灵活,英文表达能力超级棒!起码SLRC团队里面的成员们是这样的!

(7)郑老师有眼光!他帮我们争取提早了半年的时间,帮我们入场收集资料之前有了更明确的方向。其实我还真希望读博时间是4年呢,我很想多点时间在老师身边学习,打磨自己。

明天又是新的开始!"

就像我在前面章节提到过的那样,墨子是个外表内敛,但是内心强大、有想法的女生。平常话虽不多,但一旦说出话来却能语出惊人。她在团队中也学到了乐于助人的品质:最近,她还帮助一位中山大学的泰国留学生,跟她讲解如何选题、研究问题如何设置等等。她在不到一年的时间里学习到了研究的精髓,也试图用她学到的东西去影响更多的人。这也是我招收国际留学生的目的,希望通过他们来丰富我的团队,也让我的中国学生可以和他们互相学习。这个反思我并没有要求她写,可是她却在第一时间写好并且提交给我,写得真实、鲜活、深刻。

但也有个别学生开题之后就有点放松,针对这种情况,我及时跟进,给予提醒,我是这样跟这位同学说的:

"早上醒来读到你的信件,这才是我的学生!!十分的好!为什么?因为从你信中之所言,我看到了你在思考中前行!你摆问题,你犹豫,你踟蹰,你斟酌,你抉择,你困顿,你质疑,你反思!何为读博?此是也!

我的导师说他好几个圣诞节平安夜把自己关在办公室里写论文,而不能跟家人团聚,他为此感到深深的内疚,但他也为家人的理解感到莫大的安慰。你现在的努力和付出,到了将来一定是个美好的回忆!

看到你行动起来了,我很高兴!这是一个十分可喜的进步,这种行动的能量是巨大的,是向前冲的,带有极大的惯性,但我宁愿看到你在匀速前进,因为写作不是靠拼几天功夫,一个冲劲就能解决问题的,而是要靠持续地、耐心地和仔细地不断经营。

你选择了读博,就要将上述活动养成你的职业生涯中的习惯性活动,陪伴你一生。这就是为什么我要你及其他同学向我汇报的原因,要让我知道你(们)的学术处境和学习状况,我才能对症下药,才能跟你(们)对话,才能陪伴你(们)走过这段既艰难,而不平凡的日子!

我这一辈子一直都是个读书人,我的思想方式很简单,我只喜欢读书人,喜欢会读书的读书人。学生中有谁不努力了,我就会谴责我自己,于是我就跟他急!学生中有谁真正努力了,我就十分欣慰,我就表扬他!年关已近,每天坚持写几百字即可!祝你新春快乐!"

开题答辩仅仅是一个开始,我希望我的学生们能够以此为契机重新审视自己的研究,结合专家的意见、自己的前期准备再有更多的文献阅读进行适当修改,为正式进场开展研究做好充分准备。在读博经历中,撰写和发表具有一定质量的期刊论文是大多数国内高校对于博士生的要求。下一节中,我将讲述我自己撰写期刊论文的经历、我和我的博士生们合作撰写论文,我帮助我的学生修改论文的各种故事。

五、期刊练笔

通常博士生在毕业之前应该将博士论文中的文献综述或数据整理好、写出来，在期刊上寻找发表的机会。博士论文跟硕士论文不一样，这是因为博士论文中有比较多的原创研究。大多数的博士生都花了好几个月的时间收集分析数据，然后非常辛苦地写出毕业论文。何不利用这些材料，将学位论文转成一篇或多篇期刊论文？这么做是最简单、最经济的，此外还有其他的益处，比如可用于职称评定，升职调动，提升个人成就感等。本节将先谈一谈我在英国利兹大学访学期间与 Simon Borg 合作撰写 SSCI 论文的经验，接着再谈一谈我在上外指导我的学生们撰写期刊论文的具体做法。

英伦访学：与 Simon Borg 合作写 SSCI 论文

2010年底，我申请到了一次上外资助的出国访学机会。我上网查了一下，发现英国利兹大学教育学院全英排名第五。利兹大学是世界百强名校，"红砖大学"成员之一，位于英格兰北部约克郡的利兹市。利兹周围遍布着美丽的乡村，风景迷人的约克郡宽谷和荒原也在这里。它也是一座充满活力和多元文化的城市，多次被评为英国最受欢迎的旅游城市，也是欧洲发展最快的商业和金融中心。但我选择利兹大学教育学院的主要原因是因为 Simon Borg 教授在那里工作。Borg 教授在发表 SSCI 论文特别有经验，据说，只要是他投稿给核心期刊的文章，从来没有失手过。Borg 教授还担任国际著名学术期刊 *TESOL Quarterly*, *Language Teaching Research*, *The Asian EFL Journal* 等的编委，而且他的研究领域是教师教育、语言教师认知、英语教育等，跟我的研究兴趣和方向比较一致。

去英国访学，不是说你写了申请信人家就一定要接受你。我跟 Borg 教授未曾谋过面，于是我想到了港大教育学院院长安德鲁思教授，恳请他写信举荐我。没过多久，我就收到 Borg 教授的来信表示他乐意接受我作为他的访问学者。出国手续办理的很顺利,我于 2011 年 3 月初搭乘东航航班飞往心仪已久的英国,途径伦敦机场,辗转来到利兹。刚到利兹安顿下来的头两天,我就体验到了利兹多变的天气,也许是冬不太甘心情愿将位置腾出来给春,临走之前还要捣蛋。是夜狂风呼啸,屋顶好像是被掀起来似的,十分吓人,跟盛夏福州刮台风没有两样。第二天一早,我望着窗外,满地尽是枯枝败叶,尽管远处隐约之间有些绿色植被,但眼前一棵棵光秃秃、毫无生机的大树突兀地立着,上方盘旋着好几只乌鸦,久久不愿栖下,好像懒得在没有生命力的树枝上停一停。

我披上挡风的外套,乘城巴去利兹大学,第一次去拜访 Borg 教授。上车之后我就跟同座的一位老人闲聊起来,我问他春天还有多远。老人说"not quite yet"(还要等呢!),后排的一位老太太接过话头说道,"two weeks from now"(还要再两周),旁边有人笑着接茬说"wakening"(在苏醒中)。谈说间车就来到了市区,从站头到利兹大学校区我大约走了十来分钟。利兹大学校园的建筑风格真是多样啊!有豪华气派的哥特式建筑,也有未经装饰崇尚"原始"状态的野兽派建筑,更有轻松清新典雅的后现代建筑。我一路问着找到了 Hillary Palace,是 Borg 教授办公的一座小洋楼。此时,恰巧碰到办公室主任 Anne 走了进来,我问了她 Borg 教授的办公室,她让我上二楼,左手第一间便是。

我轻轻地叩了叩办公室的门,里面传出"Come in, please"的声音。没想到 Borg 教授是那样年轻英俊,大约四十五六岁。寒暄之后,我就直接向他表达我此行的目的就是想跟他合作撰写一篇 SSCI 论文。Borg 教授听完之后,微微一笑,眼睛直视着我问道:"Are you serious?"(此话当真?)我肯定地点了点头。看到我如此坚定,Borg 教授缓缓地说道,之前也来过几个中国学者,他跟他们的接触就是头一天说 Hello,最后一天说 Byebye,其他的时间也不知道他们钻到哪里去了,更不知道做什么事情。所以他要确认我跟这些人是不是一个样。说完这些,他又说道:"If you are serious, then I am serious, too!"(如果你认真,我也就认真!)

话音未落,只见 Borg 教授身手敏捷地把放在办公室角落里的小白板挪到窗前亮堂的地方,让我坐下,他给我一人上课的阵势就像给一大班学生上课一样,十分认真地用墨笔在白板上涂涂画画,他指导得相当细致,细到连文章每一个小节应该写多少字,语步和动词时态怎么用都清清楚楚地告诉我。我听得如痴如醉,真是"听君一席话,胜读十年书"啊!待他讲完之后,我用试探的口吻问他:"那么我们的文章应该朝着什么样的方向努力?"Borg 教授好像看透我的心思,不给我想要的回答,只是淡淡地说了一声,"同行匿名评审(peer review)的文章吧。"

临近话别的时候,他嘱咐我先去图书馆办好网络使用账号,接着给我列出一个详细的阅读清单,然后转身到他的书柜里抽出两本相关专著,让我好好地阅读。在随后连续的几周时间里,Borg教授让我每周都定时去见他,这个待遇比他带的博士生还要优厚。见面之前他让我务必提前三天把写好的初稿发给他,好让他有时间提前看稿、改稿。每当我看到稿件上布满密密麻麻的批语时,我的心是那样的暖洋洋,这是导师严谨治学的真实写照。就这样,整整两个半月,我没有离开过利兹,除了每天花两个小时在Roundhay公园散散步之外,除了埋头写作,还是埋头写作。功夫不负有心人,在Borg教授耐心的指导下,我终于在访学期间完成了论文的主体内容,为后期润色修改和成功发表打下了坚实的基础。说来也巧,当时恰逢英国威廉王子大婚(2011年4月28日),我无法当天赶往伦敦亲眼见证,而是在好几天之后回国的途中,才顺路去白金汉宫看一看,虽然没有亲历典礼,但盛典的痕迹还在,这种感觉也不错。我想我的访学态度一定是给Borg教授留下了良好的印象,不然他不会在我离开利兹之前邀请我到他家里做客。那天下午,Borg教授亲自驱车到他家附近的火车站接我,先是带我去登小镇边上的一座山峰。登高望远,小镇的风光尽收眼底。谢谢您,Borg教授!

指导学生期刊论文选题

基于学生在发表期刊论文投稿时由于选题不好而未获发表的现实,我告诫他们要从选题来源、期刊特点、选题原则和选题路径等几个方面处理好,期刊论文选题不仅是自我研究的需求,也是期刊的需求,所以学生应当从自我科研需求出发,并结合期刊特点,严格依据学术规范来确定期刊论文的选题,这样才能达到事半功倍的效果。

那么期刊论文的选题都有哪些来源呢?我想主要是通过文献阅读、学术讲座、小组讨论,当然还有和导师的沟通。无论博士阶段的学习进展到哪一个阶段,我个人认为和导师的密切互动是十分必要的。钱莺是个高年级博士生,有一个学期她每周二早晨需要乘校车去松江校区兼课,她利用与我同往松江的途中跟我沟通她的思想动态和研究兴趣。在交谈中,她发现了学术语体中的篇章结构十分重要,通过语步分析可以更好地帮助读者了解这个领域。我告诉她可以考虑撰写这方面的文章,但如果只通过纯文本来分析得出的结果是有局限的。是否可以试着去发掘论文作者本人的写作认知,在呈现出某些文字的背后,每个作者都有哪些考虑,哪些思考。钱莺是个很有慧根的学生,她能领悟到我指导的内涵,通过努力,她写出了一篇质量不错的论文,题为"外语学术论文讨论部分的写作认知研究",相信不久就可以在核心刊物刊载。

微探期刊论文撰写

不管是什么样语体的文章,醒目的文眼才会给读者留下深刻印象,期刊论文也是如此。题目是文章的"文眼",从题目中可以管窥整篇文章的内容。国内文章的标题通常比较宏大,很有气势。而国外的文章总是"以小见大",比较朴实。我们的学生在阅读国际期刊时,发现其标题都是比较平实的,因此自己就不敢使用具有文学性的字眼。实际上我更偏向于实证研究在传递信息外应该有一些人文气息。

通常文章需要选定 3~5 个关键词,但这几个词要经过深思熟虑,要有高度的代表性。目的是为了方便读者在文献库里能快捷地锁定他们要找的文章。如果关键词只有一个,那么搜出的文章就可能是成千上万篇,自己的文章不易被人寻出;如果是两个关键词的话,搜到的文章就可能进一步缩减了,但被搜出的还是很多;如果三个关键词叠加就能顺利地让读者锁定。为了让发表的文章拥有更多的读者,关键词的选择是有讲究的,需要我们慎重考虑。

由于受到篇幅的限制,有些论文将引言和文献综述合并到一小节中去。引言主要是交代研究背景,作者为什么要开展这个研究,意义是什么。而文献综述则要追溯到某一个领域的开山鼻祖,中间有哪些分水岭和集大成者,目前现状如何等。此外还要交代先期研究都使用了哪些方法,有什么不足。力争找到研究空隙(occupying a niche)。

研究设计部分要根据研究问题的属性谈研究方法是如何确定的,研究方法正确,研究才有信度和效度。要清楚地报告数据收集的过程,如,为什么要使用这些调查工具?样本是如何抽样的?实验经过前、后测了没有?一定要讲研究的"透明度",不要搞暗箱操作,这样才能证明研究的扎实,才能帮助读者更好的分析和理解数据和结果,也有助于后续研究的开展。

国内刊物中通常是将"结果与讨论"放在一个小节里。呈现结果需要多样性,可视化,具体要用表格、图形等来实现。讨论部分是学术论文的重中之重,是摆事实,讲道理的地方,也是凝练提升理论的地方,所以需要保持最大限度的客观,要做到这一点,可充分利用"三驾马车",即数据、文献和智能展开全方位的思辨论证。

结论部分应简单扼要地概括全文,并指出研究的不足和对未来研究的启示等。此外还有一点不能忽视的是,论文的各个小节看似独立,实则是需要很好的衔接、呼应和逻辑,如引言照应结论,讨论呼应文献等。

高质量论文需打磨:诸葛谦的故事

诸葛谦是一位访问学者,他在访学伊始就向我明确表达,访学的目的就是想要学习撰写一篇高质量的CSSCI期刊学术论文。来上外之前,诸葛谦自认为也发表过几篇文章,以为以这样的"功底"来完成访学任务应该不会有太多的困难。但事实情况并非他所想的那样简单:

"我动手写的时候才发现自己根本不知从何下手。于是就迷惘挣扎着。有一天我突然问我自己为什么不从学习研究郑老师的文章开始呢?没想到这种直觉为自己开启了一扇通往希望之门。于是我下载了郑老师的一篇论文——《教师语言意识》介述,被其吸引住了,细细读了三遍,加上自己对该话题有多年的教学实践和感触,就暗自思定将其作为自己探究主题的首选,并开始收集相关文献。幸运的是郑老师的博士生苏觉明手头就有Andrews的《教师语言意识》的电子版,他毫不吝啬地分享给我,真是如获至宝啊!通过浏览全书,我对一些关键术语的来龙去脉有了较为全面的了解。"

于是诸葛谦找我进行了详细的交谈,他认为他对教师意识(teacher awareness)有着浓厚的兴趣,他愿意就这一话题开展实证研究。他是这样回忆他如何拟定研究问题和不断修改研究问题的:

"郑老师经常强调选题是一个研究活动的起点,研究问题决定着研究活动的目标和方向,同时也彰显研究水平的高低。通过SLRC团队学习和讨论,我意识到提出研究问题不只是提出几个问题而已,而是要做到研究重点突出、逻辑清晰、关联度较高、反映出研究档次的问题。"

经过多次的修改,我从他的研究问题变化过程中看出了诸葛谦的进步,此外他在研究对象选择方面也有变化,起初他选择的是职前教师和在职教师,两类人群不一样,范围过大,不易控制,后来他将研究对象缩小至在职教师。再者,诸葛谦原先的研究问题不连贯,逻辑含混不清,后经多次修改,慢慢变得有逻辑性,关联度也增强了,层次也变得较为分明了,下面是诸葛谦研究问题的变化:

初 稿:(1)现在高校英语职前教师和在职英语教师的语言意识程度如何?
　　　　(2)教师语言意识怎样影响教师课堂教学活动?
　　　　(3)影响教师语言意识对课堂教学活动产生作用的因素是什么?

第 2 稿:(1)我国高校英语职前教师、在职教师的语言意识状况如何？

(2)我国英语教师语言意识以什么样的方式影响他们课堂有关语法内容的教学活动？

(3)影响教师语言意识对课堂教学活动产生作用的因素是什么？

……

第 5 稿:(1)高校英语教师的陈述性层面语言意识状况如何？

(2)高校英语教师语言意识如何影响他们的语法教学？

终　稿:(1)英语教师语言意识的陈述性层面状况如何？

(2)英语教师语言意识如何影响语法教学？

事实上,诸葛谦大约花了半年多的时间来深度打磨他的 CSSCI 论文研究问题,论文研究问题的落实为他后来的论文撰写打下了扎实的基础。对我来说,有了诸葛谦加入到 SLRC 学术共同体,在他多次的写作汇报过程中,我的学生们跟诸葛谦有大量的学术思想交流和碰撞,彼此都有颇多的收获,诸葛谦这样写道:

"离开 SLRC 快两年了,但一静下来的时候,我的脑海就会反复回放郑老师对我论文写作的指导,无论是在论文整体结构上,还是在文献梳理,研究问题的提出,研究设计的确定,研究结果的呈现,讨论和结语行文,郑老师都给予最真心,最无私的指导、点拨、批评和鼓励！点点滴滴,历历在目。"

令我感到欣慰的是,诸葛谦访学结束回到他的原单位后,继续努力,接连在《外语界》和《外语电化教学》两部核心期刊上发表了两篇具有一定学术价值的论文,对他的未来学术发展起到了很好的铺垫。

好论文是改出来的

"鸟宿池边树,僧敲月下门",唐朝诗人贾岛当初为了从"推敲"两字中选择,于驴背上口吟手比,行人韩兆伊(韩愈)的车马队中竟未察觉,"推敲"也就成了反复斟酌,精心修改的代名词。我很赞成"好论文是'写'出来的,更是'改'出来的"这一说法,但是前提是要能"写"出来,"写"是重要的前提。不写出来,一切都是虚无缥缈的,就永远没有办法改,无论是期刊论文,还是博士学位论文都是一个道理,就是要不断的写！写！写！

拿我的几个学生来说,他们所撰写的期刊论文在能够投稿之前,都要经过十几稿的修改和打磨。我之所以这样做,目的是想从心态上锻炼他们。每次修改和打磨不要急着一步到位,而是循序渐进地让他们修改,让他们慢慢地懂得"说起来容易,做起来难"的道理。做任何事情都要讲求质量,需要修炼内功,不要带着急功近利的想法,不然是做不好事情的。我始终是抱着要让学生接受比较系统的写作训练,这样对他们在撰写博士学位论文是举一反三,一样有帮助。

以华鸿雁为例,他一开始选取网络志作为期刊论文选题时,并没有考虑到要将其作为一个实证性的研究来做,初步只想向读者介绍这一收集资料的新方法。我告诉他无论写什么论文,都要有研究问题,并且要尝试性地通过收集具体数据来回答这些问题。华鸿雁能够接受我的提醒,他按照我的指导,通过使用大数据的方法遴选出三篇最为相关的论文作为个案进行分析,详细探讨这三篇论文分别是如何如何利用网络志来开展研究的。应该看到,华鸿雁写到这里已经有了很多的进步,但我还是不满意,这是因为他没有清晰透明地将整个研究过程展示出来。

于是,我给他打个比方:我们在解数学题时,比如解方程式,我们不能在没有具体推理过程情况下就直接写上一个答案。做研究也是如此,不能搞"暗箱操作",要将研究的"起承转合"清晰完整地呈现给读者。华鸿雁听完之后,果然对原文做了很大的修改,语言描述得体到位。后来我又在不同方面给华鸿雁提出更加具体的建议,如合并文中的表格、做到读者友好、夯实讨论部分等等,都收到了良好的效果。

侯文魁同学是在同一届同学中第一个把期刊论文初稿递交给我的,读完之后我并没有给他具体的修改意见,只是约他面谈,跟他比较宏观上的修改意见,以至于有个阶段侯文魁误认为我对他有所偏见。到了他修改第七稿的时候,我才对他的分析框架、遣词造句、摘要具体写法和英文摘要等提出具体的指导。在后来的反思中,侯文魁做了一个很生动的比喻,"撰写论文就像学习游泳,老师把我扔到水里,一开始我呛了水,难免有所抱怨,到了最后学会了才明白老师的良苦用心。"

不同的学生要采取不同的方法来因材施教,但无论如何,要想写好文章,没有反复修改,精心打磨肯定是不行的。

篇末语

数学家陈景润说过,攀登科学高峰,就像登山运动员攀登珠穆朗玛峰一样,要克服无数艰难险阻,懦夫和懒汉是不能享受到胜利的喜悦和幸福的。一个社会随着生产力的发展,需要有一些人不做其他的事情,专门做探究万事万物奥秘的工作。这样的人,就是学者,他们所从事的工作,被称为学术研究工作。这个工作与社会上的其他工作一样,都是需要严格训练,才能够熟练掌握的。是的,选择了读博在某种意义上就选择了研究。系统的学术能力训练、广泛的学术涉猎、漫长的选题过程、规范的开题答辩和高质量的论文撰写,这些活动充斥着博士生的学术经历,少了任何一项都不能称作完整。正是通过这些系统规范的训练,博士生逐渐具备独立开展研究的素养,为今后的学术研究打下坚实的基础。然而,"纸上得来终觉浅,绝知此事要躬行。"研究不是"空穴来风",也不是"纸上谈兵"。在掌握理论知识和研究方法之后,等待研究者的是更加错综复杂的真实世界:研究者需要在真实世界中发现现象、描述现象、解释现象。

第四篇　躬行实践，沙里淘金

古人学问无遗力，少壮工夫老始成。
纸上得来终觉浅，绝知此事要躬行。
　　　　　　　　　　——陆游

《战国策·魏策四》记载着"南辕北辙"这一成语。季梁在太行山下遇到一个赶着车向北走的人说："我要去楚国。"季梁问他："你要去楚国，为什么要向北呢？"他说："我的马好。""您的马虽然好，但这不是去楚国的路啊！""我的路费很充足。""你的路费虽然多，但这不是去楚国的路啊！""给我驾车的人本领很高。"他不知道，方向错了，赶路的条件越好，离楚国的距离就会越远。这个故事的寓意是告诉我们做任何事情都要讲究方法，正确的方法能够起到事半功倍的作用，科学的方法是通向成功的阶梯，方法是理论和实践的结晶，不能生搬硬套别人的方法，解决不同的问题要使用不同的方法。方法必须符合客观规律，方法必须不断革新，不断学习，才能不断掌握新的方法。本篇将围绕"质化研究""量化研究""民族志""叙事研究""个案研究""扎根理论""行动研究"等研究术语进行"华山论剑"，探讨面对不同的研究内容，应该如何选择正确的研究方法来解决问题。

一、方法絮语

学术研究有三宝：一是研究问题；二是收集数据；三是诠释数据。在开始收集数据之前，我们就需要根据研究问题的属性来选定合适的研究方法。我们的世界观和人生观，不管科学与否，都受到一定范式（paradigm）和模式的影响。范式作为最基本的信念系统，本质上是一种世界观，一种普遍的视角，并致力于分解现实生活中的复杂问题，用来指导研究者。

按照传统的划分，在社会科学领域有两大范式：一是实证主义（经验主义）；另一种是建构主义（解释主义）。除这两大范式之外还存在其他范式，例如后实证主义、批判理论和参与式理论。实证主义和建构主义在使用研究方法时最突出的区别是前者主要使用量化的、实验式的方法来验证某种可以普及的假设；而后者主要使用质化研究方法或自然主义方法来理解特定场景的人类经验。

图 5 的图好像洋葱的横切面，我在论文写作课上经常用它来展示研究方法中的哲学范式、研究策略、研究手段等多个层面之间的关系。其中研究的哲学思想基础包含后实证主义、实用主义、建构主义等等；研究策略常见的有实验法、调查法、个案研究、民族志研究、扎根理论、叙事研究、现象学研究等等；研究手段是指资料或数据的收集和分析的具体手段，是整个研究最直观的层面，目前常见手段的有问卷、访谈、观察、统计分析等等。以上三个层面是研究方法的三个基本要素。一个具体的研究必定是建立在某一哲学思想基础之上，采用某些研究策略，并使用某些具体的研究手段。这三个层次彼此贯穿，互相呼应。

牛犇在网络博文发表评论时是这样说的：

"在讲解研究设计时，郑老师引用的'洋葱'图，堪称经典。生活中只听说过洋葱的营养与药用价值，却从未想到，这一层层的洋葱也能将研究设计的抉择过程表现得如此逼真。郑老师从哲学视角、推理途径、策略选择、方法应用、时空取舍到技术过程，结合应用语言学博士研究设计，将层层递进的思考路径、环环相扣的逻辑关系用一颗'洋葱'表现得淋漓尽致。"

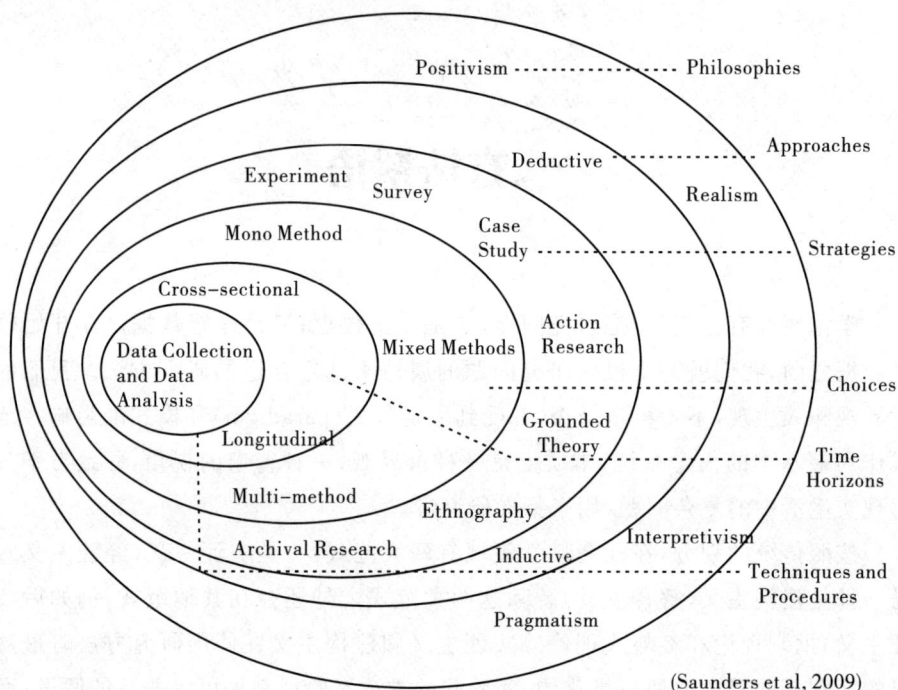

图5　研究方法"洋葱"图

研究方法的取舍：我的体验

李白在《蜀道难》中描写"蜀道难，难以上青天"，说的是蜀道峥嵘崔嵬，艰险无比，难以攀爬。事实上，研究方法的选择和使用一点也不亚于"蜀道之行"，这是因为应用语言学研究对象复杂，它的各个层面又深受社会政治、经济环境、语言政策、语言学、心理学、社会学、教育学等因素的影响，加上每一个研究专题都有其自身的特点，需要运用哲学理论和批判性思维加以综合的思考来选择恰当的研究方法。有的时候，单一的研究方法很难给出一个确切的结论方法，所以需要考虑使用混合研究方法。

在谈如何选择具体研究方法之前，我先简要地谈一谈我在港大选择研究方法的一些体验。我的研究专题跟我国英语课程与教师教法有关。考虑到要对研究对象展开深度描写（thick description），Bob建议我使用质化研究方法，即建立在小规模、精心挑选的个体样本上，凭借研究者的经验和敏锐，对数据或资料展开编码解码、推理分析、逻辑思辨等方式来有效地透视诠释研究对象的行为和动机,以及可能带来的影响等。除了导师的建议,香港大学程介明①教授的"质化研究"课程对我的影响也相当大。程教授去哈佛大学攻读博士学位之前,主要从事量化研究,后来完全放弃量化方法,改为质化方法。时隔20余年,我至今依旧能清晰地记得程教授在课堂上对"质化研究"赞赏有加,称赞质化研究是一种美时的那份陶醉。在导师们引领下和熏陶下,我对质化研究有了一定的感性认识,并逐渐地产生了兴趣。我的确逐渐地感受到了质化研究的优美,是科学与人文的交汇,但到了我动手运用质化研究来解决问题时,我才知道想要娴熟掌握,用它来客观地诠释问题是有难度的。

在指导上外学生开展研究的过程中,我始终提倡要以问题为导向(problem-oriented),指导学生提出高质量的研究问题,然后要选择恰当合适的研究方法,或是量化,或是质化,或是混合来研究问题。受到我的影响,有不少学生走上了质化研究之路。比如苏觉明的论文涉及博士生学海遨游,击楫奋进的成长过程;杨岚记叙了青年教师在撰写和发表学术论文中的艰辛、曲折、历练和成长。当然,也有一部分学生沿袭他们读硕士时的学术训练,采用语料库分析语言现象,采用量化解决问题。无论他们是如何选择研究方法的,只要他们的方法恰当,我都表示支持。我认为导师所擅长的研究范式和研究理念只能从侧面去影响学生的选择,并不要去主导学生,学生使用什么样的研究方法完全取决于他们的研究问题需要来决定。比如,腾蔓以语料库为驱动来分析学术论文文本中的常用高频词窜,属于量化研究。在赞同她所使用的研究方法时,我或多或少地引导她适当关注这一研究中的"人文性"。腾蔓是这样描述她如何在量化研究中试图融入"人文视角"的:

"……这时候,导师提醒我,你的研究如何体现人文性?你有没有考虑过学术写作中人的因素?我立刻再去查找文献,终于发现在学术写作研究中,为了了解语篇更广泛的社会背景,一些基于语料库的研究在后续增加了对文本作者和读者的访谈分析和小组讨论等。该领域很多著名学者不仅仅在文本层面对学术论文进行了语篇分析,还进行了对文本作者的小组式、非结构式访谈以及基于语篇的访谈。尽管被访谈对象并不是语料库中论文的

---

① 程介明,香港大学教育学院首席教授,曾任香港大学副校长、香港师训会主席。2014年成为中国教育三十人论坛成员。

作者,访谈对象作为特定学科社群的成员,回答了关于他们如何理解文本意义、重现作者意图、评价修辞效果等问题。因此,基于语料库数据结果的后续质化研究集中于语篇的社会建构等层面,这里的研究焦点不仅仅是语言产出(即文本),更是文本形成和使用的内在过程。"

只能说,如果学生选择的研究方向和方法和导师的越接近,导师就越能够提供较为具体的、实质性的指导。在港大,我也遇到过极端的例子,比如攻读教育学博士学位的学生,其指导老师的专业背景却是金融学的。金融学背景的导师之所以能够指导非本专业的学生,可能是不同学科具有一定共通点,其中研究范式起到规则性和平台性的作用。为了帮助读者能够更好地读懂本篇章中的实证案例,有必要对量化研究和质化研究做一个简要的勾勒,如需进一步了解细节,则需要细读一些专著[1]。

量化研究靠数字,质化研究重文字

量化研究与质化研究是社会科学领域两种对立的研究范式,两者在研究目标、对象及方法上都存在着明显的区别。首先,研究目标上,量化研究重视预测控制,而质化研究重视对意义的理解;其次,研究对象上,量化研究强调事实的客观实在性,而质化研究强调对象的主观意向性;第三,研究方法上,量化研究注重经验证实,而质化研究注重解释建构。

杨鲁新等[2](2012)较为全面地总结了量化研究和质化研究的不同(表3):

方面	质性研究	量化研究
研究重点	质(文字)	量(数量)
哲学根源	现象学	实证主义
研究目标	理解,描述,发现,提出假设	预测,控制,证实,验证假设
研究内容	时间,过程,意义,整体探究	事实,原因,影响,事物
研究人员	反思的自我,互动的个体	客观的权威

---

[1] 如:Cresswell, J. W. 2013. *Research Design: Qualitative, Quantative and Mixed Methods Approaches* (4th edition) SAGE Publications, Inc.

[2] 杨鲁新,王素娥,常海潮,盛静. 2012. 应用语言学中的质性研究与分析. 北京:外语教学与研究出版社.

续表

方面	质性研究	量化研究
研究人员/研究对象之关系	密切基础,相互影响	相对分离,避免影响
设计特点	灵活性,渐进性,演变性	预设性,结构性
抽样方法	目的性抽样,样本较小	随机抽样,样本较大
数据采集方法	研究人员作为主要研究工具,访谈,观察,文件收集	非互动采集方法(测试,问卷,统计表,计算机等)
研究阶段	演化,变化,重叠交叉	分明,事先设定
分析框架	逐步形成	事先设定
分析方式	研究人员归纳,寻找主题,贯穿研究全过程	用统计方法演绎,在资料收集之后
数据解释	文化主位,互为主体	文化客位,主客对立
研究发现	全面性,综合性,丰富描述性,独特性,地域性	精确性,数字性,概括性,普遍性
效度	相互关系,证伪,可信性,严谨性	固定的检测方法,证实
推广度	认同推广,理论推广,累积推广	可控制,可推广到抽样总体

表3 质性研究与量化研究对比(杨鲁新等,2012;陈向明,2001[1];Merriam[2],1998)

前面讲到由于本书不是一部论述研究方法的专著,所以我无意对量化研究和质化研究着墨过多。但由于我对质化研究情有独钟,所以想就质化研究方法多说几句。具体地说,质化研究认为任何事件都不能脱离其环境而被理解。质化研究的主要目的是对被研究者的个人经验和意义建构作解释性理解或领悟。研究者通过移情作用对被研究者的生活故事和意义建构作出解释。在理解被研究者的生活故事和意义建构时,研究者需要对自己的研究前设或偏见进行反省,

---

[1] 陈向明. 2001. 教师如何作质的研究. 教育科学出版社.

[2] Merriam, S. 1998. *Qualitative Research and Case Study Applications in Education*. San Francisco: Jossey-Bass Publishers.

了解自己与被研究者达到解释性理解的机制和过程。研究者既要从被研究者的角度出发了解他们的思想情感、价值观和知觉规则，还要了解自己是如何获得对对方意义的解释的，自己与对方的互动对理解对方的行为有什么作用，自己对对方行为进行的解释是否确切等。同时，质化研究还十分重视研究者与被研究者之间的关系。正是由于研究者和被研究者双方之间的互动，研究者才可能对对方的思想和言行进行探究，因此在撰写报告过程中，研究者需要对自己的角色、个人身份、思想倾向、与被研究者之间的关系以及所有这些因素对研究过程和结果可能产生的影响进行反省。

由于质化研究要求研究者深入到被研究者的生活实际，强调从被研究者的角度看待问题，重视研究者个人与被研究者之间的互动，因此质化研究对伦理道德问题非常关注。研究者开始研究之前要先征求被研究者的意见，获得同意之后再开始研究工作，对他们提供的信息严格保密，并且研究者要尊重被研究者，公正地对待研究结果，恰当地处理敏感性材料，以免给被研究者的正常工作和生活带来负面影响。此外，研究者还要与被研究者保持良好的关系，并合理地回报对方所给予的帮助。

通常地说，质化研究在开始研究之前不设假设，研究者并不搜寻证明或反证自己所持假设的资料或事实，而是把已经收集到的原始数据分析组合到一起形成抽象概括。从研究的基本思路看来，质化研究主要采取归纳法，而这种归纳法决定了质化研究者在收集和分析资料时要走自下而上的路线，在原始数据的基础上建立分类，质化研究中的理论建构也是采用归纳法从数据中产生理论假设，然后通过相关检验和不断比较逐步得以充实和系统化。这种自下而上形成理论的方式是一种有根据的理论。

需要指出的是，质化研究通常不追求所谓普遍适用的客观规律。社会生活是复杂的、多层次的，即使某些经验具有普遍性，也只是在特定的历史时期和具体范围内具有普遍意义，所谓超越时空的客观真理的真实性在社会科学领域是有争议的。质化研究通常描述的是某一特定的社会文化和历史背景，重视社会历史发展中的主体选择性及其背后所体现的主体价值倾向性。此外，质化研究对研究者与被研究者之间的关系非常重视。在质化研究中，研究者本人作为研究工具深入到被研究者的意义世界之中，围绕被研究对象来展开研究，研究对象在研究中不是被研究的客体，而是主动参与研究过程，通过自身与研究者的价值态度的冲突与协调，在二者的平等互动中达到相互沟通，相互理解，揭示人的生活世界的意义。最后，我们还要充分认识到质化研究透露出人文关怀，显示出对生命的尊重。在质化研究中,研究者本人作为主要的研究工具,在被研究对象的日常生活情境里,观察他们的日常行为,聆听他们的心声,从被研究者的角度出发去看待问题,显示出对参与其中的人的尊重。

克里斯维尔(2013)①提醒开展质化研究的人员应当注意以下几个问题:

- 需要在研究场地投入大量时间;
- 展开复杂费时的数据分析;
- 撰写长篇的研究报告;
- 开展质化研究没有完全固定的准则和具体步骤可以遵循。

据此,遇到下列研究情形,我个人更倾向于考虑使用质化研究方法:

- 根据研究问题的属性,如果研究问题是开放型,那么比较适合质化研究(回答 How 或 What 等问题)。
- 研究主题需以探索方式展开的(exploration);
- 研究主题中需要呈现细腻观点的(detailed view);
- 研究必须在自然情景下开展的(natural setting);
- 研究兴趣强调个人主观观点的(personal viewpoint,"I...");
- 能够有相对宽裕的时间和丰富的资料开展文本分析的(text information);
- 研究具有个人性、实践性、学术性三种不同的目的(Maxwell,1984)②。

下面将分几个小节对民族志研究、叙事研究、个案研究、扎根理论研究和行动研究等几种不同的质化研究方法加以进一步阐述。

民族志研究更适合用于社会文化模式的调查

民族志又称为人种志或民俗志,是一种质化的研究方法。它旨在描述一个团体或一个种族的互动行为或生活方式,叙述他们如何行动,如何交互作用,意义为何,如何诠释,通过这些过程了解成员的价值观、信念、行为动机、发展和改变情形等。民族志学者认为这种研究方法能较好地掌握研究情景中的多样性和

---

① Creswell, J. W. 2007. *Qualitative Inquiry and Research Design*: *Choosing among Five Approaches*. London: Sage Publications.

② Maxwell, N. 1984. From knowledge to wisdom: a revolution in the aims and methods of science. *Canadian Journal of Education*, 13(1), 352.

丰富性。

民族志是一种为了调查和发现社区、团体及其他社会组织的社会文化模式与意义的科学方法。作为科学,民族志和其他社会行为科学的调查方法的首要区别在于,民族志者要探索在他们赋予人们的行为和信仰以意义之前,人们都做什么,以及为什么做和怎么做。这样,人们的观点就形成了建立地方性理论的基础,通过检验这些理论,把它们和科学文献相衔接,也可以在改造后用于其他地方。不同于其他社会科学,民族志要依靠研究者作为资料收集的首要工具,因此民族志者要特别注意避免偏见和保证资料准确性的问题。此外,为了实现研究目的,研究者需要站在研究对象的角度去看待和理解发生的事情,这就要求研究者到实地开展一定时间长度的调研(田野考察),也就是说田野考察是民族志研究的核心部分。事实上,早就有研究者将民族志这一研究方法应用到二语习得或外语学习研究中[1],并积累了一定的研究经验,取得了一定的研究成果[2]。

如何开展民族志研究

首先,研究者必须想方设法通过各种协商手段进入研究属地。每个研究属地都有不同类型的"看门人"或"守门员"把守,阻止外来人随便进入。"看门人"有正式或非正式之分。正式的是指具有正式权威头衔或职位者,例如外国语学院院长;非正式的是指没有正式官衔,但在群体中有一定威望者,例如某外语学院的老教授。研究开始前需要通过调查明确谁是"看门人",并试图与之建立联系,获得进入研究场地的资格。实际上,"看门人"更像是一把双刃剑:一方面,研究者与研究对象接触时,对"看门人"与研究对象之间的关系要有一定程度的了解,"看门人"地位特殊,对研究者会有一定的考虑或防备;另一方面,研究对象与"看门人"对研究者有一定的期待,将研究者当成是专家或权威。因此,研究者需要通过各种途径想方设法进入研究场地。

其次,研究者面临多重身份。一方面,需要争取作为参与观察者(participant observer)与研究对象一样在研究场地工作,作为群体的一员;另一方面,研究者在进行工作的同时也在收集数据。数据类型包括访谈、课堂观察和书面文件等等。

---

[1] Davis, K. A. 2012. *Ethnographic Approaches to Second Language Acquisition Research*. Blackwell Publishing Ltd.

[2] 如:Health, S. B., Street, B. V & Mills, M. 2008. *On Ethnography: Approaches to Language and Literacy Research. Language & Literacy*. Teachers College Press.

再次，民族志研究要求通过多种数据收集方法和分析方法来呈现数据，这也是常说的三角验证。另外，需要进行深度描写（thick description），即对事件的描述要具有深度，要透过现象看本质。

例如，我的研究选题有关我国中学英语教师认知和教学实践，主要研究场所锁定福建省福州市几所不同类型的中学。凭借在福建教育学院任教时的人脉，我初步获得几位中学校长同意允许我入场听课，可是后来在选取杨老师作为研究对象时遇到了一定的麻烦。当杨老师所在的校长了解到我要给杨老师拍摄几节课录像时，他委婉拒绝了，理由是杨老师岁数大，英语语音不够标准，课堂教学方法比较陈旧，担心所摄录像流传出去会损坏学校的名声和形象。我连忙专程拜访校长，认真向他说明录像课只用在我的个人研究上，绝对不会将其泄露出去。此外，我还写了一份保证书，签好名字当面呈交校长作为文字担保。看到我的真实需要和诚恳态度，校长也就同意了。才解决这边问题，杨老师那边又出了问题，当杨老师获知学校领导不允许我拍摄他的上课录像，觉得很没面子，并且很生气，说什么都不再愿意跟我合作了。出于万般无奈，我只好通过杨老师所在教研室的一位中学英语特级教师出面说情，碍于这位特级教师对杨老师在职称评定上有过帮助，他最终才勉强同意帮忙。

再如，华鸿雁的研究专题是"云南少数民族地区中学英语教师身份认同"，他只身前往云南西双版纳景洪市农村学校开展田野考察之前，先是通过云南师大有关中学师资培训部门与当地教育局取得联系，沟通和协调，在获得景洪市有关中学校长同意之后，才下乡蹲点开展研究的。地处云南南部边陲的景洪市天气比较炎热，蚊蝇又多，华鸿雁克服种种困难，在乡村几所中学一待便是两个多月。一方面他担任一定的教学工作，与当地英语教师集体备课，开展教研讨论；另外一方面，他以研究者的身份在场地持续坚持课堂观察和多轮深度访谈，积极收集资料，为探究多语环境下中学英语教师身份认同打下丰富扎实的数据基础。

网络民族志让外语教育研究的田野更宽阔

随着信息技术的发展，互联网已与包括科研在内的方方面面生活不可分割。互联网及其衍生的社会文化现象给人类学带来了新的研究课题，同时也使传统的研究方法面临新的挑战。虚拟民族志（virtual ethnography）或网络志（netnography）是在对经典的民族志方法予以调整和改进的基础上，致力于以独特方式理解互联网及相关现象的方法。第一部对互联网进行全面的民族志研究的专著是米勒和斯莱特合著的《互联网：一项民族志研究》(Miller & Slater, 2000①)。在此书中，他们勾勒出了基于互联网的民族志研究的图景。在同一年，海因出版了《虚拟民族志》(Virtual Ethnography, Hine, 2000)②一书，较为系统地阐述了对互联网进行民族志研究的可能及方法论原则。自此，虚拟民族志作为致力于独特地理解互联网的重要性及其意涵的方法正式被采纳和推广，相关的著作和研究论文也与日俱增。

面对蓬勃兴起的在线学习、移动学习等网络化外语教育变革浪潮，若要对其开展更加规范、系统和科学的研究，必须把传统方法和新型方法有机结合使用，以期获得良好的研究效果。不久前，建立在前人研究基础之上，我和华鸿雁使用文献文本分析法探讨了利用网络志和传统民族志相结合的方法来开展外语教育研究的线上线下资料收集(郑新民、徐斌，2016)③(图6)，为大数据时代下外语教育研究寻找新的资料收集路径：

图 6 民族志外语教育研究资料收集方法

叙事研究：杨岚创新设计叙事问卷的故事

叙事(narrative)又称叙说，是人类思考和组织知识的基本方法，我们常以叙事方式进行思考、表达、沟通并理解人类与实践。我们生活在故事里，故事像文化事件，它表达或再现文化本身。而说故事、听故事是我们日常生活的一部分。经由叙事提供人类彼此理解沟通的脉络，并由经验的反复累积，了解我们所处世界。而一个好的叙事应包括背景(setting)、角色(character)及情节(plot)要素。

叙事研究或叙事探究(narrative research/narrative inquiry)是应用故事描述人类经验和行动的探究方式，适用于许多社会科学领域，在质化研究畛域享有良好的信誉。与很多传统办法不同，叙事探索能较好地收集到社会维度中那些普通的现实数据，而且是令量化研究感到无奈的数据。研究者透过叙事来组织

---

① Miller, D. & Slater, D. 2000. *The Internet: An Ethnographic Approach*. Berg Pub Ltd.
② Hine, C. 2000. *Virtual Ethnography*. Sage.
③ 郑新民，徐斌. 2016. 网络志：质化研究资料收集新方法. 外语电化教学(4),3—8.

和建构个人生活的方式,能够对个人和社会产生启示和影响。有关叙事的研究领域统称叙事学(narratology),属于跨领域研究的学科。

正如顾佩娅等(2013)[①]所言,由于外语教师经验本身具有不确定性、多样性、复杂性和多变性的特点,因而我们可以通过叙事研究手段来接近外语教师的精神生活世界,逼真地描述教师经验的丰富内涵。叙事探究能够帮助外语教师更好地理解自己的职业生活,从而不断地发展和调整自我,从而激发外语教师认知在教师专业发展中产生教学改革的动力,进而促进教学实践的转化作用(transformative power)。

在叙事研究领域,近年来有研究者采用一种特殊的问卷形式,即叙事问卷形式,来捕捉研究对象的内心世界。常规量表多采用莱克特量表,该量表由一组陈述组成,每一陈述有"非常同意""同意""不一定""不同意""非常不同意"五种回答,分别记为 5、4、3、2、1,每个被调查者的态度总分就是他对各道题的回答所得分数的加总,这一总分可说明他的态度强弱或他在这一量表上的不同状态。从本质上说,常规的量表提供的是"非此即彼"的答案,对受试者的态度用量化的方向呈现。而叙事问卷不同于常规量表,属于质化和量化相结合的产物。研究对象可以恰如其分地发出个人的声音,这样研究者可以收集到有一定丰富度的回答,从一个个鲜活的个体教师故事中来有深度地描述、感受和评价他们对跟他们教学与专业发展密切相关的事件和经验。

杨岚同学的研究选题是"高校外语教师撰写和发表学术论文"的经历,她通过反复阅读文献和论证,觉得叙事研究比较适合她的研究问题,在采用这一方法数据收集过程中,她还选择了较为新颖的叙事问卷形式。杨岚采用叙事问卷的最主要原因是她的选题和具体的研究问题。由于杨岚自己在写作和发表学术论文有一定的实践经验,她特别想了解其他教师开展学术写作与发表的经历与体验。杨岚的研究问题涉及教师开展学术写作发表的动机、过程及影响因素。相比其他质化研究策略而言,叙事研究更合适这一选题,因为叙事研究在研究经历与体验方面有这独特的优势(Clandinin & Connelly,2000)[②]。要恰如其分地回答这些研究问题,叙事研究应该说是比较契合需求的一种研究策略。叙事问卷

[①] 顾佩娅,许悦婷,古海波.2013.高校英语教师专业发展环境叙事问卷的设计与初步应用.中国外语(6),88—95.

[②] Clandinin, D. J. & Connelly, F. M. 2000. *Narrative inquiry: Experience and Story in Qualitative Research*. San Francisco, CA: Jossey-Bass Education.

能够帮助杨岚倾听到更多通过传统调查问卷无法触及的故事,从中总结出这些故事的共性,并体验其中的个性。

正如杨岚自己所说,她之所以选择叙事问卷是受到导师反复强调的"重视研究的人文性"之影响:

"从我跟随郑老师访学开始,我就慢慢对人文社科研究应凸显人文精神,饱含人文气息,同时要有哲学层面的思考有所体会。导师的这种人文性引导一直渗透我读博始终,从我照猫画虎地模仿和学习导师先前的研究,到导师在工作坊、研讨课等各个场合的言传身教,以及导师自始至终要求我们研究必须实实在在、深入浅出。耳濡目染之下,我在选题时,在阅读文献的过程中,都会偏向于人文性的思考,正是这一思路使我在面对数以万计的文献时不至于迷失,渐渐滤出自己有能力做、有兴趣做的研究话题。对于我选择的研究课题来说,更适合采用质化方法,其中叙事研究既是客观上的优选策略,也是我主观上比较喜欢的策略,叙事问卷作为叙事研究的一种新型资料收集手段,既具有主观问卷的开放性,又设定一定的引导框架,给研究对象讲故事提供了指南。"

叙事问卷本身的"自带光环"也是吸引杨岚并让她最终决定采用这一方法的重要原因。以往叙事研究中常用的资料收集手段主要有访谈、文件资料等,仅在近期才有研究者在国际知名期刊上发表其采用叙事问卷开展研究的论文,从研究方法手段来说是比较新颖的。有研究者指出叙事问卷具有其他手段所不具备的一些优势(Barkhuizen & Wette,2008)[①],采用一种新的手段去开展研究本身就是一件颇具吸引力的事情。

新的研究方法给杨岚带来了"新鲜感"和开展研究的动力,也给她带来了不小的挑战。一方面,她需要克服技术操作上的难度,毕竟叙事问卷对她来说是一个新的尝试;另一方面,她还需要战胜心理上的犹豫不决。从技术层面来说,杨岚当时对资料收集工具还不是太熟悉,即使在可查阅的文献中也只能找到一些简要的介绍,没有具体的操作程序可借鉴。显然,在这种情况下,她要在叙事问卷的具体设计以及实际操作层面可能会遭遇许多不确定,只有通过她"摸着石头过河"的实践才能有真正体验。另外,她也面临着较大的心理压力,对于这种尝

---

① Barkhuizen, G. & Wette, R. 2008. Narrative frames for investigating the experiences of language teachers. *System*, 36(3), 372—387.

试她有着太多的不确定和太多的"心里没底"。那时候,我总是鼓励她,对于经验不足的研究者而言,试错是开展研究必须要经历的过程。从经验中学习,哪怕是不太成功的经验,都会成为研究者开展研究道路上的里程碑,都会为自己成功做好铺垫。在这个过程中,杨岚同学始终跟我保持密切的沟通,跟 SLRC 成员保持互动,这些都给她带来很多积极的心理暗示和帮助。

在具体的问卷设计与投放过程中,可以说杨岚是"一切从零开始"。她首先收集并认真阅读了将叙事问卷作为主要资料收集手段的研究文献,在有限的资料中尽可能多地了解问卷设计的思路和注意事项。此后,她又阅读了与研究主题相关的一系列文献,为问卷内容的设计提供参考。在设计问卷的过程中,最困扰她的是叙事问卷中的说明性文字。什么样的说明性文字既不会让读者读后产生歧义,也能够引导问卷填写者最大程度的发挥,写出自己的亲身经历和真情实感。

问卷设计完成之后,杨岚通过三个渠道来确保问卷的信度和效度。第一,邀请其他领域的教师对问卷进行试填写,填写完了之后他们提供对问卷的直观感受,指出问卷存在的不足;第二,邀请本学科领域的专家对问卷进行系统的论证和修改;第三,选取八位与研究对象背景类似的教师进行试测,根据试测结果和教师反映,她对问卷进行再一次的修正。实际上,这种做法也就是质化研究中的"三角验证"。从不同的对象那里获取对问卷的直接反馈。

经过多轮的修改和完善,杨岚在问卷发放上却遇到了一些困难,主要原因是杨岚想要挑选问卷填写对象应具有不同的学校背景和个人背景,这样做的目的是想达到最大差异采样(maximum variation sampling)。她人脉有限,于是 SLRC 同学们给她不小的支持,通过"滚雪球"的办法,杨岚的问卷投放覆盖至全国四十多所高校。

杨岚的"实战经验"告诉我们,根据研究主题和研究问题选择适合的研究方法至关重要。研究者不必要畏惧那些较为新颖的、使用人群较少的创新方法。只要经过充分调研,经过大量的文献阅读和反复的论证修改,就一定能够实现自己的研究目的。

个案研究的特点在于深描厚述

个案研究(case study)又称案例研究,即是对特定现象的检视(examination),例如一个计划、一个事件、一个人、一个机构、或者一个社会团体

(Merriam,1988)[①]。研究者在分析案例研究时需要练习将自己的知识和思维能力运用到实实在在的情况。从个案研究的分析中,研究者培养的技能有,分析能力、运用知识能力、推理和得出结论的能力。

通常来说,一个成功的个案研究需要具备如下几个特点(Kardos & Smith,1979)[②]:

- 个案源于真实生活(研究对象的真实身份往往被隐匿);
- 个案研究由许多部分组成,每个部分都以特定的问题结束并指向讨论;
- 个案研究为读者提供丰富的信息去对待各种问题;
- 个案研究需要让读者觉得可信(个案包括场景、人物个性,事件发生的顺序,问题和冲突等等)。

个案研究是实证研究中的一种特殊形式,它特征鲜明,但也引发学界不少人的质疑。有人质疑个案研究的研究对象数量"有限",样本不够大,宽度不够;也有人质疑由于个案研究是研究者对所收集的数据的主观诠释,因此缺乏"严谨性";有人指出个案研究的数据分析过程中存在着研究者主观地把数据牵强附会处理的危险;也有人主张对个案研究中所收集到的数据采用扎根理论的方法,不需要使用任何预设的理论或概念框架来分析。由于上述的问题,诚然质化研究者要面临的一个现实问题,那就是个案研究结果恐难以概括或归纳形成可以推而广之的理论。尽管如此,质化研究那种在于理解人们在这个世界上对于"经历的""感觉的""遭遇的""经验的"直接关注远非是量化研究所可以比拟的,这也正是质化研究的魅力所在。

我的大多数学生们使用个案研究方法,我明确地告诉他们务必要明确质化研究的目的不在于推广,意在深描厚述,硬功夫在于会深描,会厚述。尽管个案研究的对象人数有限,宽度不够,但麻雀虽小,五脏俱全,只要他们在挑选研究对象时做到深思熟虑,严格挑选,恰恰这个有限数量的研究对象却为他们提供了深度探究的机会。事实上,个案研究对象也可以是建立在一定的量化问卷基础上,

---

① Merriam, S. 1998. *Qualitative Research and Case Study Applications in Education*. San Francisco: Jossey-Bass Publishers.

② Kardos, G. & Smith, C. O. 1979. On Writing Engineering Cases. In *Proceedings of ASEE National Conference on Engineering Case Studies*.

根据研究问题的需要来甄别确定的。当然要想使个案研究的结果令人信服,我鼓励学生们需要多渠道地对数据或资料进行"三角验证"(triangulation),以求深度描写的真实性和说服力。我常常跟学生们说,只要谨记质化研究意在折射客观现象,还原真实情景,而无意于普适推广,当然任何研究都有其局限性,能记住这些,就能"自圆其说",那么相应的质疑就"不攻自破"了。

扎根理论研究是在分析资料过程中发展理论的研究

早在1967年出版的《扎根理论的发现》一书中,格拉泽和斯特劳斯[①]对扎根理论做出了如下定义:"扎根理论强调如何在资料中发展理论,在社会理论中经过系统化的开展研究和分析以获得理论。"简言之,扎根理论是对质化研究资料进行比较和分析,进而形成理论。

扎根理论的意义在于提供一套明确、有系统的程序与技术,以分析在田野中获取的庞大原始资料,并将之概念化,联系起来形成扎根于现实世界的理论。

扎根理论的数据收集方式与民族志研究相似,但是访谈和观察并不一定是最主要的数据收集方法,研究者也可以收集其他形式的数据,如文件、照片等。扎根理论研究方法的核心是理论与数据收集的相互关系。扎根理论是扎根于研究场地所搜集的资料之上,将零碎片段的资料归纳、分析、整理为某些类别或主题,在经过持续不断的更多个案资料搜集,以求理论的饱和,得出一条扎根于实地资料的理论。

扎根理论之步骤

一般来说,采取扎根理论的质性研究包括以下几个主要步骤[②]。不过真正开展研究时并不全然完全是第一步到最后一步的线性过程(linear process),而是在不同步骤间来来回回,反复进行的过程。

(1)形成问题(question formulating)

扎根理论比较适合研究某种与人的行为有密切相关的现象或问题,以便能够提出理论去解释该现象或问题背后的原因与发生的过程与机制。比如,研究

---

① Glaser, Barney G. & Strauss, Anselm L. 1967. *The Discovery of Grounded Theory: Strategies for Qualitative Research*, Chicago: Aldine Publishing Company.

② 参见 Strauss, A. & Corbin, J. 1994. Grounded theory methodology. *Handbook of Qualitative Research*, 17, 273—285. 及陈向明. 1999. 扎根理论的思路和方法. 教育研究与实验, (4), 58—63.

者想要探究新的大学外语教学指南对大学外语教师认知和实践的冲击,或者想要研究外语教师如何在工作中不断发现行之有效的教学方法。我提醒学生们注意下面这些开放性的问题,多问问这些问题有利于扎根理论研究方法得到更好的回答:

- 你的研究问题清晰明确吗?
- 你的研究问题是以探究模式提出的吗(是否包括了"what""how"或"why"等问题)
- 研究问题在实际处境中可研究吗?
- 你在研究问题中提出假设了吗?
- 研究问题一经提出,你是否就已经知道答案了?如果是,要将你的研究问题调整至更加开放程度。
- 你的研究问题能否通过"又如何"(so what)的质问?这些问题对其他研究者有兴趣吗?

(2)理论取样(theoretical sampling)

扎根理论的质性研究中,研究资料的取得并非透过随机取样,而是根据资料的丰富性来决定,研究人员所考虑的是哪一些相关的研究对象最能够提供完整且足够的研究数据。此外,扎根理论的研究数据除了来自研究对象的深入访谈之外,也包含其他相关的记录、数据、文件等等。例如,研究外语教师的教师信念和实践,除了访谈之外,我们还可以进行课堂观察、研究教师的教案和教学日志。

(3)数据整理与分析(data sorting and analyzing)

对资料进行逐级编码是扎根理论中最重要的一环,其中包括三个级别的编码:即开放式登陆、关联式登陆及核心式登陆。三个级别的编码层层递进,逐渐深化(图7)。

(4)发展理论(growing theories)

从整理好的数据"攀升"到理论形成阶段是扎根理论研究最难的部分。我们需要将从数据中所形成的概念类别,转化成理论的构成(constructs)或要素,提出理论的架构。通常有几种方式可以帮助我们组织这些重要的概念类别,达成架构理论的任务。比如我们可以用重要的阶段来组织我们所找到的概念类别,也可以用因果关系来呈现这些概念,或者用系统/结构的模式使这些重要的概念产生互动关系。重要的是每一个概念、步骤与理论的要素都有明确的数据能够支持与证明,不过研究者需要运用创意或想象力,将这些数据与概念加以连贯起来,使之变成有解释或描述能力的系统性论述。

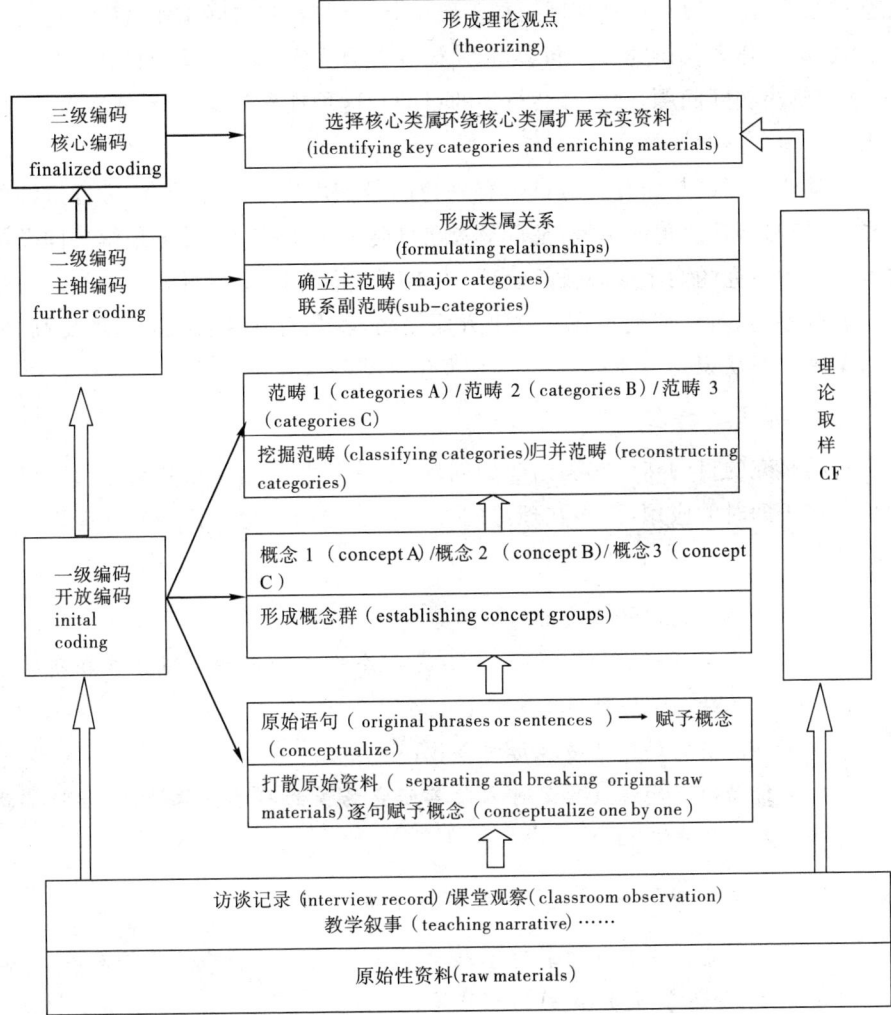

图7 三级编码示意图

行动研究的理论意义和实践价值不可小觑

行动研究(Action Research)是一种方法、一种新的科研理念和研究类型。社会科学研究者的研究工作不足以满足社会实践的需要;实际工作者又缺乏理论基础、得不到研究者的帮助。著名社会心理学家勒温①(K. Lewin)提出了一种社会科学研究的新思路:从实际工作需要中寻找课题,在实际工作过程中进行研究,由实际工作者与研究者共同参与,使研究成果为实际工作者理解、掌握、和应用,达到解决实际问题、改变社会行为的目的。这种理念就是"行动研究方法"的雏形。

行动研究指的是研究者对自己有兴趣的研究内容与工作结合,进行持续的反省、监控与调整改善的历程,是行动者在自己工作情景中有计划地解决问题的过程。行动研究的两个核心目的就是"改善"和"参与"(杨鲁新等,2012)。通过研究者的参与,行动研究旨在从三个方面提高,一是对某种实践方法的提高;而是对某种实践认识的提高;三是对实践发生环境的改变。

行动研究之特征

行动研究的目的在于解决当前的问题,以达到及时应用之效果。行动研究的焦点在于即时的应用,而不在理论的发展或普遍的推论。行动研究有以下几个特征:

- 行动研究以解决实际问题为导向;
- 强调问题解决的即时性,而且是一个循环的历程。研究者在研究过程中不断总结、反思、修改和创造;
- 行动研究的过程重视协同合作;
- 行动研究的结果除了可以改善研究场景的某些具体情况,还可以提升研究人员的专业知识。

在外语教育领域采用行动研究,具有以下优点:

- 能广泛运用在外语教育各层次和各学科——如外语课程发展、外语教学方法、外语学习策略、外语测试等;
- 能帮助外语研究者确定问题及其解决方法;
- 能促进外语教师从事外语教学革新的能力,在监督、反省、发现、修正、行动的循环往复中发现外语教学之中所存在的潜在问题,解决问题;

---

① 库尔特·勒温(Kurt Lewin,1890—1947),德裔美国心理学家,拓扑心理学的创始人,实验社会心理学的先驱,格式塔心理学的后期代表人,传播学的奠基人之一。他是现代社会心理学、组织心理学和应用心理学的创始人,常被称为"社会心理学之父",勒温对现代心理学,特别是社会心理学,在理论与实践上都有巨大的贡献。

• 行动研究为外语教育合作研究提供了空间,可促进同事之间的良好关系。行动研究强调合作关系,如中学外语教师可以跟教研员合作,大学外语教师可以跟专职研究员或教授专家合作,而不是单独行动。

行动研究之步骤

勒温是行动研究的重要先驱之一,他不仅首先提出行动研究这个名词和方法,还提出行动研究包含计划、行动、观察和反省四个环节的概念,并建立行动研究螺旋循环操作模式①。以上四环节是不断循环的(图8),每一次循环都有所改进提高(霍莉,2014)②。

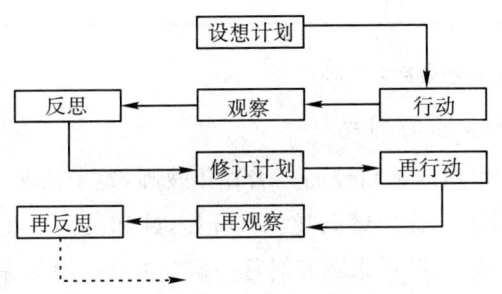

图 8　行动研究螺旋操作模

以勒温的螺旋循环模式为基础,是目前行动研究广泛采用的操作模式。具体操作步骤可以概括为:①拟订课题明确目标;②提出总体实施方案;③设计第一次行动"计划"并进行行动;④对第一次行动进行"观察"记录;⑤对第一次行动"观察"结果进行内容分析;⑥对第一次行动的"反思"评价;⑦制订第二行动方案;⑧进行第二次行动(行动实践、观察分析、反思评价)。

米尔斯(2000)③分析了行动研究与传统研究的不同(表4),从这个表格中,我们可以较为清楚地看到行动研究的参与者、研究地点、使用方法和理由都有着比较鲜明的特点。

---

① Dickens L, & Watkins K. 1999. *Action Research*: *Rethinking Lewin*.
② 玛丽·路易丝·霍莉等. 2014.教师行动研究. 中国人民大学出版社.
③ Mills, G. E. 2000. *Action Research*: *A Guide for the Teacher Researcher*. Upper Saddle River, N. J.: Prentice Hall.

内涵	传统研究	行动研究
参与者	大学教授、学者、研究生	教师、校长
地点	任何课控制的环境改变	学校和教室
方法	量化统计、统计显著、变量因果关系	质化研究描述发生过程与理解教育接入影响
理由	报道和出版结果形成一般性结论	特定学校环境,采取行动与积极促进教育改变

表4 行动研究与传统研究之不同

行动研究:覃雪菲的困惑

覃雪菲是长三角地区某高校的一名青年教师,她于前两年在 SLRC 学术共同体访学,她对行动研究比较感兴趣。一开始,她和其他一些研究者一样,对行动研究或多或少有些误解,后来随着对这一研究方法的不断深入了解,她有了更加理性的认识:

"和许多老师和研究者一样,曾经我也对行动研究产生过质疑,因为行动研究看起来没有传统研究那么'高大上'。我原本以为理论的就是'高大上'的。后来通过阅读学习,对行动研究有了新的认识。传统研究的目的是推论与诠释普遍现象,而行动研究目的是聚焦特定教学环境,促进教育改变。这样的研究又何尝不是对教育现实的一种责任呢?不忘教育工作的初衷,不忘我们的教育理想,从点滴改变做起。我也就开始尝试行动研究。

……郑老师在 SLRC 讨论会上,非常强调研究问题的推敲与打磨。的确,在选题之时,我们要从选题的'客观'因素反复考虑,如,是否前沿,是否有深度,是否有创新,是否符合伦理道德等。作为教师,还要从自己内心的'主观'因素出发,如,自己是否感兴趣,对自己的教学是否有意义等。作为一线教师,我深感行动研究是'接地气'的研究。但是,我的困惑和茫然是,由行动研究课题产生的教学论文是不是研究性论文?再有,这种论文通常被科研处定位为教学研究,不是科学研究。"

我能理解覃老师的苦衷,在现实中,有些科研部门认为教师的教改论文不属于"高大上"的研究,不是学术性论文。所幸的是,我们看到了二十一世纪将是教育和学习发挥基础和核心作用的时代,我们深信教育的成败与国家的未来发展、民族的命运是紧密相连的,关系到国家和民族生死存亡的大问题。出于提高综合国力和适应知识经济发展的需要,各国政府都纷纷把教育改革作为提高国民素质、增强综合国力的重要途径,把转变学习方式视为教育改革的重要内容。因此,我们有理由相信行动研究作为一种日益被广大研究者关注的研究方法,在外语教育改革研究中有它一席之地,它的理论意义和实践价值不可小觑。同时,我们也应该看到由于行动研究理论本身的局限和研究者在认识上的局限可能会导致实施过程中出现一定的误区。这有待于我们今后对行动研究给予更多的探寻和反思,在反思中提升价值,才能在外语教育研究中更好的理解和运用这一研究方法。

我对混合研究方法使用的看法

近年来,受实用主义思潮影响,主张将量化研究方法和质化研究方法结合的混合方法研究已成为社会科学研究新的研究取向和发展趋势。混合方法研究(mixed Methods Research,简称为混合方法)在学界受到越来越多的关注,被认为是与质化研究和量化研究并驾齐驱的第三种方法或范式(Johnson et al., 2007)①。

我于 2010 年 5 月份曾在《外国语》发表过题为"美国应用语言学博士学位论文研究新趋势及启示"②一文,文章通过梳理分析后发现从 2006 年到 2007 年在美国完成的应用语言学(语言教学和语言学习领域)的博士论文大约有 17 类研究话题,其中包括对语言政策、第二/外语语用学、计算机为中介的沟通、非母语为英语的教师问题、学术流派的教学和使用、应用学习者语料的分析、纠错意见的新办法、基于师生间交互式的教师多元反馈、儿童间交际会话分析、语音习得与关联分析、任务复杂度与互动方法、个体话语中的思考和对话等。细究这些论文所使用的研究方法,我发现越来越多的博士论文趋向于选择混合研究方法,这一点值得我们借鉴学习。这是因为量化研究和质化研究都有各自的优点和缺

---

① 如,Johnson, R. B., Onwuegbuzie, A. J., & Turner, L. A. 2007. Toward a Definition of Mixed Methods Research. *Journal of Mixed Methods Research*, 1(2), 112—133.

② 郑新民. 2010. 美国应用语言学博士学位论文研究新趋势及启示——华盛顿大学 Suhanthie Motha 教授访谈录. 外国语(上海外国语大学学报),3,93—95.

点,在解决实际问题的过程中,受不同研究问题的驱动,所以我们可以采用不同的方法,或者两个方法相为互补,这就是有学者提出的"量化研究和质化研究并非对立的两极,他们是同一连续统一体的两个不同方面"。现在,在国外外语教育研究中,越来越多的学者开始采用"共时"和"顺序"两种方式来使用混合研究方法,即将混合方法设计归为验证(triangulation)、嵌入式(embedded)、解释式(explanatory)和探究式(exploratory)等四种基本类型。

在我国,目前外语教育研究所使用的研究方法是什么状况?研究者又是如何理解与认识不同的研究方法?不久前博士后孔仲文和我合作开展了一项研究发现:我国外语类研究者使用研究方法时趋向多元,但基于文献分析、理论述介和经验总结或思辨研究的更受青睐,对实证研究方法的认知与实际使用则存在着比较大的偏差,需要进一步使用较大样本的问卷调查、深度个人访谈等方法来进一步了解具体情况。从目前初步数据分析来看,使用量化研究方法的要远多于使用质化研究方法的。

我和钱莺同学[①]曾对2008—2014年发表在国内10种外语类CSSCI核心期刊中标明使用混合方法研究的外语教学类文章展开了分析,我们主要从语步推论质量的角度来看文章在设计充分性(design adequacy)、设计一致性(design consistency)、结合效度(integrative efficacy)等方面是否比较科学地,系统地使用混合方法来有效地开展研究。我们的研究发现,尽管国内学者也尝试使用混合研究方法,但还存在三大问题:①经语步分析,研究方法的设计充分性有待提高;②贯通上下文分析,研究设计一致性有待改善;③经文本分析,数据结合的效度有待加强。我们提出了如下几点建议,供学界参考:

(1)当研究者采用混合方法时,可以借鉴我们的研究结果,丰富研究方法内容、关注设计类型及其前后一致性的问题、提高数据的结合效度,以提升论文的推论质量;

(2)在实证类论文写作时可以借鉴对研究方法的语步分析,注意研究方法部分应包含的元素及其先后顺序,来提高研究的效度与可重复性;

(3)我们还建议评审专家或期刊编辑在接受论文发表之前,要进一步检查实证类学术论文的内部逻辑是否一致,可以通过阅读语步四中间的数据

---

① 郑新民,应洁琼.2015.外语科研写作中混合方法的推论质量研究.外语电化教学,(3),10—16.

分析过程,查看结果部分呈现数据的形式是否与之保持一致,以衡量论文的内部逻辑。

总之,对一个研究者来说,首先要了解和学习关于方法论的理论,包括其哲学渊源、历史发展进程、研究规范以及方法体系的特征,在此基础上才能进行有效的选择。方法论的选择主要有两个依据:第一,研究问题的性质。每个研究者都会面对具体的研究问题,应该根据其研究需要来考虑研究方法的具体落实。有些研究问题采用质化方法比较恰当,有些正好相反,需要使用量化方法则更好些。也有一些问题,则需要先用量化方法引导,再用质化方法深究,或者有些问题需要先采用质化方法,然后再使用量化求得大样本数据的证实,不是一成不变的。

告诫学生使用研究方法不要墨守成规

如上所述,量化研究方法和质化研究方法各有特色,如何使用这两种方法,是单独使用,还是混合使用,我建议学生们一定要根据研究问题的性质来决定,所以我提醒他们要采取一种更开放、更积极的学习态度。研究的最根本的目的是要激发、产生新的思想,而不是"固守"某种方法,使自己被异化为方法的奴隶。作为一名博士研究生,应该掌握的研究技能中包括了要学会选择可以解答自己研究问题的研究方法。因为任何一种方法都代表了一种哲学观、世界观、文化观和生活观,是体现研究者立场的具体方式,也正是因为如此,特定的研究方法代表了研究者独特的研究视角,而非普遍通用的一种视角。在确定使用什么样的研究方法时,应该多问问如下几个问题,只有把握好这些原则,才能选定符合自己研究选题的、使用恰到好处的研究方法:

(1)研究问题是什么?
(2)是否有理论主张(理论假设),具体是什么?
(3)分析单位是什么?
(4)怎样把数据与理论主张(理论假设)相关联?
(5)诠释数据的标准是什么?

二、田野调查

在选定了合适的研究方法之后,研究者就应该进入特定的研究场地,为数据收集做好准备了。这里的"进入",看似十分简单,实则蕴含着许多学问。在进入场地之前应当做好充分的前期准备,例如,要对场地具体地理位置、人员、活动等情况有一定的前期了解,对进入场地开展调查时可能会遇到研究对象拒绝配合、场地管理者的阻碍、收集不到预想的资料)等困难有所预期;对如何开展观察要预定一个提纲(protocol)等。有了这些准备进入场地考察时才不至于盲目,缺乏针对性。

我进入研究场地的经历

我的入场经历比较独特,去港大学习之前,我和 Bob 一起申请了一个中国大陆与香港联合调查中学英语新教材(人教社版,1993)使用状况的项目,资料收集地点就在福建省福州市。在前面民族志研究方法小节里我提到过我是如何确定研究对象的,在我正式进入三所学校之前,我听从 Bob 的建议,在文献阅读的基础上,结合自己的研究问题和概念框架准备好一个观察方案,其中明确写好步骤如何去收集需要的相关数据。有了明确的计划操作起来就更加便利。前面还提到过我在进场后收集数据遇到了困难和阻力,其中一个困难就是某中学校长不太乐意让我在课堂上录像。由于事先估计到可能会遇到类似这样的困难,我就多方奔走,努力争取,终于说服领导,最终如愿以偿地收集到我所需要的数据。

事实上,我还遇到在教室里拍摄录像的具体问题。当时我跟杨老师约定初步把拍录像的时间定在 2001 年 10 月中旬,由于我远在港大要修课,无法回福州亲赴现场收集数据。我原想把拍摄时间延后,但杨老师说如果错过这次,可能就错过了整个机会。我知道机会来之不易,所以就致电跟杨老师进行进一步沟通。杨老师的学校位于福州市区的商业中心,当时他所在学校属于二级达标校、师资队伍、生源水平等方面均属于中等程度。经过多次反复协商,最终商定就放在杨老师平日随堂上课的教室里拍录像。

于是我想起了我当时的同事孙老师,他在摄像方面十分有经验。那天晚上,我跟他打了电话,足足聊了两个小时,在电话里我将录像的要求明确地告诉孙老师,强调我要多观察杨老师,要把主要的镜头聚焦在他身上,并提醒他在实际操作时注意这些细节:

(1)提前两天到杨老师教室观察一下,一是熟悉地形,二是熟悉杨教师和他的学生们,这样可以避免在正式录像时过于打扰学生;

(2)提前五分钟到达教室,将器材和其他工作准备就绪;

(3)在教室的后排进行操作,尽量避免移动引起不必要的打扰;

(4)录像贯穿于教学和学习活动的始终,但镜头要多给杨老师。

上述例子说明,进场收集数据绝不是可以随随便便的一件事情,相反,它需要用认认真真的态度去对待。有人主张收集数据之前不需要拟定调查提纲,也不需要使用表格。我认为这不是科学的方法。有调查提纲和调查表格,收集的资料较为系统、全面。否则收集的资料将是残缺不全,许多问题将会遗漏。我以往的资料收集之前都撰写了较为详细的调查提纲和调查表格。田野调查必须做好充分的准备,否则难以获得理想的成果。

心急吃不了热豆腐:进场准备要充分

在指导过程中,我总是提醒学生们进场不要操之过急,要做好充分准备方能进场。实际上,在学制短、时间有限的压力下,学生们总是想着能够迅速入手,早日进场开展数据收集。但是心急吃不了热豆腐,缺乏充分的准备就很容易导致进场失败,甚至可能导致日后数据收集受挫。记得那是两年前的一个岁末,我跟几位学生在学校附近一家小餐馆用餐。席间,我们谈到了新生的论文选题,华鸿雁指着标满各种符号的一张纸头,大概是想要的博士论文选题,满脸红光,眼神坚定,踌躇满志地表示他可以进入研究场地开展数据收集了。我当时笑了笑,没有直接回答。转身问坐着我身边的冉祺儿(她当时还是一个访问学者):"冉祺儿,你当初为什么要选择我作为你的访学指导老师?"冉祺儿先是一愣,然后说出几个她认为的理由,我并没有直接予以点评,而是转向华鸿雁说,"请你分析一下冉祺儿回答中的理由,接着你现场再追问追问她。"这一问把华鸿雁问得措手不及,一时竟不知如何下手。当然,华鸿雁毕竟是华鸿雁,他还是问了冉祺儿一些问题,至于效果如何已经不重要了。后来,我告诉这几位同学:"研究进场并不是一件想当然的事情,需要经过一定程度的理论学习和技能训练,还需要根据自己的研究做好一系列充分扎实的准备,方能进行。"

借着这个机会,我鼓励他们几个人组成一个学习小组,好好阅读有关访谈法的文献,并各自选定对象练练手,熟悉访谈技巧。华鸿雁、石云峰、侯文魁和冉祺儿等同学的学习求知欲被点燃,他们果然认真,先是合作学习,接着各自分工,然后又再次合作演练,经过几周时间的准备,他们为 SLRC 研讨会奉上一场精彩纷呈的学术报告会。这次学习为华鸿雁,石云峰和侯文魁等人后来的学术研究成功进场打下了扎实的基础。

制定调查提纲(protocol)和撰写田野笔记[①]

前面提到入场之前撰写调查提纲,根据入场收集数据或资料的具体需要,调查提纲形式可呈多样化。以外语教育中语言课堂观察为例,调查提纲应该包括所要观察的地点、环境、被观察外语师生信息等详细情况。制定调查提纲的目的是为了入场后撰写好的田野笔记。田野笔记最好不要使用评价性语言,而应该是多用描述性的语言。使用评价性语言恐有先入为主,给人事先下主观判断之嫌。而使用描述性语言则把观察聚焦点放在事件是怎么样(how)发生的过程之中。我曾经使用表 5 中的几个对比例子指导学生区别评价性观察和描述性观察的田野笔记存在着本质上的区别:

评价性	描述性
肖锋英语词汇掌握得很好。	在写日记过程中,肖锋使用了丰富多样的英语词汇来描述他的心情。
肖锋上课表现突出。	肖锋在课堂上表现出独立思考和批判性思辨的能力,他听完英语老师讲解关于"that"在定语从句中用法后,提出了他自己的观点,在陈述过程中他举了几个与英语老师讲法不一样的例子。
肖锋英语听力很强。	在复述听力内容时,肖锋脉络清晰,对听力材料中有关人名、地名、各种数据、事实和理由表述准确。

表 5 评价性和描述性调查提纲举例

---

① 田野笔记(field notes)是人类学研究的一种重要方法,已广泛运用到外语教育观察研究中。它主要用书面语言进行叙述性记录。观察者可以针对某个较大主题,在一段时间内(如半小时或一天)持续地、尽可能详尽地记录观察对象所有的行为表现,以及该对象与环境及他人的相互作用与交往。

撰写优质的英语课堂教学田野笔记应该具备以下几个特点：

- 有关于观察事件的具体时间、地点和场景；
- 有被观察的英语师生具体表现的描述；
- 有关人士的反馈意见和英语师生的反馈意见；
- 尽量使用描述性语言，避免使用判断性语言；
- 要有英语师生的原话；
- 要有情绪线索提示，如：教态、声音大小、面部表情等，但不要对这些情绪加上任何的诠释；
- 记录要涵盖整节课。

在 SLRC 每周一次的研讨会上，我反复提醒学生们进场之后要注意对于研究的细枝末节及时做好田野笔记。常言道："好记性不如烂笔头。"尽管现在有录音笔、录像机可以帮助我们回溯到事件发生的现场，但是这些方式往往会遗漏一些细节。所以在研究场地，我要求我的学生需要用敏锐的观察力，在研究对象允许的前提下使用设备录音、录像，但还需要勤于记录，善于记录。

在我的指导过程中，我发现尽管我反复强调上述内容的重要性，但学生们在撰写他们的研究设计这一章节时还是问题频出。他们往往使用相当简略的篇幅一笔带过入场经过和收集资料过程。例如：我的研究对象有 3 个，我从某年某月至某年某月对他们进行了为期一年的观察，接着就再也没有更多具体的内容支撑了。我一再强调研究过程必须具有"透明度"（transparency），应当交代清楚如下问题：研究采用了什么样的抽样方式？研究是如何找到研究对象的？跟研究对象进行了哪些联系？在研究过程中经历了哪些困难？最后是怎么样跟研究对象确认建立起研究关系的？研究分几个阶段？研究过程中涉及哪些伦理问题？有些学生质疑我，这样的细节体现在论文当中是不是多余？在有的答辩场合，甚至有些答辩专家对这种深度描写不以为然。尽管如此，我还是坚持自己的观点，鼓励我的学生们对这些细节问题要交代清楚，才能证明这一研究是你自己独立完成的，是你自己经过哲学的思考，按照学科范式来开展的有系统性的，科学性的研究，是有根有据的研究。只有交代清楚，才能帮助研究者日后反思其中存在的问题，也为读者提供了"追根溯源"的可能性。我还对学生们说善于做田野笔记的研究者为日后撰写研究设计和进行数据分析提供了丰富的素材，而田野笔记中的一些内容也可以放到论文的附录部分，体现学位论文的规范性和人文性。

令我欣慰的是，华鸿雁去云南景洪中学入场之后，他不但能坚持撰写田野笔记,而且还及时跟我分享了他的田野笔记的具体内容。一方面,这体现了华同学作为一名研究者的学术素养,另一方面,这也为我向他持续进行跟踪指导提供了很重要的信息源:

> 今天是10月18日,我来到景哈中学做数据收集工作已经进入第3周,10月1~7日是我到达的第1周,适逢国庆节,按照原计划是解决衣食住行等基本生活问题。因为得到学校的大力支持,生活方面已基本安顿好。

在国庆放假前,华鸿雁参加了一次当地英语组的教研活动,初步了解到英语教师们在实际课堂教学中遇到的问题和困惑,譬如这些当地英语教师如何教会学生使用思维导图应用在短文阅读课中,他还就这些问题跟老师们进行了研讨。华鸿雁入场后的另一个工作就是应校长和教研室的邀请,协助教研室主任一同制定学期教研计划,其中有一项涉及具体落实调研该中学初中生学习英语词汇方法的调查问卷编制,正好可以发挥他的特长:

> 国庆放假期间,这里绝大部分的英语教师都回城里了,他们在城里有自己的房子。我则在宿舍里看文献,主要思考课堂观察事宜。我想我参与他们的调查问卷编制并非所谓"数据干扰",此举的目的是达到民族志研究方法所要求的成为"局内人"的最好方式。

在随后的第2周,华鸿雁帮助教研室完成了调查问卷的制作,并协助开展调查问卷发放、填写和回收工作,接着他还跟教研组组长一起做统计,并写了分析简况。完成好这些工作,华鸿雁还深入课堂听了几节课,他就课堂观察记录跟任课老师探讨了如何才能有效地提高初中生的英语词汇学习能力。深入课堂听课的好处是华鸿雁较快地了解到了可能性观察对象的具体教学情况,为后期敲定人选和观察做了一定的铺垫:

> 在听课过程中,我在笔记本上做了大量的观察记录并转写到自己设计的《课堂观察记录表》中。观察记录表在设计上分为三栏,一栏为教学记录,我记住郑老师平素提醒的话,要尽量使用描述性语言,真实客观地记录课堂所发生的事情;而中间一栏则是评价与反思,设置这一栏的目的是我晚间重新阅读白天听课记录时要做一些初步分析时用的,它帮助我确定资料是否足够,在观察中哪些有遗漏等,为提升我后面观察的质量起到重要的帮助;第三栏是关于我的观察与我的研究问题之间的关系。设计第三栏的目的是便于我在听课过程中将观察到的某些教学实践行为与自己的研究问题

相联系,看是否能从某个角度解答我的研究问题。此外,在听完课之后,我还与每位教师分别进行了约 40 分钟的交谈。

讲到这里,我还想提一下石云峰入场的一些经历。石云峰的选题涉及对外汉语教师实践性知识中的语法意识研究,一开始他认为自己是上外学生,就在上外选择研究对象应该不难。而实际情况并非他所想得那么简单。第一,许多汉语教师不愿意外来者"闯入",去随便观察他们的课堂,更不用提录音或录像了;第二,通过几次听课的初步观察,石云峰发现能够用来回答他的研究问题的数据相当有限,他甚至怀疑这个题目还能不能继续做下去。一时间,原来活泼的石云峰不见了,我看到的是目光呆滞、面无表情、心事重重、若有所失的石云峰。

于是我一边安慰他,一边给他提了两点建议。首先,进场遇到阻力实属正常,但要想办法克服这些阻力,其中要落实如何与人建立好关系(rapport)的技巧问题,其实这也是体现了研究中充满人文性的问题。另外,进入课堂观察之前一定要"胸有成竹",要读熟读透文献,谙熟自己要从哪几个方面进行观察。最好制作一个观察方案,或是用边观察边用"打钩"的方式来记录,或是使用描述性的语言来记录。通过与石云峰这样的互动,他逐渐明白了进场绝不可能是一帆风顺的,即使是那些研究者熟悉的环境。他还意识到了进入研究场地之前一定要做好充分的理论和技术准备,做到"不打无准备之仗"。原来达观自信的石云峰又回来了。

三、数据收集

数据对于研究的重要性不言而喻,因为其真实性、充分度、科学化都直接关系到研究结果。以外语学科为例,文学翻译研究者依赖的数据是文本;语言学研究者依赖的是通过实验、问卷、访谈、观察等手段收集到的资料。在收集数据之前,研究者就应该胸有成竹,知道一整套数据收集的流程如何、如何适应研究场地发生的各种情形、预见可能会遭遇的种种困难;数据收集之中,作为研究者,重要的是既做到按部就班实施,也能够随机应变,适当调整。

研究对象选择

选择研究对象要有抽样意识

我告诉我的学生们在做调查研究的计划阶段首先要考虑三大问题:选择谁,为什么?需要多少人?使用什么样的抽样策略?确定合适的研究对象才能确保研究方案的可行性,样本大当然好,但要问一问自己是否有条件和能力做到,如想在全国范围高校里调查英语教师教学情况是普通研究者无法进行的。根据科恩等人(2013:256—288)[①]的观点,调查研究涉及的主要因素有调查研究主题、调查对象总体大小、样本大小和抽样策略等。样本大小由总体大小、置信水平、置信区间、研究类型、变量类型、样本代表性、研究方法、统计类型等决定;抽样策略有概率抽样和非概率抽样两大类。概率抽样主要有简单随机抽样、系统抽样、分层抽样、整群抽样、阶段抽样、多阶段抽样等;非概率抽样主要有便利抽样、配比抽样、维度抽样、目的性抽样、滚雪球抽样、志愿抽样和理论抽样等。

外语类实证研究中常见的抽样方法主要有随机抽样、分层抽样、整群抽样和

[①] Cohen, L., Manion, L., & Morrison, K. 2013. *Research Methods in Education*. New York: Routledge.

系统抽样等等。质化研究对象数量通常十分有限,研究者主要采用的是目的性抽样(purposeful sampling)和方便抽样等方法。有关目的抽样,研究者通常围绕者他们的研究问题,有目地选取研究对象和研究场地。研究者首先需要确定筛选研究对象的标准,这个标准直接反映了研究目的。例如,如果一名研究者需要研究新任英语教师的身份认同问题,那么他选取的研究对象通常是在从教年限3—5年的教师中选取,而不是在从教多年的资深教师中选取。有关方便抽样,这是一种以便利为准的抽样方法,即只要迅速便利就可取而代之,这或许是最常见之抽样方法,但却是不尽如人意的方法。虽然研究者因为便利与费用因素,选择那些最唾手可得而又花费不大的个案,但这些方便抽样方法常常是既无立意,又无计划的。因此,接受系统的学术训练,在研究对象选择的过程中利用适合的抽样方法进行采样时十分必要的。无论采用哪种抽样方法,在自己的论文当中都要清楚说明采用这种方法的原因,体现研究的透明度。

我是如何选定研究对象的

在我的博士论文研究中,我通过各种不同的渠道认识了几十个中学英语教师,最终遴选出3位作为研究对象。选定研究对象的故事还得从1999年6月份Bob到福建教育学院跟我合作开展项目讲起。当时,我们邀请了福州五区八县部分中学英语教师开展一次有关新教材教学交流会。尽管这些教师来自不同类别的中学,个人经历也不尽相同,但他们得知Bob是新教材教师用书编者之一,而且Bob还会说一口流利的普通话,都表现得很兴奋,踊跃发言,一会儿使用英语,一会儿使用普通话来陈述他们的教学体会。其中杨老师发言颇受Bob的注意,双方有多回合的交流。访谈结束之后,Bob告诉我要抓住杨老师,说他是一个值得深挖的访谈对象。我当时有点不解,因为我觉得杨老师的英语表达并不流畅,而且福州腔很重。Bob对我说,这些都不重要,重要的是杨老师的话语中内涵丰富,有许多特殊的东西,不但有对英语语言本体知识的见解,还有对英语课程设置的真知灼见,更有他对英语教学方法的独到见解,如果好好地访谈,一定能从他的身上挖掘出与教师信念有关的资料。就这样,我和Bob对与会的英语教师进行分析,初步选出10多名潜在的研究对象最为进一步观察和深入了解。大约经过了半年多的进一步联系,其中杨老师,马老师和吴老师逐渐被列入我的最终属意研究对象名单中。

我在一次由福州市教育学院召开的研讨会上再次见到杨老师,会上我聆听了杨老师就福建省中学英语教学面临的挑战与机遇所做的报告,会后我在演讲大厅的过道上跟他谈了半个多小时，目的就是想听他的课和拍他的讲课录像。听到我的要求，杨老师并没有推托，他双眼眯成一条缝，抬起头望了望天花板，然后又看了看我，点点头，说了声好吧。

我的第二位研究对象吴老师，是一位相对年轻、资历不深的青年中学教师。自从第一次在福建教育学院研讨会认识之后，我就一直跟吴老师保持着联系。有一次，她告诉我她正在为一个公开课准备而犯愁，她想参加福建省青年英语教师讲课大奖赛，需要我对她的讲课内容提一些具体的建议。我请她把课堂教学的具体步骤讲一遍，我发现吴老师有许多创新想法和新探索教法。我充分肯定了她的讲课内容，也表达了想乘她参加比赛的机会到她课堂听课，并拍摄几节教学录像，吴老师也爽快地答应。

我的第三位研究对象马老师是一位中年高级教师，她是我的大学同学。马老师曾获得福建省教育厅青年骨干教师出国进修项目的派遣到英国进修一年。她所在的中学每一年都有对外教学公开周，于是我有机会去马老师的高中英语课堂听了一节课，并跟她讲起我需要收集课堂观察录像来撰写我的博士学位论文，听了她的课之后，我觉得她的课上得相当好，尤其是她在处理英语听说能力和语法能力这两项基本技能时有独到的做法。我向她表达了有机会再听几节的要求。因为是老同学，马老师也就同意了我的请求并允许在她的课堂录像。

我在选择研究对象时并没有把性别当成一个主要的考量影响因素，但也适当地考虑到了我国中学英语教师的性别分布情况，杨老师是男性教师，而马老师和吴老师则是女性教师，在中学，实际情况是女性英语教师与男性英语教师的比例大约为二比一。至于其他因素，如年龄、教学经验、职称、教育背景、学校文化都给予了一定的考虑，杨老师当时已经快55岁了，是一位资深教师；马老师年过不惑，是高级教师；而吴老师则是青年教师。这样的人选从一定程度上能够折射出当时我国中学英语教师师资的年龄梯队状况。

上升到理论层面，我想我的研究对象选择过程应该属于方便抽样和典型抽样之结合。事实证明，这三位教师的教学认知和教学实践既有他们的独特性，又有一定的共性，他们的故事较好地折射出一线中学英语教师在改革浪潮之中，勇于实践，勇于探索，不崇洋媚外、重视传承、锐意改革、善于总结、提高自我的品质，较好地回答了我提出的研究问题。

钱莺选择研究对象的故事

在我指导学生选择研究对象时，我有意锻炼他们选取研究对象的技巧，并提醒他们在撰写论文时一定要具体详细阐明选择研究对象的缘由、动机和标准。钱莺同学在研究方法方面做得比较扎实。以选择研究对象为例,钱莺在她的论文中比较详细地描述了上外留学生生源的基本情况,她还有理有据地阐述了她的选择标准,例如她选中的研究对象必须具备一定的汉语水平,必须是刚刚来到上外的新生,这是因为她的研究涉及考察留学生文化适应态度影响他们与中国人交流的频度与深度,这最终可能会对他们汉语语用能力产生影响。虽然她研究只持续一学期,但是由于留学生一般在半年后才会显现出文化的适应态度,所以她提前介入进行跟踪研究。等他们逗留半年后,钱莺才真正开始收集她们使用汉语表达请求能力的变化过程。

钱莺对于她能够接触到哪些留学生,哪些留学生能够满足她所需要的条件,在具备了条件的留学生中,又有哪些愿意接受她的访谈和深入了解等状况都做了充分的摸底和准备。尽管如此,她还是遭遇到了个别研究对象中途变卦,不能继续合作下去的情况。钱莺沉着应对,又花费了好几个月的时间来调整和确定她的潜在研究对象,以防万一,她还挑选了几个留学生作为备选对象。为了联络感情,建立稳定的关系,钱莺还自费请这些研究对象到她的家乡开展文化考察,鼓励他们使用普通话和当地民众进行交往,钱莺也正好借此机会在现实的、自然的、真实的情况下来观察他们的行为举止,真是一举两得。

数据收集方法

外语教育研究的数据收集方法主要有问卷法、测试法、访谈法、观察法。根据其性质,前两种多用于量化研究方法,而后两者主要属于质化研究方法。下面主要谈一谈问卷调查、访谈法和观察法。

问卷调查

问卷调查是教育研究中最基本、最常用的方法。这种方法最初由英国的高尔顿创立,他于1882年在英国伦敦设立人类学测验实验室,把需要调查的问题都印成问卷寄发出去收集资料。从此,人们在探索社会现象的奥秘,认识社会现象的规律性时增添了一种新的工具。

因此,问卷调查法是以书面提出问题的方式搜集资料的一种研究方法,即调查者就调查项目编制成表式,分发或邮寄给有关人员,请示填写答案,然后回收整理、统计和研究。从一次问卷调查开始到正式的测试,其基本步骤是:

(1) 根据研究目的与假设,收集所需资料;

(2) 研究问卷形式,可以从研究者的时间、研究范围、对象、分析方法和解释方法等方面考虑;

(3) 列出标题和各部分项目;

(4) 征求意见,修订项目;

(5) 试测,以 30～50 人为试测样本,求出信度、效度;

(6) 进行项目分析,重新修订;

(7) 正式测试。

问卷通常由卷首语、指导语、主体等部分组成。问卷的设计、实施和结果处理都是严格按照一定的原则和要求进行,因此标准化保证问卷法的有效性重要前提。另外,为了提高问卷的效度和信度,应注意以下几个问题:问卷中的问题应当简单明了、含义准确;问题排列符合逻辑顺序;问题形式可封闭性和开放性结合,注意问题的数量;匿名回答令结果更加真实准确。

例如,我和 Bob 在福州市开展调查新教材使用状况时,我们也设置了一个调查问卷,下面是该调查问卷的卷首语:

JEFC/SEFC 教材教法调查问卷

香港大学教育学院 Bob Adamson 教授(JEFC/SEFC 教师用书英方主编)和福建教育学院郑新民联合设计本调查问卷。我们认为中学英语教师对 JEFC/SEFC 的教材有相当重要的见解。我们想收集这些意见和看法,并通过分析,然后撰写一份报告呈送给中华人民共和国教育部,供今后教材修订或编写时作为参考。本调查问卷是建立在 1999 年与福州地区部分中学英语教师座谈时,教师们提出的意见的基础上所设定的。在多数的情况下,只要求您对所列的问题表示赞成或不赞成的程度。有时则请您对某些细节的话题作自由的评论,表达您的观点。您无须在本调查问卷上填写姓名,所有的回答都视为机密。

谢谢您的合作!

从传统观点来看,问卷调查属于量化研究方法,因为它强调研究范围之广、研究对象之多,旨在通过对问卷的分析得出"普遍性"的结论。近年来,一些从事质化研究的学者尝试使用叙事问卷来探寻研究对象的经历、观点和思想。叙事研究目前有一种比较新型的研究手段——叙事问卷。叙事探究既是研究现象也是研究方法,同时又是思维方法。它的内涵在于对经验意义的探究。叙事问卷较质化访谈的优点是,访谈往往只能围绕数名研究对象展开,而叙事问卷满足了研究者想要描述从事某种活动的人的群像的需求。但是叙事问卷从设计、修改、正式投放使用和普通问卷一样，都需要经历系统的、严谨的创造与再创造。

杨岚的研究涉及了我国高校外语教师撰写和发表学术论文的体验，她使用了叙事问卷作为她收集数据的主要方法。在她回顾整个问卷从设计到投放的过程时，较为清楚地还原了整个过程：

"设计问卷的过程是一切从零开始。我首先收集并认真阅读了将叙事问卷作为主要资料收集手段的研究文献，在有限的资料中尽可能多地了解问卷设计的思路和注意事项。此后，我又阅读了与研究主题相关的一系列文献，为问卷内容的设计提供参考……在不断自我纠结和团队讨论中完成了问卷的设计，但问卷的科学性还有待进一步检验。尽管叙事问卷不同于量表，是一种质化资料收集手段，但它的设计也不是可以随意的，从问卷设计到正式发放中间依旧要采取一定的措施来保证它的科学性。

在问卷设计好之后，我主要采取了三项措施来确保它的科学性：一、我请一名其他学科领域的教师填写初步设计好的问卷，让他在填完问卷后讲述填写问卷每项空白的感受，指出问卷存在的不足，根据他的感受和建议对问卷做出调整；二、我请学科领域内的三名专家对问卷的整体设计和各个项目进行详尽、系统的评价，根据专家的意见对问卷做进一步修正；三、正式发放问卷之前，我在八位与目标对象类似的教师中进行了试测，根据试测结果和教师填写问卷的感受进一步完善问卷……经过多轮的改进，最终发放的问卷终于定稿，但问卷的发放也是千辛万苦……"

我们知道调查问卷具有使用方便，数据易于整理和分析，能够较为准确地反映受试者情况等特点，在大数据的情况下，我们还可以在网络上设置调查问卷，在网络上填写，可以节省大量的人力和物力，因而在外语研究领域被广泛采用。它既可以作为量化研究中的主要数据收集手段，同时也可作为是一种辅助手段为质化研究铺路。

访谈法

访谈法是质化研究中的一个主要数据收集手段。我们在电视上经常可以看到一些正式的或非正式的访谈节目。支持人和节目嘉宾经常就某个话题展开讨论。主持人会提出一些问题，请嘉宾来回答或者阐述自己的观点。这些属于日常生活中的访谈。而学术访谈具有一定的目的和形式，通过交谈从研究对象处收集到研究所需要的相关资料。访谈可用于了解研究对象的生活经历、行为意义、所思所想和情绪反应等信息，了解他们的心理活动和思想观念[①]。

现在的外语教育研究中也经常用到访谈法。根据不同的标准，访谈可以分为非正式和正式访谈；半结构式访谈和结构式访谈；单独访谈和小组访谈。有学者[②]认为根据问题组织方式和结构化程度，访谈可分为非结构式访谈、半结构式访谈和结构式访谈。非结构式访谈较为随意，事先不做详尽的访谈设计，没有事先预设的问题和提问方式，仅按照一个简略的访谈提纲进行，有利于探索性研究；半结构式访谈需要事先准备一些指导性的问题和访谈提纲，但也允许研究者在访谈过程中灵活处理访谈对象提供的信息，提出一些新的访谈问题，或就某些方面进行深入质询，有利于研究者灵活应对访谈情境，让访谈对象能够提供更多、更深入的信息；结构式访谈对访谈过程具有高度控制和高标准化的特点，往往用于从访谈对象那里收集社会人口统计学数据。

杨鲁新等认为非正式访谈可用于了解研究场地的情况，为后期更正式的访谈奠定基础；而正式访谈数据收集密度大，适于在较短时间内收集大量信息。另外，与单独访谈相比，小组访谈有利于产生访谈对象间的互动，有时可以挖掘到一些隐藏的信息，但也存在发言时间相对较少，顾虑较大，资料的真实性程度可能不太高的弊端。也就是说，在数据收集过程中，研究者需要结合自己的研究问题和研究属性选择恰当的访谈类型。我的学生丁灵博士主攻高校英语教师职场学习，在选择数据收集方法时，她有如下的考虑：

> "基于研究问题的特点与回答问题的需要，我确定了探索性访谈—问卷调查—深度访谈和小组访谈的数据收集步骤，通过非结构式探索性访谈了解高校英语教师职场学习的一般情况，在此基础上开发、设计和修改调查问卷，对高校英语教师职场学习情况进行普查；又在分析问卷调查数据的基础上，选择半结构式深度访谈与小组访谈的访谈对象以及重点关注点，通过深度访谈与小组访谈，聆听教师们的职场学习故事与思想深处的声音、细查多种因素间的协调与冲突过程，有利于理解高校英语教师职场学习的过程和结果，以及各种因素之间错综复杂的关系。"

[①] Glesne, C. 1999. *Becoming Qualitative Researchers: An Introduction*. New York: Longman.

[②] Merriam, S. 1998. *Qualitative Research and Case Study Applications in Education*. San Francisco: Jossey-Bass Publishers.

一旦选定了某种访谈类型,就涉及访谈前的准备工作了,如选择访谈对象、了解访谈对象、撰写访谈提纲等。关于研究对象的选择我们可以采取目的抽样和随机抽样的方法。赛蒙[①]建议说,对于访谈新手来说,实施第一次访谈的对象最好是熟人或者是乐于接受访谈的研究对象,这样有助于建立访谈信心。

另外,根据研究问题,我们还需要设计一个访谈提纲来指引自己提问。访谈提纲内的信息包括研究问题、拟提问的问题及其与研究问题的相关性、变量类型、问题类型、关键词、追问问题,以及访谈对象、地点和时间信息,在访谈开始前打印好。

再者,访谈法还涉及一些学术伦理问题,这些需要事先和访谈对象进行沟通。为了确保访谈对象的权益不受侵害,需要访谈对象签订知情同意书。知情同意书包括以下几个内容:①研究的简要说明;②访谈记录的保密和匿名处理;③研究成果的发布形式;④访谈对象的自愿参与权利;⑤访谈对象可能遭遇的风险;⑥可能获得的收效;⑦以及研究者的联系信息[②]。为了更好地实施访谈,研究者还需要对访谈对象的相关背景信息进行了解,与其建立良好的关系(establishing rapport)。

最后,还需要和访谈对象提前沟通一些细节,如是否可以对访谈进行录音等。录音是最常用的访谈数据记录方法,有利于将访谈对象叙述的一切内容保存下来以备分析,同时也为访谈者反复倾听访谈录音、提高提问技巧、确定后续追问问题创造机会。有些访谈对象在发现自己所说的话被录音时,可能会产生害羞、犹豫不决或是不安的情绪,还有的可能会拒绝接受访谈,比如我在2011年访谈著名学者章振邦教授时,他就明确说过如果要录音他就不接受我的访谈。事实上,对于绝大多数的被访谈者,只要向他们解释清楚,在最初的担忧过去之后,他们就不会再介意被录音这件事。为了让访谈少受外界干扰,我们最好要选择舒适、安静的访谈环境,这样便于访谈者和访谈对象之间交流,也可以达到比较理想的录音效果(Bryman[③],2012)。为了方便日后数据整理,在正式访谈开始之前我们最好要在录音一开始的时候说上一段话,如"今天是某年某月某日,我和谁在什么地点进行第几次什么样的访谈"。

---

① Seidman, I. 2006. *Interviewing as Qualitative Research: A Guide for Research in Education and Social Sciences* (3rd ed). Thousand Oaks, CA: Sage.

② 陈向明. 2000. 质的研究方法与社会科学研究. 教育科学出版社.

③ Bryman, A. 2012. *Social Reasearch Mehtods*. New York: Oxford University Press.

质化访谈的过程是灵活的(flexible)、动态的(dynamic)，需要访谈者具有临场把控能力，访谈者需要营造友好的谈话氛围，才有希望收集到最大化的信息量①。由于访谈涉及对话双方的互动，因此整个访谈过程呈动态发展态势。访谈者需要考虑如下问题：如何让对话高效运转？如何鼓励受访者说出自己的观点、想法和经历？如何克服访谈双方的地位不对等？②我的多名博士生有过访谈体验之后，经常跟我提起"谈话双方地位不对等"的苦恼，其中冉祺儿是这样说的：

"我在访谈郑老师时，由于他是我的导师，加上他的阅历丰富、思维敏锐，我稍一走神就会跟不上节奏，遗漏了重要信息。而有时郑老师对某个问题的回答不是我所预期的答案，但是我不敢轻易打断他。尽管我作了笔记，想事后专门追问一下，但往往又问不出口。事实上，郑老师是个有经验的访谈者，他已经观察到我的问题，他对我说在该要打断的时候就要有礼貌和客气地打断。在郑老师的鼓励和指导下，我才鼓起勇气，在后来访谈中遇到类似问题时，我就果断地、有礼貌地打断和追问，直到获得丰富的信息为止。"

博士生白桦在访谈一位资深英语女博导时，她承受着比较大的压力：

"庄教授是一个非常健谈的老师，她思路清晰，语速非常快，我不得不全神贯注地听她描述，一刻也不敢走神。整个访谈过程，我基本处于被动状态，怵于权威，不敢打断她的叙述或转换话题。现在回想起来，在访谈过程中处于被动的更重要原因在于，我对自己将要研究的问题没有清晰的思路，因此对访谈的关注点也不甚清楚，犹如大海上没有方向的小船，随风飘荡。"

通过辅导，好在我的这几位学生在后来遇到类似问题时能够及时调整心态，并想办法克服了访谈者处于被动的局面。另外，在访谈中使用什么样的语言也有讲究，应当避免晦涩难懂的术语。因为对于研究者而言，一些文献中的或者研究问题中的关键词可能不觉得难懂，而对于那些不了解自己研究的人来说，实在是"隔行如隔山"。丁灵在进行有关高校教师"职场学习"访谈时，就遇到了类似的问题：

---

① Taylor, S. J., Bogdan, R., & DeVault, M. 2015. *Introduction to Qualitative Research Methods: A Guidebook and Resource*. John Wiley & Sons.

② Kvale, S. 1996. *Interviews: An Introduction to Qualitative Research Writing*. Thousand Oaks, CA: Sage.

"在周老师讲完与她的学习、工作和生活历程相关的背景故事后,我想了解职场学习与她所讲的科研经历之间的关系,于是问道:'你觉得你的科研能力发展和你的职场学习之间有没有一个相应的关系?'刚问完问题后,我就意识到周老师可能不知道什么是'职场学习',赶紧解释说:'我说的职场学习是指教师在教学工作情境下,通过日常教学和研究实践活动进行学习,发展教学和研究需要的知识与技能的非正式学习形式。'但是周老师仍然似懂非懂:'我自己不是很了解你说的这个职场学习,我自己对教学本身实践,以及教学能力啊,包括课堂具体操作的话,可能就跟我关系紧密……'回到酒店房间后,我立即对访谈提纲上的问题进行了修改,删除了'职场学习'这一术语表达,改用'工作情境下的非正式学习'来代替,从而在后续对另外四位教师的访谈中顺利收集到所需的数据。"

访谈结束之后,要做的工作很多,但最重要的工作莫过于要尽快地把音频文件导入电脑,并及时进行转写。逐字转写(verbatim transcription)是常用的一种方法,往往也是新手访谈者比较"保险"的做法。如果音频文件量大时长,而我们已具备了一定的访谈和转写经验,就可以放弃逐字转写,通过反复聆听录音,选取和研究相关的信息加以记录。不管是哪一种转写方法,我们都需要采取统一的格式和标志,以方便数据整理。

事实上,靠访谈来收集数据往往不是一锤子买卖的事情,有时需要多轮访谈,环环相扣,如涟漪般展开。赛蒙[①]曾提出了基于现象学的深度访谈结构,该访谈结构采用三轮访谈序列模式,每一轮各有其特定任务。第一轮着眼于生活历程,第二轮注重经历的细节,第三轮关注意义的反思。赛蒙认为三轮式访谈结构的每一轮能为下一轮访谈提供细节基础,有利于考察人们的具体经历和相关经历的意义,揭示研究领域中存在的复杂问题。三轮式访谈序列的间隔时间最好为3—7天,这样的时间安排有利于访谈对象有时间反思前一轮访谈的情况,又不会忘记两轮访谈之间的关系。下面有几个属于经验之谈的问题供大家参考:
• 我怎么样做才能创设一个良好的访谈气氛?
• 我怎么样做才能获得对方的信任?

---

① Seidman, I. 2006. *Interviewing as Qualitative Research: A Guide for Research in Education and Social Sciences* (3rd ed). Thousand Oaks, CA: Sage.

- 我怎么样做才能让访谈之间平稳过渡？
- 我怎么样做才能让对方尽最大可能提供我需要的信息？
- 我怎么样做才能让对方乐于再次接受我的访谈？
- 我怎么样做才能确认我所收集的访谈收集是真实可信的？

我的博士论文访谈经历

我的博士论文与探究我国中学英语教师新教材实施情况有关，我选择了使用质化研究方法来深度探究和厚实描写，收集资料的手段主要有访谈、观察和书面材料分析等，其中访谈方式采用了半结构访谈模式。

我跟我的三位访谈对象开门见山地说明，我对他们的真实姓名、访谈内容和学校名称等都会绝对保密，请他们不必担心。我的几次访谈是分不同时间和地点分别进行的，当我的访谈对象第一次见到我将录音笔摆放在桌面上，都问我为什么要录音。我连忙一一解释，说是由于我的记忆能力有限，无法完整记录下他们所说的每一句话，所以只好采用录音的方式来弥补。接着我向他们保证绝对不会将录音内容泄露出去，或转给他人使用，对于有些敏感的话题我会选择弱化方式加以处理，甚至不使用，避免产生误解。马老师和吴老师听完我的解释，连声表示没有关系，而且她们的访谈也并没有受到什么影响。杨老师起初还是有所顾虑的，他担心在访谈中的抱怨会被学校领导听见，这样不但对他不利，也对我不利。尽管我多次向他口头担保，杨老师还是坚持让我写了一份书面保证书，签上名字，才算消除顾虑。港大的论文必须使用英文来撰写，但我的每次访谈都使用普通话进行，这是因为使用普通话来交流，问题才能谈深谈透，当然后来我将访谈需要的内容都逐一翻译成英文，还请专业人士检查过翻译的质量，以确保译文的信度和效度。

在访谈过程中，我尽量做到所提出的问题不带有歧义，也注意避免提出的问题具有威胁性或挑衅性，总之要想方设法弱化语气，多协商，多引导，让对方愿意跟我在平等的，宽松的氛围里继续交谈下去。因为是半结构式访谈，我通常使用背景性问题来挑开话头，例如："马老师，您教哪一个年级？您每周有几节课？最近这一周教了哪些内容？学生的英语听说能力怎么样？您要他们背课文吗？"实际上这些问题就像跟拉家常一样，让彼此双方一开始的交流气氛就显得顺畅自然，大大地缩短了双方的身份距离。有了好的开头，接下来，我的问题就会更加具有针对性，但我还是以拉家常的方式，问问他们在学习英语的过程中有什么乐趣，有什么感悟等。随着问题的不断深入展开，就这样在不知不觉之中，几位老师话匣子被打开,变得侃侃而谈,在一阵阵谈笑之中,他们把各自对语言学习的认知,对各种英语教材编写的评价,对引进国外英语教学法的态度,对学生学习存在的问题,对高考指挥棒的作用等都和盘托出。当谈到英语教改和课改时,他们突然变得沉默不语,显得有点忧心忡忡,我试着把话头引向高考改革上,他们频频点头,于是又接着聊开。我记得当时杨老师比较健谈,他常常一讲就是一大串话,有时候甚至偏离了我的问题,于是我会比较谨慎,不失礼貌地打断杨老师,把他从偏移话题的内容中拉回来。随着交谈的深入,一些跟我研究相关的新话题不断出现,我觉得很有必要进行后续访谈(follow-up interviews),进一步深入挖掘,这对于增加我的研究深度和效度具有积极意义。

我的其他访谈案例

进入上外工作之后,一方面,我继续采取这些重要的数据收集方法开展英语教育实证研究;另一方面我也通过授课和研讨的方式来强化学生们的研究方法意识,鼓励他们通过实践来锻炼他们数据收集的规范性和科学性。在论文中,我强调需要将数据收集的步骤清楚地再现,以显示研究的"透明度(transparency)"。

大约是在2006年,我在《外语界》发表了我的第一篇访谈录《聆听大洋彼岸的声音:外语教学改革,教师研究为本——Donald Freeman教授访谈录》,后来我又利用参加国内外学术会议的机会,向国际语言教育界著名专家学者讨教,接着我陆陆续续在《外语界》《外语电化教学》《外国语》和《中国外语》等杂志发表了近十篇访谈录,内容大多涉及语言教育,包括语言政策与规划、课程设置、语言课堂教学、语言教师认知、博士生教育、教师专长发展、语言文化教学和语用学研究等。

后来我萌发了撰写一本访谈录专著来记录和描述海内外语言教育领域专家学者的观点和想法。在这本专著中,我收录了我与20名海内外语言教育专家学者的对话,每篇访谈由人物介绍、提要、访谈文本等内容组成。实际上,采访这些专家学者是有一定难度的。他们的知识储备和人生阅历使他们对访谈问题有一定的预判,有的时候他们会有意无意地绕开提问,"顾左右而言他"。作为访谈者,需要一些特别技巧来聆听、捕捉和追问。

例如我采访章振邦教授的时候,老先生已经年逾九旬,但他仍然精神矍铄、思维灵敏。在访谈他的过程中我遇到的最大困难是先生不允许我对访谈内容进行录音,因此我只能通过记录和记忆将访谈内容以书面形式呈现出来。事实上在对章教授进行访谈之前，我是做了一定的功课的，如我跟章教授的几个嫡系弟子有过深度交谈。通过不懈努力，待到我把访谈资料编成文本之后，我特意又登门拜访老先生，请他匡正。章教授亲自在文本上一笔一画地认真修改，他的修改稿我至今还珍藏着。章教授对我整理出来的访谈内容颇为满意，他说能够比较客观真实地反映出他在上外几十年为了英语教学改革和语法编著努力的轨迹和些许成就。

像这样的例子还很多，又譬如，我访谈了王德春老教授，他给研究生开设了好几门高级课程，他的教学思想厚实，方法多样。如果没有充分的准备，不设置一条主线来提问王教授，恐怕能问到的信息就会比较杂乱。通过和王教授共同努力，我整理出王教授在其30余年的研究生指导过程中，摸索并形成的一套行之有效的指导模式，即"学位课程＋学术研讨＋论文指导＋学术活动"的四位一体指导模式。由于许余龙教授所从事的研究更多的是依靠思辨思维，起初对访谈是有所质疑的，他认为通过访谈通常是很难获取到深层次的内容。我试着对他进行了一个半小时的访谈，然后将整理出来的访谈文本交他审定。许教授读后感到比较满意，认为我在文本中较好地传达了他有关语言教育中知识传授和知识创新这两个层面的本意。事后，我还邀请了许教授的弟子朱磊博士来描写他眼中的许教授，从另一角度帮助读者更加全面地、立体地解读许教授的语言教育理念。

我在上外语言研究院工作时，曾经负责去浦东机场迎接 Rod Ellis 教授，在车上与他接触的短短一个多小时之内，我把握住机会，就"语言是交流工具还是实体"这个话题向他请教，获取了许多有价值的信息，根据这次谈话的录音，我整理出一篇访谈录，很快就在核心期刊刊载。我在港大读博时，受我的导师 Bob 推荐，有幸接受了 William Littlewood 的多次指导。每次 William 总是能及时回复我的邮件，他不是简单地回复邮件，而是具体开出书目和文章让我仔细阅读，对此我心存感激。终于有一次我向他提出请求，想对他做一次访谈，请他谈一谈有关亚洲英语教学现状，围绕"用情景化思维探究语言课堂教学"这个主题展开互动，经过整理后的访谈得以在《外语界》发表。

根据我多年来对于访谈的实践和思考，我认为访谈应该"引人入胜、刨根问底"，访谈的话题不宜太过离散。对于抓取有用信息的眼光应该敏锐，要在朴素的语言中挖掘真知灼见。

训练学生如何做访谈

我在指导博士生的时候，发现他们大多没有实证研究经验，如果只是依靠他们在收集数据时边学边做是不够的,一来要影响他们的研究进度,二来无法从学术上和技术上确保收集到的数据有用,因此,在他们入学头一年我就加强训练他们收集数据的能力。

前面提及华鸿雁、石云峰、侯文魁和冉祺儿成立学习小组,研讨访谈技巧。他们商量之后,决定调研上外不同研究方向的博士生信息技术应用能力,访谈法成为主要的收集手段。他们通过本校博士生微信群来征集意见,最终遴选出7位愿意接受访谈的同学,旨在回答如下几个开放性问题:①博士生对于信息通信技术能力的认知如何?②博士生掌握信息通信技术能力情况如何?③博士生在开展学术活动时使用信息通信技术的能力如何?

他们四人大约花了三周的时间,经历了团队商讨、任务分工、对象选取、开展访谈、整理总结等程序。接着他们以工作坊(workshop)的形式在SLRC研讨会做汇报。华鸿雁负责介绍这个研究的总背景并最后总结;冉祺儿描述了访谈对象选取过程、访谈所遇到的困难及事后反思;侯文魁阐述了文本转写(transcription)的原理;石云峰汇报了文本编码(coding)、分类(categorization)和分析的过程。

以冉祺儿为例,她说她自己只是个访问学者,在挑选访谈对象时遇到的一些困难。她的第一位访谈对象是和她一起上课的女博士生岑玲(42岁)。为了观察博士生信息技术使用能力和年龄之间的关系,她还想在20多岁和30多岁的年龄群体里找两位访谈对象。因此她想到了听讲座时认识的庚生(27岁)和上课时向她请教PPT制作技巧的海子(31岁)。庚生整天忙碌,似乎无心应对访谈,于是就推荐自己的室友毛洋。几经周折,虽然彼此并不熟知,但是"滚雪球"效应还是让冉祺儿最终选到了访谈对象。当冉同学向毛洋表明来意时,毛洋欣然答应,并表示愿意立即接受访谈。不巧冉祺儿当时暂时还没有整理好访谈问题,也没有携带录音笔,于是两人约好改日进行。事不凑巧,第二天毛洋因家里有急事无法抽身,冉祺儿错失采访的机会。基于这些经历,冉同学认为"访谈机会应该及时抓住,宁可我等别人,不可别人等我"。除此之外,冉同学还遇到一些其他困难,如会见海子时冉祺儿显得比较被动。海子当时在图书馆看书,表示愿意抽出5—10分钟接受访谈,但她不愿意离开图书馆,要冉祺儿到图书馆二层楼道的角落接受访谈。由于访谈地点受限制约了双方谈话的舒适度,而且海子对于冉祺儿提出的问题也是避重就轻,蜻蜓点水,没有任何想要深入谈下去的愿望。就这样,冉祺儿的第二次访谈又以受挫而告终。对此,冉祺儿在反思中认为和受访者建立良好关系(establishing rapport)非常重要;面对不善言谈的受访者,需要技巧激励其说话。

这种合作研习让这几个学生收获颇丰,一方面他们领会到了访谈和内容分析法的内涵,对从文献案例阅读获取的概念理解到动手操作获得的体验有了理性的认识,这对于新手学术训练而言是至关重要的一环,另一方面,团队成员之间合作和分享是学术训练中不可缺少的一环,石云峰是这样说的:

> "在确定课题之后,我们分头查找文献,然后汇总分享,这样会大大提高效率;拿到同样的文献资料,每个人理解不尽相同,文献阅读之后的分享更像是消化吸收新鲜观点,有启发思维的作用;对数据的分析则是真刀真枪的实战演练,是方法的内化,也是研究方法训练目的所在。把分析得出的成果分享给同伴,听取他们的意见,对自己略显偏颇的做法也是一种修正,对自身的研究意识和能力自然也有所提高。同伴之间的资料分享与合作,好几次讨论中得到的学术启发,都促使我在学术训练中把方法论落在实处,一点一点地积累,这样成长道路上的才会有扎实的提升。"

是的,我欣赏石云峰能悟到做科研就是要扎扎实实地把研究方法落到实处,学到手。SLRC 学习共同体不仅在研讨会上有思维火花的精彩碰撞,在会下,学生们互相取经、学会分享、合作学习,这也正是学习共同体学习的"内核"所在,我希望他们能从中获取知识和技能,还能习得"分享"的宝贵。

观察法

观察法也是质化研究中的一种重要数据收集手段。在日常生活中,观察无处不在,比如,我们到了一个陌生的环境,会先观察这个地方的人和事,也会根据我们的观察得出一定的判断,科学研究亦然。但是俗话说"眼见不一定为实",我们在研究过程中使用的观察法也是有很多注意事项的。有学者指出,观察要有明确的研究目的,要经过仔细设计和规划,要系统地记录观察过程,能对效度和信度进行检验和控制。在应用语言学研究中,课堂观察是数据收集的一项重要内容。尽管不同学者对于课堂观察法有不同的说法,但总的来说可以归纳为以下几点:

(1)课堂观察法给予研究者了解课堂活动、课堂互动的渠道[①];

---

① Simpson, M., & Tuson, J. 2003. Using Observations in Small-scale Research: a Beginner's Guide. Revised edition. *Data Analysis*, 99.

(2) 比起自我报告,课堂观察能够帮助研究者获取更为客观的信息①;

(3) 可以作为对现实的"检验"②。

在我看来,除了上述几点优点之外,外语学科的课堂观察所收集到的数据还可以帮助我们分析和研究外语教学和学习的机制和规律。在目前信息技术发达的情况下,研究者通常会在征求研究对象同意的情况下,对课堂教学活动进行录像。通过录像获取的数据不仅相对客观,还方便回看和转写③。这样的操作能够方便后期对数据的整理和分析。录像的具体优点还表现在它提供了视频和音频信息,能够有效地帮助研究者在后期分析时更多地关注非言语交际手段,如肢体语言、面部表情和语音语调等。此外,录像还能帮助研究者清晰地看到外语教师课堂教学和组织课堂活动的细节。然而,课堂录像也有其缺点,那就是在于给研究对象一种"侵入感"(invasiveness),这样有可能会让研究对象采取一些特殊的措施去应对录像机的存在,并努力修正自己的课堂行为,其结果就是容易造成课堂教学的失真。所以课堂观察者应当具备两个基本技能:①学习如何撰写对事件的描述,练习如何写田野笔记;②知道如何从"细枝末节"的琐碎事实中筛选出有价值的信息,使用有效的方法来验证课堂观察。以下几个要点是我用来开展外语课堂观察的经验之谈:

• 在英语课堂观察过程中,我究竟想从教师一系列教学行为中提取什么样的信息?

• 我为什么要对该英语教师的某一个课堂教学信息感兴趣?

• 我能客观地报告或转述英语课堂上的所见吗?

• 我的转述是否包含了我无意中的偏见?

• 我的课堂观察时长够吗?我是否通过不同课型对被观察的英语老师从多维视角进行周密的观察?

• 我的录像过程是否摄取到了我要用来回答研究问题的信息?

我记得我一共使用了12盒录像带,录制了福州三位中学英语教师的教学内

---

① D·Rnyei, Z. 2007. *Research Methods in Applied Linguistics: Quantitative, Qualitative, and Mixed Methodologies*. New York: Oxford University Press.

② Cohen, L., Manion, L. & Morrison, K. 2013. *Research Methods in Education*. New York: Routledge.

③ Bailey, K. M. 2006. *Language Teacher Supervision: A Case-based Approach*. Sirirajmedj Com.

容,这些录像让我获得了其他手段所不能收集到的课堂教学细节,如杨老师、马老师和吴老师如何在课堂上讲授英语词汇、英语语法、组织活动、讲解作业、巩固复习等过程。石云峰的研究涉及对外汉语教师汉语语法教学活动,想要探究这一类汉语教师教学实践性知识拓展情况。在刚刚确定选题的时候,他试听了几节课,但他心里总觉得没有底,因为他觉得在课堂里没有观察到什么有研究价值的内容。对于他的这种反应,我认为是正常的,究其原因,主要是因为石云峰进场听课之前对相关文献梳理得不够扎实和充分,还没能形成他自己的课堂观察方案(protocol)。这样一来,他只是没头没脑地听,找不到要点,当然也就谈不上有所收获。

石云峰的案例说明研究者在进行课堂观察时一定要根据自己的研究问题和概念框架拟出课堂观察的方案,包括课堂观察中的重点维度等。以石云峰为例,他比较关注汉语教师的语法意识在课堂教学中的表现,那么他的课堂观察方案中最好要重点突出汉语教师话语(teacher talk)。在我的建议下,石云峰认真仔细地再次开展文献回顾,重新调整他的概念性框架,比较扎实地拟定了他的课堂观察方案。石云峰的课堂观察方案包括了如下几个步骤:

(1)联系授课老师,并与之确认观察时间,是否允许录音、录像;
(2)提前一天去看看教室环境,对场地有初步的了解;
(3)对于教师和学生的课堂教学和学习行为要有一定的记录;
(4)课堂记录应包括三栏,研究问题、描述性记录和反思性记录;
(5)关注视觉细节,如教师和学生的肢体语言;
(6)观察结束后,要向课教师当面表示感谢,或发送电子邮件表示感谢。

石云峰结合他的亲身经历总结出来的课堂观察步骤不无道理,我在课堂上就是通过邀请学生们结合自身开展的观察活动进行演讲、质疑、反思和总结。我的体会是理论传授比较枯燥,不要需要多少时间学生就会把这些理论淡忘,让学生以个人的体验进行现身说理反而能够帮助学生们更好地理解理论,进而更好地指导他们的科研实践。

对学生田野考察要跟踪指导

通常博士研究生在第一年修课时在校时间比较多,跟导师的联系也比较频繁,加上有SLRC学术共同体作为纽带,他们跟其他年级的同学互动也比较多。第二年之后,当他们要选择异地收集数据或资料就要远离学校,远离导师,而他们在研究场所开展田野调查时经常会遇到一些意想不到的困难,这时候跟导师保持密切的联系,得到导师的"有效跟踪指导"尤为重要。对于在研究场地开展数据收集工作的学生,我鼓励他们定期汇报,形式可以灵活多样,例如电话汇报、微信或 QQ 汇报、田野笔记邮件汇报,如有可能,还可以面对面汇报等等。我的大部分学生在开展田野调查时在这方面都做得很好。

例如,远在山西太原的侯文魁在田野调查中每周都能够跟我保持多次联系,或是通过网络电话,或是通过电子邮件让我在第一时间了解他的最新动态。侯文魁在完成第一轮数据收集之后立即赶回上外,认真使用 Q 方法[①]对数据展开分析,较好地整理此次收集数据的初步发现,即山西四所高校英语教师使用移动辅助软件开展英语教学的态度及实践情况。他还在 SLRC 学术共同体中汇报了他的调查成果,并总结了相关经验教训,受到同学们的普遍好评,也更有利于他自己开展下一阶段的数据收集。

无独有偶,华鸿雁在整个田野调查过程中撰写了十分详细的考察日志。田野实地调查并没有华鸿雁所想象的那么容易和顺利,他遇到了要么要改变原来的研究问题,要么就坚守原来的研究问题之困惑。于是,华鸿雁给我打来电话报告说,通过一个多月的课堂观察、小组访谈和个人访谈之后,他觉得所处的调查场所难以收到可以回答研究问题的数据。他原先所定的少民英语教师身份认同这个概念稍显宽泛,他感觉到很难将这一概念落到实处。于是我就建议他应该通过对英语教师课堂教学细节来考察,如教师是怎么分析句型的、怎么解释生词的、怎么教听力的、怎么教翻译的、怎么讲解语法的、怎么安排课堂活动的、怎么使用教具的等等,这些细节背后都受到教师的理念、文化背景、教育程度、教学经验的影响,通过分析这些英语教师的所想、所思、所做就能抽丝剥茧出他们的身份认同感。我还跟华鸿雁一起分析了他的研究对象,从他们学习经历和教学经历来看,他们受到了来着社会不同层面的影响,比如教学大纲、国培计划、上一级教研员以及身边的重要他人(如资深教师和同辈教师)的影响。我还建议华鸿雁除了拍摄课堂教学录像之外,还应该收集一些其他方面的资料,结合宏观和中观层面来考察少民英语教师的身份认同感,以期总结出少民英语教师身份认同的异同。华鸿雁在后来的反思日记中描述道,听完导师的建议,"我内心终于放下一块大石头,可以安稳睡个好觉了"。初冬时节,恰逢我前往昆明进行学术交流,正在田野收集数据的华鸿雁同学闻讯从遥远的西双版纳赶来探望我,我们就华

---

① Q 方法论是由 Stephenson 于 1935 年提出的一种科学地研究"主观性"的心理学方法。其原则是对传统相关分析法的转变,即主要强调主观性与个别性在科学研究中的价值。

同学所遇到的实际问题展开数小时的深度交谈,并且得到了较好的解决方法。看到自己的学生能够理论联系实践,不是关在象牙塔里埋头修炼,而是在广阔的学术田野中锻炼成长,我甚感欣慰!

石云峰没有像侯文魁和华鸿雁一样去外地,而是选择在上海本地收集数据,因此他跟我的联系就更加方便,我也紧抓石云峰就在身边这一有利条件,让他每周二都要在 SLRC 研讨会汇报他收集数据的进展情况。石云峰就他的访谈过程、课堂观察做了详细清晰的研究记录,养成定期汇报的习惯。他在田野笔记中这样写道:

"跟崔老师简单寒暄几句之后,我们先是谈起了她科研项目申报失利的事情,我说了一些鼓励的话,意在消除其消极情绪。10 多分钟之后,我拿出访谈提纲,在征得她同意之后,我使用录音笔来录音。访谈时间大概进行了 50 分钟,主要围绕家庭情况、教育背景、学习经历、对学生语法教学的认识等话题聊开。录音质量清晰理想,事实上为了双保险,我还用手机录了音,以防万一。

访谈中获取的信息还是比较丰富的。崔老师是一个受过训练的研究者,她似乎在有意配合我的访谈,并且表现出了足够的耐心。此次访谈给我的启发是,与访谈对象建立信任非常重要,同时尽可能使用口语,简化访谈问题,为对象提供轻松的谈话环境,但同时需要紧扣提纲,防止聊天内容偏离研究问题。

……早上我提前 15 分钟到了教室,由于是小班课,教室座位共三排,座位数也有限,我选择了最后一排靠近窗户的一个座位坐下,把录音笔打开放在一个不起眼的地方,然后在课堂观察记录表中填写基本信息。13 个学生中以日韩学生为主,有一定的汉语基础,课堂气氛比较活跃,授课基本上以教师讲授为主,两节课中没有小组活动。"

基于石云峰的汇报,我也给他提供了一些改善性的意见,如要把汉语教师的实践性知识落在实处,以语法内容作为观察的"抓手",有可能会观察到更加细致的内容,这样才不至于在课堂观察中迷失方向。由此可见,学生定期汇报,导师及时跟进、及时反馈等对于确保学生能够顺利完成研究数据的收集是十分重要的。

四、客观诠释

在学术研究中,数据分析是指将已收集到的各种数据进行有系统的科学分析,提取出有用信息,加以详细研究和概括总结的过程。由于量化研究和质化研究的本质属性不同,它们所采用的数据分析方法也各有特点。量化研究数据分析主要依赖统计学软件对获得的数据进行分析运算,得出变量之间的关系,比如英语学生期末考试成绩和教师尝试某种教学方法之间的关系;学生性别、年龄、学习成绩和英语学习动机之间的内在关系等等。由于量化研究中的数据量大、内容复杂,如果通过手工的运算无法保证准确率和效率,现在研究人员大多凭借软件来开展分析,如 Excel 和 SPSS(社会科学统计软件包)。利用软件可以对收集到的数据进行描述性统计和推断统计。描述性统计通常是指对数据的描述,主要有平均数、方差、中位数、众数等,也可以通过对数据分组进行频数分析,用图表来显示数据,这些都属于描述性统计的内容。推断性统计指的是假设检验和参数估计等用现有数据对总体参数进行检验和估计,详细内容请参见拉森豪尔主编的《第二语言研究中使用 SPSS 入门》[1]一书。

质化研究数据分析

质化研究收集到的数据通常不用数字来进行表达,主要依靠编码(coding)和分类(categorizing)对文本进行分析。质化研究需要借助研究者的判断和阐述,因此重点和难点在于如何避免主观性。通过"深描"(thick description)向读者展现了一个丰富、具体的世界。通常质化研究资料的整理和分析可以分成三个相互关联的环节,即资料的精减、列表图示和得出结论,其关系如图 9 所示。

资料精减的主要任务是整理大量冗散的现场笔记、录音和录像材料,对之进

---

[1] Larson-Hall, J. 2010. *A Guide to Doing Statistics in Second Language Research Using SPSS*. New York:Routledge.

行归类,写出编码、分类号、关键词和内容摘要;将所收集到的资料按某种标准系统地加以排列,并标记出其中的关键问题和核心论断,以便撰写报告时归纳和引用,便于日后查找、核对和分析,也便于及时发现疏漏、矛盾、相互抵触和不详之处,及时进行补充和订正。

列表图示就是将研究资料进一步整理成若干关系表,目的在于利用图表一目了然的功能来揭示各个案例、各个事件和各个被研究者之间的关系,以总结出研究资料间的逻辑关系。通常,研究者就是建立在上述工作的基础上逐渐形成概念,归纳构建初步理论,也有可能引入量化研究方法来检验和完善这一理论。

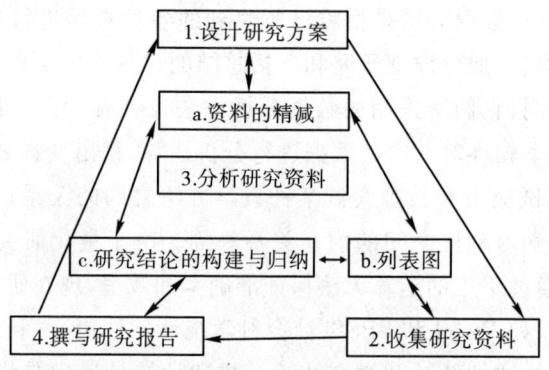

图9　定性资料整理和分析环节

质化研究中的数据分析首先涉及的是编码问题,其目的是为了从数据中找到能够回答研究问题的例证,总结与研究问题相关联的主题(themes),并发掘主题与主题之间的关联。研究者需要经过系统分类并编码才能把数据作为回答研究问题的例证。科学技术日新月异,人工智能的发展大大地解放了人们本要投入的繁杂劳力。质化研究也可以凭借 Atlas.ti、Maxqda 和 NVivo 等软件进行数据分析,各种软件各有侧重点,其中 NVivo 是一种非数值型、无结构资料索引、搜寻、理论化软件,操作便利,颇受研究者青睐。研究者可以将自己从分类、排序、整理等繁杂手工作业的劳累中解脱出来,从而有更多的时间和精力去探究研究发展趋势,建立理论模型,并最终获得研究问题的结论。当然任何人工智能提高效率的前提是需要研究者使用、分类、赋予其特定的意义。NVivo 等质化研究分析软件在一定程度上解放了研究者的手工操作,但最终对所收集到的资料进行科学处理和分析的还是要靠研究者本身,这一点再次充分说明了质化研究异香扑鼻的人文性,也正是它的魅力所在。下面将简要介绍质化研究中最常用的一种分析方法,内容分析法。

内容分析法

内容分析法(content analysis)最早产生于传播学领域,美国传播学家伯纳德·贝雷尔森[1]率先把它定义为一种客观地、系统地、定量地描述交流的明显内容的研究方法。第二次世界大战期间美国学者拉斯韦尔[2]等人组织了一项名为"战时通讯研究"的工作,以德国公开出版的报纸为分析对象,获取了许多军政机密情报,这项工作不仅使内容分析法显示出明显的实际效果,而且在方法上取得一套模式。上个世纪50年代贝雷尔森发表了《传播研究的内容分析》一书,从而确立了内容分析法的地位,但真正使内容分析方法系统化的是约翰·奈斯比特[3],他主持出版的"趋势报告"就是运用内容分析法,享誉全球的《大趋势》一书就是以这些报告为基础写成的。在其近百年的发展历程中,内容分析法已经被广泛运用到新闻传播、图书情报、政治军事、社会学、心理学和应用语言学等社会科学各领域中,取得了显著的成效。随着信息时代的到来,内容分析法在计算机、网络技术研究中也成为了一个新热点。

内容分析法的一般过程包括:建立研究目标和确定总体与分析单位,依据测量和量化的原则,设计能将分析单元的资料内容分解为一系列项目的分析维度(或类别系统),再按照分析维度严格地抽取有代表性的资料样本(抽取样本),把样本转化成分析类目的数据形式,最后对数据进行信度检验及统计推论。

事实上,内容分析法的实质是一种对文献内容作客观系统的定量分析的专门方法,其目的是弄清或测验文献中本质性的事实和趋势,揭示文献所含有的隐性情报内容,对事物发展作情报预测。它实际上是一种半定量研究方法,其基本做法是把媒介上的文字、非量化的有交流价值的信息转化为定量的数据,建立有意义的类目分解交流内容,并以此来分析信息的某些特征。内容分析法具有以下几个主要优点:

- 较为客观的研究方法;
- 结构化研究;
- 非接触研究;
- 定量与定性结合;

---

[1] Bernard Berelson,美国社会学家,曾经做过报纸使用与满足的研究,并推动了内容分析法在传播研究中的应用,其代表作有《没有报纸意味着什么》(1949)。

[2] Lasswell,H. D.,政治家,美国行为主义政治学的创始人之一。

[3] Naisbitt,J.1929—,世界著名的未来学家,埃森哲评选的全球50位管理大师之一。

• 揭示文献的隐性内容。

在外语教育研究中,我们所收集的数据除了访谈和课堂观察以外,还可能有文献、文件或其他的书面材料,所以内容分析法是一种比较合适的分析方法。它的主要特征包括:①将文本信息分解为若干分析小单元;②对各个单元进行数据统计(例如某一词块出现的词频);③以最简洁的方式呈现分析结果。具体来说,首先对文本进行编码①,这需要逐字逐句对文本进行研读并进行标注,标注尽量简短为好,以描述型为主,可以包括:语言点、时态、隐喻、句法、构词法、语调、惯用法、词素、教法、活动、情绪、行为、事件等。编码并非一成不变,但必须前后保持一致,实行统一标准。通过对文本编码的统计,可以发现某一编码出现的频率以及出现的形式。完成编码后,为了便于分析,将文本分解为不同的单元,也为了厘清各个单元之间的关系,需要对编码进行归类。归类是根据文本最主要的特征,将编码进行分组的过程。编码浓缩了文本信息,因此归类务必穷尽所有编码。分类中大的类别还可以细分出小的类别,还会出现某个编码可以分属两个或以上类别的情况。分类完成后,通过梳理类别之间的关系来探索数据的意义,形成有效的主题,包括模式、规则或其他假设。

我的博士论文数据分析过程

撰写博士学位论文时,我主要使用质化研究方法。前面讲过质化数据分析是把收集到的数据调整顺序、结构并加以阐释分析的编码过程,而大部分质化研究编码的关键在于探寻不同种类数据的普遍性结论。我采取了不同的编码策略来处理我的质化数据(主要来源为访谈和录像)。

在处理访谈数据时我经历了两个步骤:转写和分类。首先我将大部分访谈音频数据转写成文字,这样方便后期查看相关内容。转写好的文字需要进一步的深入分析,当时尽管已经出现了 NVivo 软件,我征求过 Bob 和 Chris 的意见,根据我的研究特点他们都说还是靠手工操作为好。所以我先是绘制了一个图表,供我寻找概念种类使用(表6)。随着不断回顾数据,我扩展了原有的变量和种类,为了能够逐渐将它们提升为概念种类,并将其归并入相应的主题,我又绘制了另外一张表(表7),供形成理论框架作用参考,最终尝试性地整合出能够折射一定客观事实的结论。

---

① 参见本书图7 三级编码示意图。

种类(举例)	页码(举例)	种类	页码
英语词汇教学	pp.25—27,pp.78,pp.210—211	翻译教学法	pp.30—34,pp.56—61
英语语法教学	pp.35—36,pp.101—112	课堂活动	pp.318—344,pp.401—411
英语句型教学	pp.10—14,pp.301—333	学生角色	pp.355—359,pp.422—430
英语阅读教学	pp.3—7,pp.67—81	教师角色	pp.30—56,pp.78—89
交际教学法	pp.202—216,pp.230—233	听写	pp.311—322
英语听力教学	pp.45—56,pp.55—58	所用教具	pp.366—369

表6 数据种类分析表

数据源	主题1	主题2	主题3	备注:语言具体描述
课堂观察				
访谈				
教案				
教材				
课标				

表7 数据主题分析表

有了表格,要开展的工作还很多。前面提到过的课堂录像是帮助研究者获取真实课堂教学情况的观察数据来源,它不但记录了声音,还记录了非言语表情、周围环境等内容。人们常说"一图胜千言",事实的确如此。但是,一个课时有45分钟,内容实在丰富,有那么多的图像可筛选,而且每一帧图像的内涵又是那么的丰富,尽管我们都知道研究问题和文献综述可以作为编码的标准,但是最终究竟决定哪些内容需要编码,哪些内容可以舍弃是一项十分关键的任务。

就我自己的研究而言,我需要对如下内容进行编码,例如与教与学过程相关的讲授、讲授内容、活动种类、使用资源情况、教师角色、学生角色等等。第二步,我需要使用编码来为我提供可靠的信息,精确反映研究对象的教学方法。在我进行编码之前,我花了整整一周时间观看这些课堂录像,边看边做笔记。我也邀请我的同学跟我一起看录像片段,并围绕杨老师,马老师和吴老师这三位研究对象如何在不同语境下建构和实施他们各自的教法展开讨论。在对课堂实施编码过程中我又建立一个表格,对课堂录像从不同角度进行分析。表格中的要素有:时间、顺序、课堂组织、互动、活动类型、课堂内容和重点、教师角色、学生角色、教学资源等等。制作这样的表格有两个目的:一是概括每节课的结构和内容,为编码提供导向；二是表格本身就属于编码的一部分。有一些内容，我不需要回到录像中追溯内容就可以根据表格进行编码了。借助表格的帮助，我开始对课堂录像一节一节地根据种类进行编码。在这之后，我把初步完成的编码放在一起使用语言对其进行描述。之后，我把对编码的描述通过邮件发送给杨、马、吴三位老师，请他们确认所描述的情况与他们教学实际情况是否相符。据此，我通过文献和数据来尝试性地在这些主题之间建立关系，力求呈现每位教师实践综合的、可信的阐释。

此外，我还认真阅读1993年的中学英语教学大纲①、2000年修改版的中学英语教学大纲②、不同版本的英语教材、研究对象的教案和他们的教学日志。这些不同时期不同版本的教材和教学大纲为我梳理和分析我国中学英语教学方法在不同时期有不同表现和转向提供了蓝本，也为我分析和阐释杨、马、吴三位教师为什么要这样教，而不那样教提供了一个很重要的注脚。同时，杨、马、吴三位教师的教案和教学日志也帮助我进一步了解到他们的教学信念是如何指引他们开展教学设计，而他们的教学设计又是如何指导他们的课堂实践的。

指导学生分析数据

在我指导学生的过程中，我发现一些学生收集了大量数据，最后在分析数据时大有被海量数据淹没之感觉，喘不过气来，不知该如何下手。白桦在数据分析时遇到了类似的困惑：

"经过一年浸润式的参与观察、与钟教授的正式访谈及非正式交流、对六位不同年级博士同学的访谈，再加上大量的文本资料，我收集到的原始数据可谓是'堆积如山'，如何正确进行数据梳理和分析是我面临的最大挑战。

质性研究的数据分析包括对数据的组织、阐述以及解释。与量化数据分析相比，质化数据分析更具有解释性的特征，因此不能以正确或者错误来评判，它更多的是一种反思，是研究者与'去情境化数据'之间的互动。面对海量数据，如何对其进行组织和分类，使其既能以部分的形式予以呈现，又能形成整体的解读，对研究者是一个较大的挑战。"

面对学生们的困惑，我一方面重视对他们的数据分析进行技能培训，另一方

---

① 《全日制高级中学英语教学大纲》（初审稿）
② 《全日制普通高级中学英语教学大纲》（试验修订版）

面还反复提醒他们在这个过程中需要注意的细节。SLRC 每周二晚上的研讨会就成为交流学习的重要论坛,例如苏觉明的研究数据中包含有观察日记、田野纪录和访谈稿等,他在研讨会上结合他本人收集到的数据来演示他是如何使用 NVivo 来开展文本分析和内容分析的,苏觉明的分析超越了文本本身,还从方法论角度加以延伸和拓展。作为一种较为新兴的研究工具,苏觉明的尝试表明他在充分开放与使用研究工具,并让研究工具的效力发挥到极致,突破"工具理性"而启动学术想象力方面带了好头,为 SLRC 方法论创新产生了新的动力。访谈学习小组华鸿雁、侯文魁、石云峰和冉祺儿等同学对访谈资料分析方法做了较为透彻的展示,从内容分析法概念,到基于文本(text-driven)的内容分析法,再到问题驱动型(problem-driven)内容分析法,他们引经据典,既有理论又有实例,不仅锻炼自己,也给 SLRC 带来了清新的研究气息。

前面提到杨岚的研究涉及高校青年英语教师在论文写作和发表过程中的认知、知识储备、动机等问题,她的数据资料分析也颇具一波三折。首先,她按照所预设的几个主题对每一项里面的内容进行了编码:

"编码的过程特别纠结,内容太过繁杂,有些内容尽管不多,但是非常具体,又具有个性化特征,很难进行抽象的编码。编码之后,需要将编好的码进行归类,希望找到这些内容之间的共性,但我经常遇到不知道将哪个码归到哪一类的问题,只好邀请我的同门帮助我一起归类,经过内心不断的纠结挣扎,终于把编码都归类好了,完成了三级编码,并进行了统计分析。"

通过这些分析活动,杨岚学到了如何运用质化分析方法处理数据,掌握了质化研究的一些基本技能,也初步尝到分析的乐趣,她的分析结果折射出高校青年英语教师在写作过程中的一些共性问题,于是这些若隐若现的东西就慢慢地变成了她论文中的一些图表:

"然而,当我看着这些千辛万苦得到的图表,其中展示的内容并没有让我感到兴奋,我反而总觉得缺了点什么东西。这些数字和表格似乎不是我最开始想要的东西,我想倾听故事,但却得到了数字。忽然在某一刻,我跌入了情绪低谷,难道费了这么大劲,只得到了这样干巴巴的结果,我有点不甘心……"

在困惑之余杨岚开始反思,她把已经收好存档的原始问卷重新拿出来,不再对着 Excel 表里的一个个编码,而是把每一份问卷当做一个个故事来读。尽管故事篇幅并不长，但是读着读着，她似乎慢慢地透过这些故事感受到了问卷背后的一个个或许不曾相识的高校青年英语教师的人生，模模糊糊的脸便得清晰起来，陌生的声音变得亲切起来。她从字里行间仿佛看到冬季寒冷的夜晚既要带孩子又要写论文的母亲，她仿佛还看到孤身一人、不善交际的青年教师身影，踯躅前行在漫漫的科研盘山道上。杨岚强烈地感同身受，于是慢慢地，她就不再时时刻刻地把自己视为一个研究者了，有些时候她就这样静静地沉浸在故事里，这样她反而感受到了做研究的乐趣，感受到研究的意义。如果做研究能做到杨岚这个境界，真是人生一大快乐啊！

在对数据进行呈现时，我明确要求学生们做到"一目了然、引人入胜"。钱莺天资聪颖，行动能力强，办事效率高。当她的博士学位论文处在收尾时，我发现离送审还有大半年，有比较充裕的时间来修改论文。纵观钱莺的研究结果一章，我发现她在呈现量化研究结果时能够适当使用图表，但到了呈现质化研究结果时，她几乎是清一色的文字描述。于是我建议她也可以考虑使用一些表格辅助归纳和总结。同时，也可以选取几个含义鲜明的形容词来描述她的研究对象，然后使用表格加以呈现。

综上所述，我认为数据分析的关键不能过分依赖分析工具或软件，更重要的是要留心观察，用心思考，勤于动手，善于动脑，结合文献和研究问题进行编码和分类。整个数据分析的过程也应该高度透明，每一步、每一阶段都要交代清楚，避免"暗箱操作"，为确保数据分析的信度和效度还要做好"三角验证"。

五、学术伦理

"系统性"和"科学性"是研究的两个重要属性。从研究主题的确立、研究问题的生成、研究框架的建立、研究过程的设计到研究结果的呈现、分析和讨论,其中的每一步都不是凭空想象,需要事实、理论、哲学思维的支撑。研究需"有章可循"、需按照"套路"开展。研究结果是否有说服力、是否可以运用到更大、更广的范围内取决于研究的信度和效度。

信度与效度

任何研究都需要保证自身的效度(validity)和信度(reliability)。效度指的是研究中描述、结论、解释、推论的准确性或可信度。具体来说,效度包括:测量工具是否精确、所用的测量工具能否真正测出研究人员所希望测量的程度。效度还可以分为内在效度和外在效度。前者是指研究结果能被明确解释的程度,反映了研究结果所达到的科学性。而后者是指研究结果能否被推广到其他情境,反映了研究的社会价值。如果研究者太过埋头深入于研究场景或采用了研究对象的立场,都有可能对研究的效度发生威胁。因此,在阐释数据时,研究者应时刻保持局外者的怀疑精神。在应用语言学的研究中,检验效度的标准就是该研究是否准确反映了所研究内容的真实情况。

信度,简言之就是测量数据的可靠程度。在质化研究中,研究者的记录资料与自然背景中实际发生事物的吻合程度视为其信度。影响质化研究信度的因素主要有以下几点:①研究者在不同时间和地点是否可做出相同的观察与诠释;②当研究者在观察期间注意到其他现象时,是否还会对之前所见的现象做出相同的观察与诠释;③当另一研究者以相同的理论架构观察相同现象时,是否会以相同的方式加以诠释。为了保证研究的信度和效度,我经常用下列问题提醒学生们:

- 我的研究是否对不同研究对象或是在不同时间采取相同的标准来开展

研究？
- 我持有的"标准"是否和其他研究者(在同一研究范式中)存在共识？
- 我观察几个不同研究对象时,是不是对他们采取"一视同仁"的编码标准？
- 我在做实验时,是否在做前后测时执行了"一以贯之"的标准？

没有效度和信度,研究就失去意义

保持信度和效度不是一时一事上的表现,而是要保持逻辑性和连贯性的延续。为了确保我的博士学位论文具有良好的信度和效度,我尝试了四种方法:①我收集了访谈、课堂观察和文献等数据,从多维的数据角度开展三角验证来确保我的研究信度和效度;②为了提升效度和信度,我还把数据转写,数据分析和阐述分别邮寄给我的三位研究对象审阅;③我邀请专家学者、同事同学来听我的研究汇报,以此来收集不同的意见,反思和改进我的分析和诠释;④根据 Bob 和 Chris 的教导,我告诫我自己要认清我的价值观有可能会影响到研究的开展和结论,所以一定要尽可能保持客观,不要带有有色眼镜看问题,不要"先入为主",要不断通过反思来排除自己的偏见等。

在指导博士生的过程中,我也反复提醒他们要注意研究的"效度和信度"。我对他们提出两点要求:第一,在研究中铭记保证"效度和信度"这一原则;第二,在自己的论文中,要具体描述自己是如何做到这一点的。譬如鲁南在设置研究问题时,我发现他的三个研究问题存在术语表述不一致性的问题,有时使用"外语",有时使用"英语",有时又使用"二语"。如果连自己的研究问题都没有逻辑性,谈何能保持研究的信度和效度？鲁南是这样反思的:

"既然自己的论文选题是关于英语学习的研究,扩大到整个外语领域是显得突兀。我跟郑老师交谈之后,觉得外语也好,二语也好,最终都要梳理统一到英语这一核心词项下,这样才和我的论文主题相吻合,因为我的论文核心词是'英语学习者'。坚持一个真字,去掉花里胡哨的花架子。事实上,这正是我的自我纠结所在。由于所阅读和参考的文献中对此没有明确的界定,我就想随大流。导师的话提醒我既然研究的是英语,就应该是英语,因为我没有想研究日语、德语、法语或其他外语的。这对于我而言,是非常重要的一课。做学问要实事求是,不能随波逐流,不能摆花架子,这就是学术规范,这就是老师为我的论文信度和效度在把关。"

有些学生在收集数据时遇到了研究者角色定位的问题,他们大多是从事过英语教学的教师,在观察课堂活动或者采访研究对象时,会不由自主地将自己的经历带入到活动中去,有时甚至会不自觉地通过言语引导研究对象作出某种回答,这是一种不由自主的主观性体现,是质化研究中要尽量避免的。华鸿雁在研究场地就有过这样的表现:

> "我偶尔会不自觉地'感情用事'。比如,我会选择或更关注那些引起我共鸣的资料;在不经意中把研究参与者当成我的代言人,借他们之口说出我想说的话,发出我内心的声音,把自己的声音当成他们的声音;我也许还会以过来人的身份自以为理解了他们的话,其实很可能反而误解了他们所要表达的意义;另外,我的研究对象也许会为了'帮助或配合'我或'避嫌',选择说或不说什么。"

丁灵博士在收集访谈数据时,采取了稳扎稳打的访谈方法,即采用分主题的半结构式方法来获取数据。第一轮访时她谈围绕教师职场学习这一研究主题,让访谈对象尽可能多地谈论其经历相关的背景信息;第二轮访谈聚焦于社会、教育和学校背景下高校英语教师职场学习的具体细节,重构其经历过程,描述实际工作和学习状态,力争尽可能全面地重构教师在其整个职场学习过程中的经历细节;第三轮访谈着眼于促使教师反思他们职场学习经历对其专业发展的意义,了解他们对自己经历的理解并赋予其意义。这一过程本身就是一种相当不错的三角验证数据收集法,为分析数据和阐释数据打下牢固的前期基础。

再比如,由于彭冬梅等人在访谈过程中使用的是汉语,而他们的博士论文却是使用英文撰写而成的,所以我要求他们要在附录中挑选一部分汉语原文,并附以英文译文,而且译文要请英语语言专家认可,这样效度和信度才有保障。侯文魁在调查外语科研写作中引言和结论的呼应情况时,他在文章中不单呈现了如何收集 CSSCI 数据库中的文章,还提出"和团队其他同学对不确定的地方进行商讨并达成一致"的做法,这也是保证数据收集和分析效度和信度的一种努力。

我认为研究者丰富的生活经历和研究经验对自己开展研究来说是一种资源、一种优势,但要正确地驾驭和使用这种资源,不然则有可能走向相反的一面。所以,我反复提醒学生们在开展访谈时要注意措辞和细节问题,不要把自己的想法在不经意中强加给受访者,要尽可能避免共情影响的因素。

学术伦理

学术研究中的伦理道德(ethical concerns)近年来引起越来越多的关注。学术伦理问题植根于社会科学家要研究的问题和他们使用何种方法获取有效的、可信的数据。这就意味着研究的每个阶段都会涉及不同层面的伦理问题：比如研究本身/本质（例如研究不同性别的智力差异）、研究场景（例如研究少年看守所里发生的事情）、研究程序（例如在教室里摆放摄像机进行课堂录像）、研究对象本身（例如有心理障碍的青少年）、获取的数据类型（例如关于个人隐私或者敏感信息）、如何处理数据（例如发表在公开场合导致研究对象尴尬）等等。在质化研究中，研究者采用的主要数据收集手段是访谈法、观察法和书面材料分析。这几种方法的使用过程中也设计大量的伦理道德问题。例如，在开展正式的研究之前有没有向研究对象递交书面的声明、请求和保证；对访谈的录音是否在受访者知情并同意的前提下开展的；访谈问题是否设计个人隐私及敏感话题；在实施观察时是否影响到研究对象的日常生活；获取书面材料是否征得当事人的同意；撰写实验报告时涉及的研究对象是否采用匿名等等。

我对待研究伦理问题的态度

在我的博士论文中，我也特别注意学术伦理这方面的问题。我的具体做法有如下几点：第一，我给研究对象都发出正式的书面邀请，写一份书面声明，承诺收集资料只用在我的博士学位论文研究上，不做任何他用；第二，在录制课堂教学之前，我还获得研究对象各自所在单位的同意；第三，在请别人替我录制课堂教学的时候，我要求操作人员注意很多细节：如提前几天到达教室随堂听课，使师生尽量适应外人的存在；操作人员提前五分钟到达教室布置好机器；摄像机摆放在教室后排，尽量不打扰正常教学等；第四，在撰写论文时，所有涉及的人员均使用化名。研究过程中注意这些细节是一回事，而在撰写论文时，还要注意把这些细节落实到书面文字上来，确保研究伦理的"透明度"。我在我的博士学位论文第四章"研究方法"中多次反复提到我这些细节问题，来确保学术伦理的落实。

指导学生注重学术伦理

指导学生撰写博士学位论文时，我总是不厌其烦地提醒他们一定要遵守学术伦理，并做好细节工作。例如，在布置学生们进行访谈练习时，我事先提醒他们访谈之前要表明研究目的，并要征得被访谈者同意之后才能进行录音。石云峰等人开展课堂观察之前，我多次提醒他们尽量不要影响正常的课堂教学活动。由于平素反复交代，大多数学生在学术伦理这一方面的意识有明显的增强。如苏觉明研究的是高等教育中外语类博士生学术成长的话题，其中涉及到部分上外的研究生和导师，一开始他只对学生采取化名，了解情况之后我就提醒他导师的姓名同样需要用使用匿名。此外我反复强调学生们在撰写论文的过程中一定要增加"学术伦理"这一小节,从原理和实践上把道理讲清楚。田野、丁灵、鲁南、郝海涛、单芸芸和苏觉明等人的博士学位论文都较好地体现了这一点。

还有一个有趣的例子。今年 SLRC 学术共同体来了一位从事手语研究的博士后凌翰,他在 SLRC 一次研讨会展示中,向大家介绍了他在研究失声人士使用手语交流时,这些人是怎么样使用口型辅助来表达思想的相关研究。在凌博士的演讲中,我们看到他使用视频截图,观察研究对象如何使用口型辅助表达思维的具体动作。在演讲结束时,大家都对他的研究表示兴趣,但也有一些学生提出这样的疑问:在凌翰的论文和展示汇报中,并没有对视频进行处理,遮挡研究对象脸部关键位置眼睛,以示对研究对象的隐私进行保护。学生们都知道在实证研究中我们可以使用化名来代替研究对象的真实姓名,以此来体现对他们隐私的尊重。而遇到像凌博士这样的情况,大家就不知道该如何处理。听到这样的讨论,凌翰表示:这的确是一个需要考虑的问题,但由于他的研究特别需要让人看清楚受试者的面部表情,尤其是眉角的动作都很重要,如果对他们的双眼进行遮挡处理,就无法很清楚地呈现。凌博士还解释说他对研究对象进行录像之前已经支付过一笔劳务费,并征得他们的同意,才使用他们的视频截图(仅限于研究使用)。凌博士这样的回答消除了大家的疑虑,我也为学生们在学术伦理方面敏感度的增强感到由衷的高兴。

由此看见,效度、信度、学术伦理等都是科学研究中的重要环节,研究者必须强化自己的意识,在开展研究时要充分考虑到这些因素,在撰写论文时认真汇报这些细节,这对保证研究结果的科学性、展现个人研究能力、方便他人开展复制研究都有着重要的意义。

篇末语

"不登高山,不知天之高也;不临深溪,不知地之厚也。"人文研究的魅力在于学生在接受系统的研究方法训练后可以自信地走向田野,"做中学,学中作"。在开展研究中遇到的各种复杂境况、不确定性甚至是挫折都是研究者反思和成长的宝贵素材。

本篇中,我首先从宏观层面阐释了不同的研究范式,也从微观层面介绍了各类研究方法和手段;接着我结合自己的亲身经历和学生的研究故事讲述"进场"之准备、实践和反思的故事;我还分享了如何在数据的汪洋大海中找到方向,不断梳理、分类、重构,形成新的理论;最后我提及人文研究中的严谨问题和伦理问题。凭借我本人的经历和感悟,我将这些理论内化,讲解给我的学生,并给予实际指导,如此循环往复,以期提升。下一篇章中,我将分析博士论文的宏观结构、微观结构和一些具体的写作技巧。

第五篇　知行合一,砥砺前行

沉舟侧畔千帆过,病树前头万木春。
今日听君歌一曲,暂凭杯酒长精神。
——刘禹锡

《庄子·内篇·养生主》中有这样的故事:"庖丁为文惠君解牛,手之所触,肩之所倚,足之所履,膝之所踦,砉然向然,奏刀騞然,莫不中音。"说的是有一个名叫庖丁的厨师替梁惠王宰牛,手所接触的地方,肩所靠着的地方,脚所踩着的地方,膝所顶着的地方,都发出皮骨相离声,刀子刺进去时响声更大,这些声音没有不合乎音律的。"庖丁解牛"的故事说明世上事物纷繁复杂,只要反复实践,掌握了它的客观规律,做事就能得心应手。

如果把博士论文写作比作一项浩大的工程,那么博士生在完工之前需要经历周全的谋划、缜密的布局、精确的实施和反复的修缮。倘若能掌握博士论文撰写的"规律",就能相对从容地应对了。"下笔有神""妙笔生花"被人们用来描述娴熟的写作技巧。写作反映心智,写作需要技巧:它是利用语言文字符号作为表达方式,用来反映客观现象、表达个人思想、抒发写作者情感的载体。博士论文是学术写作的一种,承载了博士生数年学术训练和研究活动的成果,也从一定程度上体现了博士生学术素养、语言表达能力以及研究的扎实程度。因此,从某种程度上说,"写"比"做"更具挑战性。博士论文有其自身的结构和特点:文献综述是否只是文献的罗列和堆积?如何提出"可操作""有价值"的研究问题?透明的研究过程应当包括哪些内容的介绍？研究结果如何呈现才够清楚？如何结合数据、文献和哲学思考让自己的讨论使人信服？这些细节往往都是博士生需要注意的。而论文的反复修改过程恰如作者与文献、与读者、与自己的深度对话。而完成厚重的博士论文恰恰是博士生崭新研究生涯的开端，在研究与撰写中创造更丰硕的学术成果。

  在前面几个章节中，我从不同的角度和程度上多次涉及诸如研究选题、文献综述、研究框架、研究问题、研究方法、数据收集、数据分析、讨论等问题。在本篇中，我将着重介绍博士论文的篇章结构、分析文章撰写中可能出现的问题、强调修改对于论文的重要性、谈及毕业论文答辩的准备和博士论文的成果转化。通过理论、阐释和具体事例的展现，希望对学术论文写作有所启迪。

一、宏观布局

博士学位论文是博士生培养系统的重要内容之一，是博士生在完成系统学习和训练之后需要使用书面形式完成的成果。它要求博士生在导师的指导下，选择"可研究""有价值"的研究方向，开辟新的研究领域。较学士学位论文和硕士学位论文而言，博士学位论文对作者提出了更高要求，完成一篇合格的博士论文意味着作者能够在本学科的专业领域具备厚实的理论知识，对所学专业的理论知识有一定深度的理解和思考，同时还要具有独立开展科学研究的能力，能够为所在学科领域提出独到的见解和一定原创性的科研成果。因此，博士论文具有更高的学术价值，对学科的发展具有重要的助推作用。

具体地说博士学位论文是对知识原创性的贡献，是试图"说服"的过程，而"说服"的关键则在于选题新颖、文献丰富、设计合理、资料详实、数据准确、思路清晰、逻辑清楚、论证充分、结论正确、认识局限、结构完整、行文优美、图文并茂。真正能做到上述每一项，实属不易。

博士学位论文的基本结构

着手撰写博士学位论文之前，学生们要考虑一个常被忽视的问题：论文写给谁看？为政策制定者提出研究报告是一种写法，和同行交流取得同行认可又是另一种写法。博士生学位论文写作中最不可取的倾向就是自觉或不自觉地把普通大众当作心目中的读者，把论文看成一本专著。事实上，博士学位论文的首要目的是为了表明研究生本人的研究工作能力和论文学术水平已符合博士学位的要求，心目中最重要的读者应是论文评阅教授和答辩委员会成员，交流是次要的。通常地说，博士学位论文是由摘要、引言、文献综述、研究方法（设计）、研究结果（研究发现）、讨论、结语、参考文献和附录等部分构成的。

初到港大，我的导师 Bob 就特别明确地告诉我博士学位论文的基本结构。我记得很清楚，在第一次咖啡学术漫谈中，Bob 用黑色的圆珠笔在洁白的笔记本上画了博士学位论文章节结构图,有绪论、文献综述、研究设计、结果、讨论和结论等六个章节,随后他一切的指导都围绕着这些章节展开。其中有一点特别需要交代的是,Bob说,这些章节的撰写不是线性的,即不是从第一章写到最后一章的机械过程,而是交叉往复的一个过程,即可以先写研究方法的部分小节,再写文献综述的部分内容,又写研究方法中的另一部分小节,如此循环往复。Chris更加具体地告诉我港大对博士学位论文的基本要求:一篇完整的博士学位论文通常不能少于五个章节,如果数据庞大,需要分开分析讨论的话,也有可能分成六个章节,甚至有时可能长达八到九个章节。Chris说,通常英国体制的博士学位论文大约要写到300页左右,再加上附录等可能要长达350页。说完这些,Chris从书架上取出她的博士学位论文,翻到最后一页一看,果然超过300页。我当时问了Chris这样一个问题:既然每个章节的内容都不相同,为什么不赋予每个章节个性化的标题,而是千篇一律都写成"文献综述""研究方法""数据分析""讨论"等。Chris回答说,每个章节按照规定的标题来写是答辩委员会专家教授必须通过这几道程序来考察学生的理论水平、文献甄别、哲学思考、方法应用、数据分析、思辨整合、批判创新等能力,如果每一章节的标题五花八门,没有一个统一的"帽子",就会容易跑题。Chris又补充道,当然到了整体论文全部写完可以提交时,也可以适当根据自己的内容来调整标题,争取彰显一定的个性。事实上,我的论文目录中就没有"文献综述"这个标题,取而代之的是"作为英语语言教学的教学法"和"英语教学中的教师教法"。此外,我的研究结果也是分别使用杨、马和吴老师的名字命名的,从某种意义上也体现了章节标题的可变通性。

章节之间:独立性、关联性和逻辑性

学术论文写作有很多种类型,比如学位论文、期刊论文、会议论文等。学生们通常对学术论文写作有"畏惧感",这是因为他们对论文基本结构的功能和作用了解不够到位。实际上,大部分学术论文写作都遵循一个原则,用视觉化效果呈现就是一个"沙漏"形状(图10)。

引言作为博士学位论文的重要组成部分,旨在向读者说明学位论文的缘由、目的、意义、选题范围、研究定义、研究方法和论文结构等,引发读者对相关研究问题的兴趣和重视。论文焦点就是我们要写这篇论文的主因和目的。我们希望读者在这篇论文当中获取什么的信息?在我们呈现的论述理由中,哪些内容最为重要?在实验论文(报告)中,论文焦点就是我们提出假设的过程——通过实

验来证明有了什么样的结果？在其他格式的学术论文中，论文焦点也有相似的目的，通过论文中的证据我们可以得到关于论文焦点的什么样的启示？论文主体部分的篇幅要占整体论文的大头。主体部分是沙漏形状中较为狭小、具体的部分，表明要详细论述。一旦形成了论点，接下来就应该继续呈现具体的事实、证据、说理来支撑观点。凡论文中所提供的事实和证据都要和论点息息相关。结论是论文的收尾，一般包括三层意思，其一是通过研究得到什么结果，主要重申论文的观点，让读者感觉到文中所有的观点和事实都是围绕这个观点展开的；其二是为什么这个选题很重要，给我们带来什么样的理论启示和实践指导；其三就是通过这个研究，人们未来还可以展开哪些具体的探究。很多时候，结论部分是引言部分的一面镜子，二者之间相互呼应。

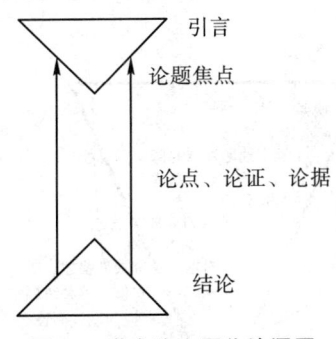

图 10　学术论文写作沙漏图

通过图 10，我们可以发现沙漏的顶端部分口向下逐渐收窄，而底端则逐渐变宽阔起来，这表明博士学位论文通常使用演绎和归纳的方法来说理的。论文选题和研究问题通常来自文献，针对前人研究中已完成和未完成的内容展开步步为营的综合梳理，找出研究空隙，厘清需要使用什么样的理论视角和研究方法来开展这一研究，其间应该关注哪些因素、哪些变量，需要搭建什么样的概念性框架作为研究出发点，需要收集哪些数据和资料来回答研究问题等。到了收尾的时候，则需要把具体化、属地化、区域化的数据分析整合起来，逐渐抽象化而试图形成一个具有普适性的理论或观点来证实论文的观点如何在更广阔的平台里应用。

帕尔特里奇和斯达菲尔德[①]使用沙漏图总结并阐述了学位论文中的"沙漏"

---

① Paltridge, B. & Starfield, S. 2007. *Thesis and Dissertation Writing in a Second Language: A Handbook for Supervisors*. New York: Routledge.

结构(图11):

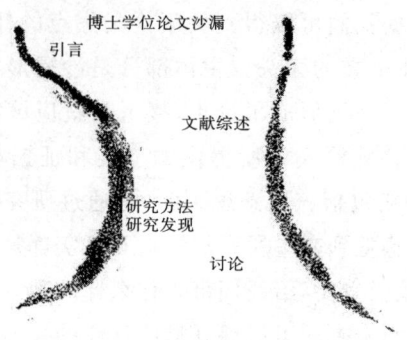

图 11　学位论文沙漏结构

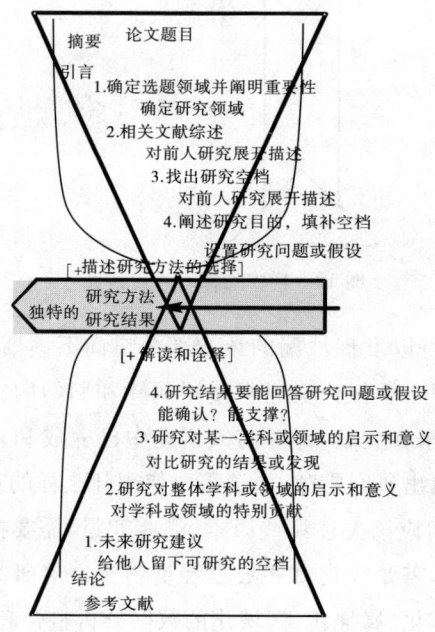

图 12　学位论文沙漏结构详解

图 12 一目了然地告诉我们博士学位论文撰写要围绕论文主题展开,首先是引言部分,在这个相对宽泛的区域我们需要介绍的是问题所属的领域、问题的重要性、回顾有关文献、发现某个研究空隙(research gap/space)、声明自己的研究目的(弥补研究空隙),包括列出研究问题或假设。从引言到研究问题的过程是一个由抽象到具体的过程。随后是沙漏结构中最狭小、最聚焦的部分,围绕研究

问题展开的研究方法和研究设计,这一步是博士学位论文体现原创性的核心部分,接着通过科学和客观的数据分析得到研究结果。得到具体研究结果之后,我们需要将其诠释、凝练、升华到宏观层面:研究结果是如何与研究问题/假设结合的?研究结果对于某个知识领域的贡献和启示是什么?对于更广阔的领域(如由局部到全局)的启示又是什么?对于未来研究有什么建议?最后是文章的结论,从研究设计到文章结论是一个从微观到宏观、具体到抽象的过程。

二、微观解构

前面一节提到博士学位论文的基本结构是由摘要、引言、文献综述、研究方法(设计)、研究结果(研究发现)、讨论、结语、参考文献和附录等部分构成的。当然,除此之外还包括博士学位论文的封面、目录、谢辞、中英文摘要及关键词、图表及目录等。结合我个人在港大撰写博士学位论文的经验,我指导学生们一定要以严谨科学,攻坚克难的心态投入到撰写论文的每一个部分之中,要尽量做到科学性、学术性、创造性、逻辑性、系统性、准确性、有效性、鲜明性、可读性、生动性和实用性。具体地说,就是论文的内容要可靠,数据要准确,描述要客观,要善于运用新思路去论证新观点,揭示新规律,在思辨过程中要做到思路清晰,推导合理,要提高演绎、归纳、概括、论证和凝练等能力,结构要严谨,引用要规范,编排要认真,哪怕是一个标点符号也不能马虎放过。鲁迅先生曾经说过:"文章在送去发表之前,至少要修改二十遍。"文章只有不断修改,千锤百炼才能做到日臻完善。下面我将就博士学位论文中的主干部分展开微观解构。

摘要是论文的浓缩

博士学位论文摘要是整篇论文的高度浓缩,它反映了作者的学术研究能力和功底。在摘要中作者要言简意赅,准确达意,迅速明确地将其研究目的、方法、结果和结论等内容传递给读者。巴提亚[①]是较早总结出论文摘要包括"引言—方法—结果—结论"四个语步的学者(见表8):

---

① Bhatia, V. K. 1993. *Analyzing Genre: Language Use in Professional Setting*. London & NY: Longman.

语步(Moves)	描述(Descriptions)
M1. 介绍研究目的	研究目的、假设、研究目标
M2. 描述研究方法	研究设计(数据、研究步骤、研究方法、研究范围)
M3. 总结研究结果	观察、发现、解决问题的途径
M4. 陈述研究结论	结果、启示、应用

表 8　摘要的基本语步

国内也有学者对于学术语篇中的摘要部分展开研究,其中叶云屏和柳君丽[1]的研究最能体现博士学位论文摘要的全面性,她们总结出博士学位论摘要有七个步骤,即引言、目的、方法、结构、结果、结论和评价。博士学位论文的摘要最好不要太长,控制在 500 字以内。Bob 和 Chris 两位导师交代我最好在完成整篇论文之后再回头写摘要,这样能够做到胸有成竹,把握全局,简明扼要地向读者传递论文的最重要信息。

我有一部分学生使用中文来撰写博士学位论文,在完成中文摘要之后,他们还要提交一份英文摘要。我提醒他们中英文摘要内容要一致,但不要限于中文摘要的直译(word-to-word-translation),要符合英语表达法,语法要规范,时态不要用错,即一般现在时用在目的、方法、结果及结论部分,一般过去时则用在背景介绍部分中,同时还可以使用被动语态,避免出现 we 表达方式,将需要强调的事以主语的方式凸显出来,有利于说明事实。下文中的英文摘要选自我的博士学位论文[2](Zheng Xinmin, 2004,下同),共 361 个字,仅供参考:

英文摘要实例(选自郑新民博士学位论文,2004)

Abstract

A review of the research literature shows that the implemented pedagogy of English language teachers in secondary schools in the People's Republic of China (PRC) is neither widely nor well studied. By tracing innovation and change of English Language Teaching (ELT) in China and

---

[1] 叶云屏、柳君丽. (2013). 博士学位论文摘要的跨学科语类分析对 EAP 教学的启示. 外语界, (4):81—89.

[2] Zheng, X. M. 2004. *Pedagogy and Pragmatism: Secondary English Language Teaching in the People's Republic of China*. Unpublished PhD Dissertation, The University of Hong Kong.

internationally, this dissertation attempts to explore the implicit, complex, and dynamic dimensions of implemented pedagogy, which is viewed as an internal, personal construct in contrast with promoted methods, which are viewed as external and generalized. This study is considered to be significant because it provides insights into the complexity of the genesis, nature and impact of implemented pedagogy and challenges the stereotypical portrayals of English Language teachers in the PRC in the literature.

This dissertation investigates the contrasting pedagogy of Mr Yang, Miss Wu, and Ms Ma (all pseudonyms), three secondary school teachers of English in Fuzhou, the capital city of Fujian Province, PRC. Through an exploration of the teachers' beliefs, designs and practices, this dissertation examines how the teachers reconciled changes in the intended curriculum (e. g., the 1993 English Curriculum and the revised 2000 English Curriculum) and promoted methods (e. g., communicative language teaching and task—based learning), with unchanged assessment expectations (e. g., the rigid national college entrance examination) and the complex and highly situated demands of the contexts in which they worked. The findings demonstrate that English language teachers in the PRC are open to new teaching methods. However, the process of their pedagogical change is not radical, but incremental and pragmatic, constrained by internal, external and situated forces.

Tentative explanations for the results are given in the discussion chapter, which addresses the dynamic entities of implemented pedagogy theoretically and practically. The dissertation proposes that a comprehensive understanding of the implemented pedagogy of secondary school teachers of English can enhance the understanding of ELT pedagogical change and implementation in the PRC, give assistance to teacher educators and publishers in providing teacher support, and provide curriculum planners with information in designing future curricular reform. Moreover, a better understanding of the implemented pedagogy of secondary school teachers should facilitate the proposed reform of the national assessment system to complement the curriculum reform in a more coherent and harmonious way.

引言需要有"套路"

　　引言又称绪论或导言，作者通常要在引言中讨论包括研究背景、选题目的、文献概览、研究问题、研究方法、研究意义和章节结果等。有时，作者也可将研究定义或研究概念，以及研究范围和限制等放在引言中进行交代。在撰写引言时，作者可突显选题对增进学术知识和解决问题的贡献，从理论基础和实践价值两方面阐述研究的功用、价值和预期成果，从而引发学界和读者对相关问题的重视。有必要指出的是，引言部分只需要描述，而不需要展开叙述，其篇幅不能过长，一般小于整篇论文的10%，道理很简单，如果引言太长了就会影响其论文其他部分的篇幅。

　　在日常生活中，我们经常听到人们说办事要讲套路，所谓的套路其实就是指一定的规则或规律，论文撰写也是如此。那么论文引言中的"套路"究竟是什么呢？斯韦尔斯[1]经过对期刊论文研究后总结出他所认为的套路，即"CARS 模式"(creating a research space)，在此基础上达德利·艾文思[2]又提出了硕士论文引言部分的套路，即"六语步模式"，艾文思认为硕士学位论文引言的 M5 和 M6 是 CARS 模式中的 M2 和 M3 拓展和细化，由于期刊论文和硕士论文的篇幅不一样，在期刊论文中只能采用一个语步来达到的交际目的，而在硕士论文中则对应使用了四个语步来实现。建立在斯韦尔斯总结出来的引言套路上(如表9)，班顿[3]对不同学科(包括社会科学、艺术、医学、工程学等)共 45 篇博士论文的引言章节做了分析，发现部分学科中出现了新的语步套路，如"术语界定"和"产品应用、评价"等，另外她还发现博士学位论文引言中经常出现语步组合的循环，最常见的是在 M1 和 M2 之间的循环。之所以列举了上述几种论文引言的套路，意在说明学术论文引言撰写是有其独特的规范，遵守这些写作套路，就能

---

[1] Swales, J. M. 1990. *Genre Analysis: English in Academic and Research Settings*. Cambridge: Cambridge University Press.

[2] Dudley-Evans, T. 1999. *The Dissertation: A Case of Neglect?* In P. Thompson (Ed.), Issues in EAP Writing Research and Instruction. UK: CALS.

[3] Bunton, D. 2005. The Structure of PhD Conclusion Chapters. *Academic Journal of English for Academic Purposes*, (4): 207—224.

更快更好地完成论文撰写。当然,每一个研究都有其独特性,所以在撰写引言时,也不能完全拘泥于这些套路,要学会灵活使用,灵活处理,才能收到好的效果。

语步(Moves)	步骤(Steps)
M1. 确立研究领域	S1. 建立中心议题,并/或 S2. 概括论题内容,并/或 S3. 回顾前期研究成果
M2. 设置合适的地位	S1. a. 反面论证,或 S1. b. 指出研究差距,或 S1. c. 提出问题,或 S1. d. 继承前期研究传统
M3. 占据研究地位	S1. a. 概述研究目的,或 S1. b. 通报当前研究状况 S2. 通报主要发现 S3. 介绍论文结构

表9 引言的基本语步

下文中的英文选自我的博士学位论文引言中的第四小节,基本上包含了表8和表9中的M2和M2,供参考:

英文引言的实例(选自郑新民博士学位论文,2004,下同)

1.4 The aim, scope and significance of this study

The present study fills this gap by exploring the nature of the implemented English language curriculum, with a particular focus on the pedagogy of secondary school teachers in the PRC. The aim of this study is not to explore the effectiveness of the implementation, nor what methods would enhance this effectiveness, but to explore the effects of the 1993 English Curriculum on ELT in the classroom, how teachers in different situations with different backgrounds and motives approach the implementation of the curriculum, how they make decisions about what and how to teach, and adapt the promoted methods in their individual teaching environments. In other words, this study focuses on how the teacher becomes the decision-maker and how the promoted methods and implemented pedagogy interact with each other and affect each other.

This study adopts the conceptual framework used by Adamson and Davison①(itself adapted from Johnson②) who analyzed reforms in the English language curriculum for junior secondary schools in China at two levels, that is, the process and the product. Adamson's study focused on the intended curriculum and its relationship to resources and syllabuses. In contrast, this research study focuses on implemented curriculum and the relationship between curriculum and teaching materials, teachers' lesson planning and teaching acts. The scope of the study is shown in Figure 1.1.

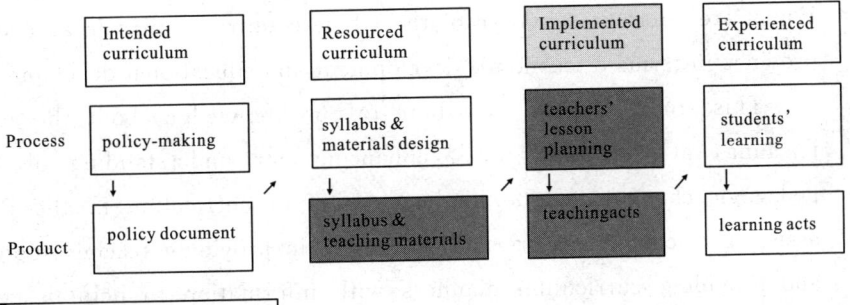

Figure 1.1 The scope of this study(adapted from Adamson & Davison, 2003, p.31)

As the aim of this study is essentially exploratory and social in orientation, the research methodology adopted is primarily qualitative and case study. The main research question is as follows:

To what extent and why has the pedagogy of English language teachers in the secondary schools in the People's Republic of China changed as a result of curriculum innovation and change?

---

① Adamson, B., & Davison, C. 2003. Innovation in English language teaching in Hong Kong primary schools: One step forward, two steps sideway? *Prospect*, 18(1), 27—41.

② Johnson, R. K. 1989. A decision-making framework for the coherent language curriculum. In R. K. Johson (Ed.), *The Second Language Curriculum*. Cambirgde: Cambridge University Press.

This research study adopts three main data collection techniques, namely, semi-structured interviews, videotaped lesson observation and documentary analysis of the three case study informants' lesson plans and teaching logs, which were used to examine the teachers' pedagogical beliefs and practices.

The study is set in Fujian Province, the annual GDP output of which stands in the 10th position among the 33 provinces and autonomous regions in the PRC. Although teachers' qualifications and teaching pedagogies in Fujian are not representative of the whole country, Fujian is an average province in terms of economic development and educational development.

This study aims to contribute to our knowledge about the act of teaching, at the same time, enhancing our understanding of ELT pedagogic change and the implementation of curriculum in the PRC, assisting teacher educators and publishers in providing teacher support, and providing curriculum planners with information to help designing future curricular reforms.

文献综述：既要综，更要述

文献综述在博士论文写作中占据着重要的地位，是其中的一个重要章节。文献综述的好坏直接关系到论文的成功与否。文献综述通常是指在全面搜集、大量阅读相关研究文献的基础上，经过归纳梳理、分析鉴别，并对拟要研究的问题在一定时期内所取得的研究成果、存在问题以及新的发展趋势等进行系统性、综合性的叙述和评论，即所谓的"综"和"述"。"综"要采集众家之言，综合分析整理；"述"则是论文作者的观点和实践经验对文献的观点、结论进行叙述和评论。文献综述过程中最易犯忌的是大量罗列堆砌文章，不敢开展正常的学术批评、绕过研究冲突另辟蹊径、因资源不足而宣称某种文献缺乏。一个成功的文献综述，能够以其系统的分析评价和有根据的趋势预测，为所选课题的确立提供强有力的理论/概念框架支持和论证。

事实上,文献综述也是有套路可循的,欧康奈尔和金[1]以五位中国留英硕士生为例分析了这些中国留学生论文文本中的宏观结构和语类特征,提炼出文献综述部分的基本语步结构(如表 10 所示),可以供我们撰写文献综述一章时参考:

语步(Moves)	语阶(Steps)
M1. 申明主要问题	S1. 目的和目标 S2. 论文观点 S3. 研究问题 S4. 引用发现 S5. 背景信息 S6. 介绍
M2. 有关主要问题的主要结果	S1. 认定研究空隙 S2. 研究问题 S3. 观点和对立观点
M3. 对研究结果的批评分析	S1. 观点和对立观点
M4. 认定研究空隙	S1. 引用之前文献 S2. 建议 S3. 整合
M5. 总结并过渡到下一部分	S1. 指出下一部分 S2. 未来框架 S3. 个人观点 S4. 建议 S5. 假设(可选) S6. 研究问题(可选)

表 10　文献综述的基本语步

有学生问究竟如何才能撰写好文献综述,我想除了前面讲到的注意事项,借鉴专家学者总结出来的文献综述的基本语步之外,还要多读文献,尤其是 SSCI 论文和国外知名大学的博士论文。另外,还要学会使用一些软件来帮助自己梳理文献,如 EndNote,CiteSpace,X-mind 等,用各种图形、模板把文献中的概念、研究的历史发展脉络和前沿梳理出来。图表是文字的生动体现和高度凝练。如

---

[1] O'Connell, Fionnuala & Jin, Lixian. 2001. *A Structural Model of Literature Review: An Analysis of Chinese Postgraduate Students' Writing*. Paper presented at the BALEAP Conference, Sheffield Hallam University, Sheffield UK.

果能化繁为简,用一张图来阐述需要用文字描述的内容,这才是真正意义上的理解。图13就是文献综述的一种思维导图:

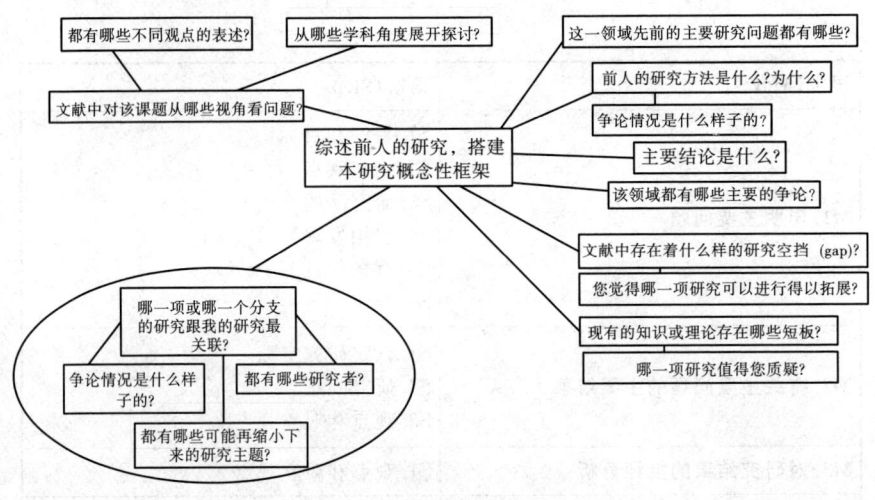

图13 文献综述思维导图

这张图框中有不少文字,乍一看令人望而生畏,但是如果我们耐着性子细细地品读就会发现其中蕴含着撰写文献综述的核心要旨。文献综述在论文写作中有着十分重要的地位,它不仅帮我们厘清研究的来龙去脉,而且可以为我们的研究搭建好概念框架,以此来指导研究。那么文献综述应该怎么"综"、怎么"述"才最合理呢?钱莺在SLRC交流会上是这样说的:

"这张图清楚地告诉我们应该如何梳理文献的框架:①理清领域内对我们所选定的研究主题都有哪些主要观点、核心概念、热点议题及领军人物;②综合就该研究主题都有什么样的研究问题、研究结论;③分析其他学者是如何就该主题进行研究的;④指出目前领域内对该研究主题的讨论还比较欠缺的方面,在此基础上提出自己的研究问题。文献综述部分不是引用的越多越好,我们应该选择近些年与自己研究息息相关的优质文献。课上郑教授在讲述这张图的过程中指出:文献综述避免过于主观,最好让文献"活"起来,通过它们之间的'互相对话',来实现'综'与'述'的目的。"

此外在撰写文献综述时,我们还应该要注意以下几点:

• 文献综述要注意关联和焦点;

- 文献综述要用主题来建构；
- 体现作者对相关文献熟悉度；
- 文献综述章节要有一段引言来描述综述的步骤和内容；
- 文献综述必须包括最新文献和研究；
- 文献综述必须开展批判；
- 表明作者对相关研究的赞同或批评(批评要委婉)；
- 文献综述必须有总结；
- 文献综述必须找出研究空隙；

文献综述该占多少篇幅？

尽管前面提及现在有可视化软件 CiteSpace 的出现，可以用来帮助我们开展文献综述的部分环节，但是这种软件绝对不可能完全取代学生思考加动手整理文献的具体过程。对于博士生而言，学会撰写文献综述是他们批判性思维养成的最佳锻炼形式。无论是国内学术论文还是国外学术论文，无论是期刊论文还是学位论文，文献综述通常是除了引言之外的开篇。在有些期刊论文中，由于受篇幅限制，也可能将引言和文献综述合并在一个小节里撰写。有学生问我，博士学位论文中的文献综述究竟占整个论文中多少篇幅？从我的经验来看，应用语言学博士论文的文献综述一般占整篇学位论文的 1/4，有的甚至要占到 1/3，而其他学科，例如以实验操作为主体的理工科论文，文献综述的篇幅有可能会短一些。我选取了三篇博士学位论文为例，分别是我自己的、我的学生以及随机从 ProQuest 文献库下载的论文。从表 11 可以看出，两篇应用语言学博士学位论文的文献综述部分基本符合正文 1/4 到 1/3 的标准，而另外一篇生物学的博士学位论文中文献综述部分就稍短些了。可见，文献综述长度无定式，受学科属性和研究项目的性质影响。这是对文献综述的感性认识。

作者单位	学科方向	文献综述页数	论文正文长度(页)
论文 1(香港大学)	应用语言学	68	235
论文 2(上海外国语大学)	应用语言学	37	167
论文 3(亚利桑那大学)	生物学	27	195

表 11　文献综述与博士论文长度举例

从论文写作来看，文献综述是不可缺少的一部分；而从研究生的学术能力来看，文献综述是研究生必须养成和具备的素养。对于文献综述技能的理解，研究生们往往有几点误区：

误区一：文献综述涵盖的内容越多越好

文献综述的第一步是使用各种方法搜集到与你的研究相关的文献。究竟什么是"相关"？我们如何对相关文献进行筛选呢？首先，我们可以根据所阅读文献的"参考文献"来扩大文献综述"数据库"，往往这是一个有效的方法，我们可以把这种方法比喻成"滚雪球"。然后，通过略读初步选取和论文研究问题、研究设计相关的文献，剔除那些过于陈旧（非经典）的，即与你的研究主题不相关的文献。使用文献整理软件，如 EndNote、Mendeley、Zotero、Papers 等等，这样可以比较有效率地实现分类、编辑、整理等功能。总之，文献综述既要全面，又要有所聚焦，切忌堆砌一些完全不相关的文献。

误区二：文献综述很简单，只需要把所有相关文献罗列出来

麦里安姆（1988）[①]指出，文献综述是对发表作品的阐释（interpretation）和整合（synthesis）。这就告诉我们应当积极阐释所读文献的内容，把对文章的理解解释给读者，而不是只把别人写的观点罗列出来。而整合指的是按照逻辑顺序将不同来源的文献搭建成一个有机的整体。初涉文献综述的研究生大都或长期或短期地停留在这个"罗列"文献的阶段。我给学生们的建议是，利用图表做文献梳理，如我们可以选取一个主题，将与之相关的文献梳理到一张表格中，表格中可以包括年份、作者、主要观点等等，这样就可以一目了然地看出这个主题下所有文献的异同点，也可以比较容易地对其进行批判分析，同意哪部分观点，不同意哪部分观点。

误区三：文献综述一定是按照时间顺序把相关研究的线索捋顺

文献综述不一定按照时间顺序展开，但一定要符合逻辑。在写作课上，我给学生们讲解了这张图（图14）："文献综述一定要找到研究的发展脉络，要知道某个领域的'开山鼻祖'是谁（哪篇文献），重大而经典的理论和研究有哪些，分水岭在哪，再找到时下最前沿的研究。切记不能将文献进行简单堆砌。

以上说的是文献综述的"纵"式写法。在一篇完整的学术论文中，除了要纵向厘清某研究的历史发展脉络，还需"横向"比较。它就是对某一专题在国际和国内的各个方面，如各派观点、各家之言、各种方法、各自成就、各自不足等加以描述和比较。通过横向对比，既可以分辨出各种观点、见解、方法、成果的优劣利

[①] Merriam, A. H. 1988. Literature as Window: Developing Interracial Understanding Through Fiction. *Journal of Black Studies*, 19(1), 61—69.

弊,又可以看出国际水平和国内水平,从而找到了差距或研究空隙,即研究问题。

通过"纵向"和"横向"的描述,才能广泛地综合文献资料,全面系统地认识某一专题及其发展方向,作出比较可靠的趋向预测,为新的研究选择突破口或提供参考依据。

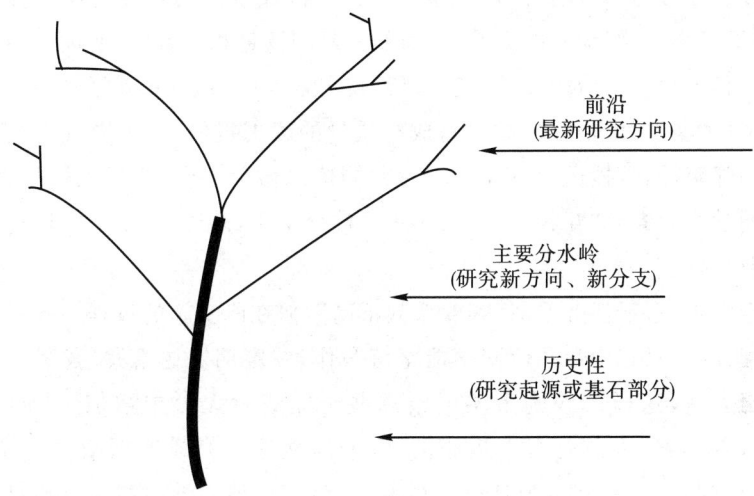

树型表示目前的研究与先前研究紧密相连

图 14 文献综述树形图(郑新民,2014)

误区四:文献综述就是描述,不需要评价

前面我们谈到初涉文献综述很容易停留在浅层描述他人的研究这一层面上,这是不够的,我们需要根据自己的研究主题,发现各篇在自己研究领域有何见解,对文献进行比较和分析归纳,要采用批判的态度,指出研究中存在的问题和不足。不能盲目接受他人的观点,对来自权威的观点要敢于质疑、敢于批判。然后,找出"研究空隙"(research gap),构建自己的理论框架,拟定自己的研究课题。要做到这些,只有"吃透"文献才行。

误区五:文献综述写好了就不用再充实了

我在港大读书时,从导师到授课老师都反复强调"文献综述"要及时更新。要知道,我们一般在论文撰写的初期就完成了文献综述的撰写,但是随着研究的不断进展,尤其是从数据或资料分析和讨论中有可能发现原先没有在文献中涉及的内容,这时候我们就很有必要重新回到文献综述部分,适当地对其进行甄别、剔除、更新和充实。哪怕是到了论文临近提交,我们也还有必要再次进行文献检索,查看某研究领域的最新进展,并对文献综述加以最后的更新。

引导鼓励学生阅读典籍和核心期刊

阅读典籍和高质量学术论文对于博士生视野的开阔和学术综合能力的培养至关重要。我记得在港大学习时,我们的阅读量都不少,不但要完成导师布置的每周阅读任务,还要处理各门课程学习中的文献阅读。而现在的学生似乎缺少一种"静下心来"好好读书的心态,每周的文献阅读量相对有限,所读内容。为了改善这个状况,我规定每生除了完成课程规定之外的阅读,每周至少还要再阅读一篇 SSCI 的英文期刊论文,并撰写成有质量的读书报告,在每周日午夜以前发送到我的邮箱,同时抄送到 SLRC 学习共同体的微信平台,之所以这样做,目的就是让同学之间起到"互相监督"的作用。谁分享了,谁还没有分享,通过平台就看得清清楚楚。

有趣的是,这项任务看似"难度系数不高",但在刚实施的过程中效果不是太理想。一开始,只有少数几位同学能坚持写作,并定期发送给我;我坚持鼓励这些积极努力者,这样的鼓励事实上给那些未完成者无形中增加了"同辈压力(peer pressure)",人总是有上进心的,慢慢地能按时完成者渐渐地多了起来。后来,我询问过一些同学,为什么不敢及时交作业,他们的回答是对自己读书报告质量不自信,害怕枪打出头鸟,所以总是处在观望之中,有从众心理,等有人分享了,自己才敢将"拙作"发表微信圈中。

得知这些想法,我就鼓励博士后和高年级学生率先按时往群里面发送自己的读书报告,起到"传、帮、带"。如今,SLRC 学习共同体的"每周文献阅读"活动都在有条不紊中进行着。大家都能及时完成并发表 SLRC 微信圈群里,供大家参考学习。我也仔细阅读,选择几篇好的读书笔记让大家学习研讨,同时也意在鼓励他们,并为个人的阅读提供"恰如其分"的评价和指导。我希望他们能够把这项有意义的活动坚持下去。关于这一点,钱莺如是说:

"各位的读书报告提供了扩展性阅读的平台,老师的精彩点评给了我们反思的启示。一周一读活动收获颇丰,付出、分享、收获是一个良性循环!"

学生对文献综述的心得

下面跟大家分享两位博士生学做文献综述的心得,他们只是众多学生中的代表,通过课程学习、导师指导、团队成员之间相互交流,我感觉到他们在文献"综""述"能力方面打下了较为扎实的功底。但要想真正做好文献综述,并非朝夕之功,是以大量的文献阅读和科学的文献梳理,再加上养成良好的读书笔记撰写习惯形成的。还是那句老话:只要工夫深,铁杵磨成针,这也是我要让学生每周上交他们的读书报告的道理。

柳虹在一次读书汇报会上回忆了她撰写博士论文文献综述的经历,对她自己的一些具体操作步骤依旧记忆犹新:

> 根据文献发表的时间,我采取了由近及远的方法,就是从最近的研究成果开始读,因为这些成果常常包括前期成果的概述和参考资料,可以使我较快了解到某一研究问题的现状,以及研究者经常引用的文献。我边读边做笔记,依照郑老师的建议用表格的形式,系统地详细记录各个文献中的研究背景、研究主题、研究问题、相关理论、研究方法、结论等等,并加以评论。
>
> 的确,表格形式的阅读笔记方法给我带来一目了然的感觉,而且易于发现各个文献之间的异同。每一次阅读之后,我不仅从整体上了解各文献中述及的大致研究内容,而且还对文献的先进性和适用性进行筛选,并在笔记中标记。文献的先进性指在观点、方法、材料等方面有某种创造或突破,可从文献发表的时间、文献的来源、文献的影响和有关评论加以判断。文献的适用性是文献对个人研究主题的适合程度,主要考虑文献中的观点与自己选题的有关程度。

石云峰同学在跟我交流时,多次提到读书报告对于培养他自己的批判性思维和文献综述能力所起到了积极的作用:

> "阅读文献过程中需要批判地审视研究问题、研究方法、数据呈现、研究结论等内容,通过大量文献阅读逐步完成文献原始积累。但电子文献阅读很容易造成囫囵吞枣般一扫而过,不能完全吸收消化其中的内容,而读书报告(review)不失为解决这一问题的好方法。我自己每周按照导师的要求完成'一周一篇一报告'的期刊论文阅读报告,及时记录自己在文献阅读过程中所发现的问题,并作简要评述。
>
> 沿着这一指导思想,我逐步熟练掌握了如何在数据库的汪洋大海中根据设定的关键词搜索到所需文献,从最初在国内数据库查找,再到拓展到国际知名数据库中查找,从简单的一键式检索到复杂的检索命令;在阅读文献时,我试着把阅读记录分成五栏:文献来源、关键词、研究问题、研究设计、结论、简评,整个内容做完就会有一个清晰的印象,这样的阅读积少成多,对我的研究奠定了较扎实的文献基础。"

阅读期刊论文案例：冉祺儿的体会

有了高年级同学起模范带头作用，新生也就成长得比较快。冉祺儿是个新生，她在撰写读书报告这方面就做得相当不错。从一入学开始，她就从来没有间断过文献阅读，坚持每周（包括寒暑假）往我的邮箱发送她的读书报告，而且她读得快，也读得多，有时候她还发两篇读后感给我。阅读量上去了，她的文献阅读概括能力、批判性思维能力和学术分析能力有了明显的提升。有一次，她应我的要求，将她阅读文献的具体步骤和方法整理出来，在每周二 SLRC 团队研讨会上展示，大家听后普遍反映她的经验有一定的启发性。为此，我特将冉祺儿的演讲梳理如下，以飨大家。

以"内容、语言、启示"为抓手

冉祺儿说，她平素阅读期刊文献是从三个层面入手的，即内容（content）层面、语言（language）层面和启示（implications）层面。她认为内容是文章的核心。她在读文章内容之前，先做了一些功课，即了解学术论文都有哪些常见的惯例体例，如实证类（empirical）论文、思辨类（conceptual）论文、综述类（review）论文、书评（book review）等等。冉祺儿在演讲中使用了表格，通过这些表格，我们可以清楚看出不同类型的学术文章在内容结构上不尽相同。她对这些不同体例的论文类型进行了概括和比较，做到心中有底。她发现，实证类论文的结构性最强，包含了摘要、关键词、引言（囿于杂志篇幅限制，文献综述常蕴含其中）、研究目的（问题）、研究设计、结果与讨论、结论等各个部分。而其他类型的文章却不一定包含实证类论文的所有成分。她还发现书评类文章中常常没有摘要和关键词，只包括标题、评点书籍的信息和书评正文（有时有参考文献）等几个部分。而思辨类文章当中不经常出现研究问题和研究设计部分，或者说，在思辨类文章中，这些内容有时候比较隐晦，作者夹叙夹议，读者不认真读就难以读懂字里行间的真正含义。

细读研究问题和研究设计

冉祺儿还结合她的阅读经历，重点呈现了她在阅读实证类学术论文时的步骤：第一，摘要和关键词部分篇幅很短，不会占用太多时间，因此她是逐字逐句阅读这些内容的，通过阅读以期发现整篇文章的主旨和脉络；第二，冉祺儿大致浏览引言（文献综述）部分，意在发现研究的背景、研究的意义、文献呈现的逻辑顺序（是否由普遍到具体）和文献的研究空隙（research gap）；第三，研究问题和研究设计是她要重点阅读的部分，因为她认为这部分内容是实证研究的核心，其余内容都是围绕着这一部分展开的。

在研究问题中,她希望发现研究问题问的是究竟是"为什么(why)""如何(how)"还是"在何种程度上(to what extent)"。她还试图评价研究问题内部是否层层推进,存在一致性。研究设计是实证研究的关键,通过阅读这部分内容,冉同学希望得知研究场地(research site)、研究对象和抽样方法(subjects & sampling)、研究工具(instrument)、数据收集和数据分析过程。她特别想要知道作者在呈现这部分内容时是否具有"透明度",即是否清晰明了地呈现其研究过程。她还试图去找寻作者在这个过程中有没有就研究伦理问题进行说明(如化名、知情同意书等);第四,在数据呈现时,冉祺儿想读出作者有无使用多样的呈现手段,如表格和图表来呈现结果,让读者一目了然。冉祺儿说,在读讨论部分时,她着重想了解作者有无结合本研究的发现,结合本研究的文献综述以及作者的哲学思考来论证,从而给出有逻辑,有说服力的论点。同时,冉祺儿还认为,讨论部分也是将具体的实证案例与外部世界互动的过程,好的研究就是要做到以小见大。最后,冉祺儿一般都是略读结论部分,主要是想看一看作者对于本研究是如何凝练理论,提出本研究的实践价值,并指出研究的局限性的,只有这样才能未来的研究提供启示。

注意语言风格

另外,冉祺儿还关注学术写作的整体语言风格以及作者的具体用语:即使用什么样的学术句型、短语和词语来表达精确的意义。例如,她发现一些作者倾向使用非正面表达(hedging devices)对自己的观点适当弱化,达到与读者协商的目的。她体味这在她的未来论文写作中也有借鉴意义。通过"导师布置文献阅读、自己研习、同学交流、导师点评"等系列活动,冉祺儿说她自己收获颇多:"第一,文献阅读是一个非线性的过程。很多时候,我们不是从头到尾读一篇就可以结束的,我们有必要停下来做笔记或回到原文当中查找细节。有时候,我们也通过某篇文章的文献综述来'滚雪球'式的搜集和扩大某领域的文献。第二,应当学会做'批判阅读者',而不是全盘被动接受作者思想。"

使用图表加深印象

另外一点,在这次演展过程中,冉祺儿还使用了大量的表格、示意图进行上述思想的表述,我认为这和我平时强调的"一图胜千言"是吻合的。冉祺儿的演展更加坚定了我让学生要结合所学内容或反思活动来帮助学生进行概念梳理、整合、再定义的一种有效学习方式。关于这一点,冉祺儿是这样说的:

"通过这次展示,我对自己之前的文献阅读步骤及关注点进行了梳理,使一些模糊不确定的内容和环节变得更加明晰。以后在阅读的时候会更明确、更从容了!"

这种就某个特定内容在研讨会上展示的方式是 SLRC 学习共同体的常规日程。在其他同学进行演讲时,团队同学也要结合相关内容针对自己的学习实践进行一定的梳理和反思,达到共同学习,共同进步的目的。

如果使用英文来撰写博士学位论文,还可以使用一些学术表达法来凸显作者的意图,比如作者想要批判前人研究不足时,可以使用下列句型来表述:

(1) Relevant researchers have not treated X in much details.

(2) Half of previous studies evaluated failed to specify whether...

(3) The generalisability of much published research on this subject is rather problemic.

(4) The experimental data are rather controversial, and there is no general agreement about...

(5) Such descriptions are unsatisfactory because they...

再比如,如果作者在综合梳理文献过程中想要引证一些先期研究,可以使用下列句子来陈述:

(1) The first serious discussions and analyses of X emerged during the 2000s with...

(2) Case studies such as that conducted by Zheng and Davison (2008) demonstrated that...

(3) Factors found to be influencing X have been explored in several studies.

(4) Xs were reported and illustrated in the first models of Y (e. g., Zheng and Adamson, 2003; Johnson and Patel, 2011).

如果作者想要表述研究空隙或研究问题是通过文献综述衍生而来的,则可以使用下列句型来阐述:

(1) Until recently, there has been no reliable evidence that...

(2) Up to date, no previous study has investigated X.

(3) However, much uncertainty still exists about the relation between...

(4) This research seeks to address the following questions:

(5) In particular, this dissertation will examine six main research questions.

下文中的英文选自我的博士学位论文文献综述中的结语部分,体现了文献综述必须开展批判,文献综述要有总结的套路,供参考:

英文文献综述的实例(选自郑新民博士学位论文,2004)

2.4 Critique of methods as universal and context-free

……

Methods in ELT generally have undergone a tremendous transition over the past hundred years, that is, from the grammar-translation methods, to the audiolingual methods, then to communicative language teaching and task-based learning. This has been the result of the influence of both external and internal forces, including social, political and economic changes, as well as development of the foundation disciplines of ELT. What is *less apparent* in the histories of methods in ELT is the human factors. This study *argues* that methodological innovation and change is a fundamentally social activity that is affected by ethical and systemic constraints, the personal characteristics of potential adopters, the attributes of innovations, and the strategies that are used to manage change in a particular context. The next chapter explores the differences between the promoted methodology in ELT and the implemented pedagogy, and then examines the deeper meaning of pedagogy, pedagogy and change, influences on the pedagogy in ELT in the PRC.

研究方法:设计要透明

在博士学位论文研究方法这一章节中,作者必须做到开诚布公地告诉读者论文是怎么写出来的。要写好博士论文就必须围绕论文的研究问题(RQs)展开哲学思考,选择研究范式(paradigm),讲究研究设计(如步骤、程序和技术工具),交代具体操作等,以表白论文研究过程的透明性和研究结果的真实性。由此可见,研究方法与设计的描述是博士论文内容的重要组成部分,如果缺少了这一部分,那么论文结论的真实性、严谨性就会受到质疑和损害,论文的学术价值就会降低。

如何清晰地呈现研究方法中的语步是一个难题,步雷特等人[①]总结出来的研究方法三个语步(表12)可以作为我们撰写论文时参考,它们描述数据收集——解释概念和变量/描述实验过程——陈述统计方法/描述数据分析过程。

语步(Moves)	语阶(Steps)
M1.描述数据收集过程	S1.描述样本 S2.阐述数据分析步骤 S3.证明该过程的有效性
M2.解释概念和变量/描述实验过程	S1.总述研究设计 S2.解释变量的测量方法 S3.证明该方法的有效性
M3.陈述统计方法/描述数据分析过程	S1.描述数据分析过程 S2.证明该过程的有效性 S3.预览结果

表12 研究方法的基本语步

在撰写研究方法一章时,我们对下列各点要详实交代:

- 要亮出明确的研究问题,包括主次研究问题;
- 诠释研究方法的选择(如,量化研究;质化研究;混合研究等);
- 描述研究场所背景;
- 描述研究对象;
- 描述数据/资料来源(如,调查问卷,访谈等);
- 描述数据/资料收集的具体路径和方法;
- 诠释数据/资料分析的具体方法;
- 要交代数据分析的信度和效度(如,三角验证);
- 坦诚说明研究的局限性。

必须承认,在研究方法这一章节中,最难写的要数数据分析这一小节。我使用了图15跟学生们反复交代数据分析系统性和逻辑性是体现博士学位论文信度和效度的关键之一。

---

① Brett, P. 1994. A Genre Analysis of the Results Section of Sociology Articles. *English for Specific Purposes*,(13):47−59.

数据分析入径图

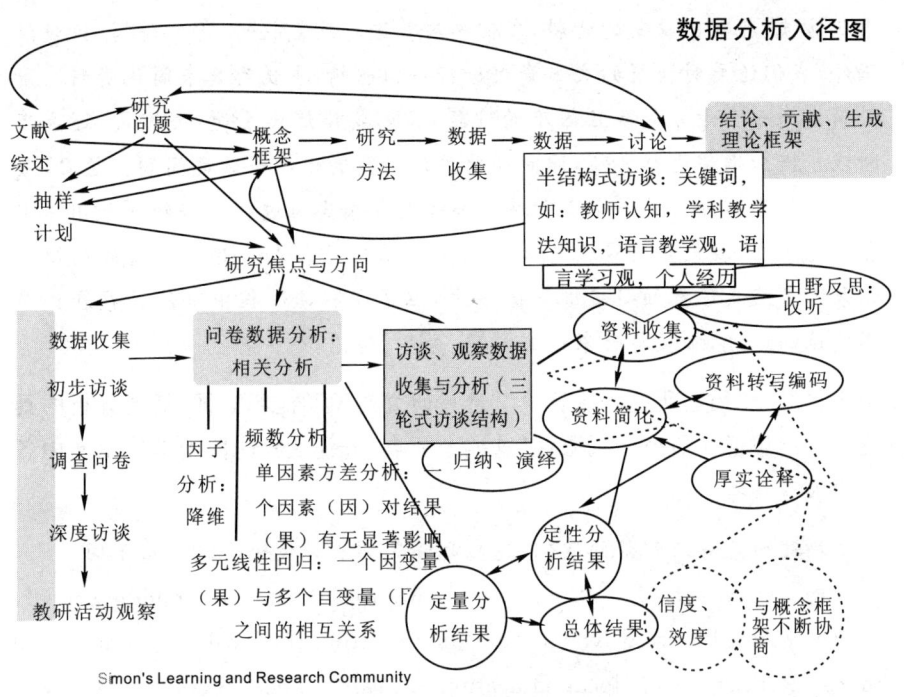

图 15　数据分析入径图

图 15 的确结构较为复杂，但内容丰富，逻辑严密，诠释清晰，当我呈现这张图时，课堂里顿时沸腾起来，学生们连连惊叹图的复杂性，以及我制作 PPT 的技能。这张图较好地诠释了整个实证研究的路径，钱莺是这样描述这幅图的：

"现在，我认识到了无论什么研究都始于'研究问题'，我们可以通过梳理文献来提出研究问题并形成一个概念框架。研究问题、文献综述与概念框架这三者形成了互相循环的铁三角。其次，在这个铁三角的指引下，我们进一步设计研究方法，收集与分析数据，并对所获得的研究结果进行讨论。讨论要与上述的铁三角进行呼应与互动。最后，通过研究，我们将概念框架变成理论框架，并指出自己研究的贡献与启示。

这张图除描绘了上述整个研究过程外，还呈现了研究方法设计、数据收集与分析的过程。研究问题、概念框架与研究方法决定了我们抽样方法与具体研究设计，同时也指明了研究焦点与方向。我们可以通过初步访谈、调查问卷、深度访谈、教研活动观察等手段来收集数据和资料。通过对问卷获得的量化数据进行因子分析、频数分析等方法来总结量化研究的结果。关于从访谈、观察中收集的资料,我们除对其进行反复收听、逐字转写、细致编码外,我们还要对获得的文本资料进行去粗取精、去伪存真来简化资料。资料简化是一个十分复杂且困难的过程,我们要提炼出主题、关键词,还要不断地与概念框架进行协商,同时还要关注研究的信度与效度问题。总之,质化资料收集与分析是一个既归纳又演绎的复杂思维过程。若研究采用了混合研究方法,我们要将量化与质化的研究结果结合在一起得出得终的研究结果。虽然我已细细研读过此图多次,但是在解读过程中可能还存在许多不到位的地方,希望与大家一起学习、分享、讨论!"

下面将结合"描述研究场所背景""选择研究对象""诠释数据/资料分析的具体办法"和"坦诚说明研究的局限性"这四个要点,分别从我的博士学位论文中各选一例供大家参考:

描述研究场所背景的实例(选自郑新民博士学位论文,2004,下同)

In contrast to Miss Wu's school, Ms Ma's was a key middle school, which received more privileges and funding from the local government and more attention from local education officals. The school campus was located in the inner-city area, and consisted of two eight-storey teaching buildings, an administrative building, a library, a stadium and a track and field playground. Each year university graduates with Honours Degrees were selected to teach here. After three years of study in this school, about ninety percent of the students were admitted to universities and colleges through the rigorous national college matriculation examinations. Ms Ma's school was willing to cooperate in my PhD study and promised to provide every possible support, including rearranging Ms Ma's teaching schedule and relocating her classroom for the videotaping.

描述研究对象的实例

Mr Yang is a senior teacher with a BA degree from an average university in Fujian Province. He was 55 years old with over thirty years of English langauge teaching experience at the time of my PhD study. He had been teaching the 1993 English Curriculum for more than seven years. I approached him to participate in this study following a senimar in Fuzhou in which he had made articulate and forthright contributions to a discussion of the challenges of English language teaching in secondary schools in PR. China, and he readily agreed to be interviwed and observed in the classroom.

诠释数据/资料分析具体办法的实例(访谈资料节选)

Two steps were adopted to handle the interview data collected through audio recordings for this research: transcribing and coding. First of all, I set out to transcribe all the interviews into typed manuscripts which allowed me to scan particular details relatively quickly and easily without the need to play the whole recording back and forth time and time again, which could be more time-consuming and much less systematic. I realized the length of time I had spent transcribing also meant that I became more familiar with the data. In fact, the process of transcribing produced revealing insights into the data as I became closely engaged. The typed transcripts provided a basis for more in-depth analysis. After I transcribed all the interviews, I solicited feedback from the interviewees to see if their statements were accurately presented, which is a key verification step in research as well as an analysis step. According to Maxwell[1](1996), the main categorizing strategy in qualitative research is coding and qualitative coding is an integral part of data analysis. The main purpose of qualitative coding is to fracture the data and rearrange it into categories that facilitate the comparison of data within and between these categories that aid to the development of theoretical concepts. Not all information is used in a qualitative research, and some may be discarded (Wolcott, 1994)[2]. As discussed previously, the main purpose of this research study is to explore the relationship between teachers' beliefs, designs and practices, therefore, the next thing I started to do was to

---

[1] Maxwell, J. A. (1996). *Qualitative Research Design: An Interactive Approach*. California: Thousand Oaks.

[2] Wolcott, H. F. (1994). *Transforming Qualitative Data: Description, Analysis, and Interpretation*. Thousand Oaks, CA: Sage.

borrow *Richards and Rodgers*' (2001)[①] framework (see Section 2.2 in Chapter 2) as a starting point to develop a short list of tentative codes that matched a text segment, regardless of the length of the database. As I continued to review and re-review my database, I expanded the categories. Finally, I related conceptual categories and created themes or concepts, developed analytic frameworks (see Section 3.2.3 in Chapter 3), which I would use for future data analysis. This process freed me from entanglement in details of the raw data and encouraged higher level thinking about them, which eventually led me toward theory and generalization.

坦诚说明研究局限性的实例

There are a number of methodological limitations to this research that need to be kept in mind when reading the findings and discussions. Firstly, this research study is mainly focused on Fujian Province. Due to the constraints of funding and time, I found it impossible to collect data throughout the whole country. China is a large country with the big imbalance in economic development as well as in educational development. Although Fujian is an average province in terms of economic development and educational development in China, it is not representative of the whole country's situation. In the same way, the teachers' qualifications cannot entirely represent those of the whole country nor can the teachers' implemented pedagogies in Fujian reflect those of other provinces. Thirdly, the videotaping also has its limitations. Although videotaping can provide very concrete and vivid images and information, many images might mislead the researcher as I was not at the setting when the videotaping took place. The technician might have adopted a different focus in different classrooms despite the observational guidelines that were given, which might have affected the integrity of data.

[①] Richards, J., & Rodgers, T. 2001. *Approaches and Methods in Language Teaching* (2nd.). Cambridge: Cambridge University Press.

研究结果与讨论：客观详实，凝练提升

在有的博士论文中，结果和讨论都放在一个章节来写，也有的分成两个独立的章节来写。结果部分是博士学位论文的核心，它为论文的主要观点及结论提供依据，也最能体现一篇博士论文的学术水平和学术价值。因此撰写"结果"部分必须要客观，真实地陈述研究情况，具体、准确地提供相关数据。撰写"结果部分"应该主要以下几个要点：

- 资料要真实，数据要可靠，绝不能造假；
- 数据呈现即要客观，心中也要有文献综述，穿针引线为讨论埋伏笔；
- 数据呈现可用文字，亦可用图表（柱状图、饼状图、散点图、折线图等），做到图文并茂；
- 在结果章节中不要引用参考文献，尽管参考文献很有价值，但都是别人的成果；
- 撰写结果章节时，不要对自己的结果和价值进行评价，也不要对他人在该领域的成果进行评价，留待讨论时再做不迟；
- 在结果写作中，不要出现划分（分类）标准和统计标准，这些内容应该在研究方法（设计）章节中做。

讨论章节是博士论文的精华部分，它彰显作者使用演绎和归纳的能力把研究凝练升华到理论高度。这一章节的重点在于对研究结果的诠释和推断，并说明作者的结果是否支持或反对某种观点，是否提出了新的观点，尽量要把论文中的主要创新点凸显出来，一篇博士学位论文有3～4个主要创新点就很不错，分量重的创新点一个也就够了。撰写讨论部分要避免委婉、含蓄，尽量做到直接、明确。下面几个要点要牢记在心：

- 回顾研究的主要目的，并讨论所得到的结果是否符合原来的预期；
- 概述最重要的研究结果，并指出是否能支持先前的假设，是否呼应其他同一领域学者的结果，能否回答研究问题；
- 对结果提出分析或诠释；
- 根据这些结果，要与文献综述呼应，能得出什么样的研究结论或推论；
- 阐明研究结果的理论意义（支持或反驳相关领域中的现有理论、或对现有理论的修正等），指出实践价值；

- 对结果的阐明或诠释要重点突出,简明扼要;
- 对观点或结论的表述要准确;
- 要留有余地。

事实上,有不少学者对结果和讨论部分的语步进行了有益的探究,徐昉[①](2015)整合了杨和艾莉森[②]和巴斯特蒙[③]等人的研究,提出结果和讨论的基础语步(表13),可供论文撰写时参考:

语步(Moves)	语阶(Steps)
M1. 准备信息	
M2. 汇报结果	S1. 总结结果/介绍背景 S2. 证据支持
M3. 陈述统计方法/描述数据分析过程	S1. 解释原因 S2. 比较结果 S3. 诠释结果 S4. 评价结果

表13 结果部分与讨论部分的基本语步

如果使用英文来撰写博士学位论文,下面这些基本句式可以用来帮助陈述图表数据的重要性,或是描述正负面数据等:

(1) From this data, we can see that Study 1 resulted in the lowest value of....

(2) Data from this table can be compared with the data in Table 3.1 which shows....

(3) This result is significant at the p = 0.05 level.

(4) A two-way ANOVA revealed that....

(5) Strong evidence of X was found when....

[①] 徐昉.(2015).研究生英语学位论文实证部分语步结构分析.东北师范大学学报,(4):127−131.

[②] Yang, R., & Allison, D. 2003. Research Articles in Applied Linguistics: Moving from Results to Conclusions. *English for Specific Purposes*,(22):365−385.

[③] Basturkmen, H. 2012. *Developing Courses in English for Specific Purposes*. Palgrave Macmillan.

(6) Overall, X did not affect male English learners and female English learners differently in these measures.

(7) The following text is an example to show how Mr Yang scaffolded the student's language.

(8) Ms Ma used the following three pairs of sentences to show how they could be joined as complex sentences.

(9) Five broad themes emerged from the analysis.

(10) Issues related to X were not particularly prominent in the interview data.

讨论章节使用英文撰写也需要使用一些特殊的学术用语或句型来表达结果与前期的研究或是呼应，或是相矛盾，或是难以判断，或是表示谨慎等态度：

(1) The findings of the current study are consistent with those of Rod Ellis (2001) who...

(2) These results are consistent with those of other studies and suggest that...

(3) This finding supports previous research into this pedagogical area which links X and Y.

(4) Initial observations suggest that there may be a link between...

(5) One possible implication of this is that...

(6) These data must be interpreted with caution because...

(7) It is important to bear in mind the possible bias in these responses.

(8) It is believed that...

(9) Previous studies of X have not dealt with...

(10 These findings will doubtlessly be much scrutinized, but there are some immediately dependable conclusions for...

下面的英文段落节选自我的博士学位论文结果和讨论结论部分，分别描述了数据结果和诠释论证的过程，仅供参考：

描述数据结果的实例（选自郑新民博士学位论文，2004，下同）

……

Till then, much exercise about speaking and listening of the lesson had been done. Seeing her students understood the general meaning of the lesson pretty well, Ms Ma then started to explain some grammatical items and language points from the lesson. Evidence from the videotaped data showed that Ms Ma only picked out some key language points to explain. Those key language points include:

(1) There was not enough room = There was not enough space. Room here is an uncountable noun which is different from a place to live in;

(2) The comparison of the words discover and invent;

(3) Some examples of the restrictive attributive clauses (language focus for this lesson): a useful plant *that can be eaten*; a plant *which didn't need as much water*; not the only food *which was taken*; another traveller *who went to America*; people *who bought them*; another plant *that was taken back*; the seeds of fruit trees *that they hadn't seen*; fruit trees *which once grew*.

After Ms Ma explained these language points to her students, she asked them to point out the functions of the relative pronouns in the sentences and translate each of them from English into Chinese. Then, Ms Ma wrote four sentences which contained attributive clauses on the blackboard and had her students translate them into English. Four students were asked to do these sentences on the blackboard while the rest of the students were asked to do the translation on their own exercise-books. Later, Ms Ma commented on the students' jobs by giving detailed assessment.

讨论部分诠释论证的实例

……

To return to the findings of the earlier literature review (see Chapter 3), we can see that the kind of stage of concern framework proposed by Hall and Hord (2000) appears to be rather simplistic. The findings of the three case study teachers not only show a strong awareness of change, but also show their desire to change, though constrained. For example, once Miss Wu began teaching after graduation, she often sat in to observe her colleagues' classes.

Miss Wu felt that most of her colleagues' lessons were teacher-centered and grammar-oriented. Miss Wu was quite aware that innovation and change in ELT pedagogy was necessary. She was very eager to apply communicative methods to her practices, although she was forced to shift back to adapt herself to the situated context in which she worked.

In summary, from what has been discussed above, we can see that Mr Yang, Miss Wu, and Ms Ma had their own personal conceptions of teaching and learning, which were dramatically influenced by their own life experiences, their personal education background, their learning and teaching experiences, their professional training, and their beliefs and values. As discussed above, those conceptions, or the internal forces, have a powerful influence on the way all three teachers made sense of their work in their contexts. However, it is unlikely that those conceptions were fixed or unchanged. When they encountered tensions and challenges, they had to modify, or even to change their conceptions of teaching and learning in order to suit the real situation. From the above discussion, we can also see that instead of following the new curriculum reform without question, the three case study teachers adapted their pedagogies to suit their particular contexts(Clandinin & Connelly, 1992), which demonstrates that teachers in practice are not powerless practitioners, but active decision-makers.

结论：要善始善终

"善始善终"这一成语是说做事情要有好的开头,也要有好的结尾。长期以来,博士论文的结论部分(conclusion)在学术领域被忽视,理由是结论仅是讨论的一部分。事实上,博士论文的结论部分是最能突显研究者的洞察能力、学术素养、写作技巧和客观的推理能力的独立章节,它应该是通篇论文中最为精彩的部分,不能随便应付,更不能虎头蛇尾。

结论通常以研究结果和发现为基础,阐述主要观点、方案、对策、措施、做出具体建议,并直接回答研究问题(RQs)。结论要审慎,要使用有力的证据来诠释研究的实用意义、应用价值、具体可行性,以及尚待改进的地方。总之,写好结论部分能起到首尾呼应的作用,可使博士论文的结构更加缜密、严谨,内容更加完整,加深印象,引起共鸣。撰写结论部分时应该注意以下几点：

• 观点要客观；

- 表达要简明扼要,避免使用无关资料来拖长结论;
- 避免不必要的重复;
- 不要使用艰深晦涩的术语或口语;
- 不可过分以主观偏见擅加阐述、引申、解释,以掩盖客观事实;
- 要把握推论的范围,采取谨慎的态度,避免俗套或大而不当的结论。

班顿的研究表明博士学位论文中的结论部分经常独立出现。通过整合已有研究,她将博士论文中结论部分的基本语步总结如下(如表14):

语步(Moves)	作用(Functions)
M1.	引言重述
M2.	巩固空间
M3.	应用和启示
M4.	未来研究建议
M5.	结论重述

表14 结论部分的基本语步

下文中的英文段落节选自我的博士学位论文结论部分,文中再一次表述了本研究在研究方法、样本等方面所存在的不足之处,提出了未来研究的具体方向和路径,体现了中国的英语教学研究也应融入到全球的英语教学研究中去的结论,摘录在此以飨读者:

9.5 Implications for future research

As discussed above, this research study has contributed to our understanding of what teachers' implemented pedagogy is all about in the PRC. However, in adopting a naturalistic qualitative approach as its research design, there were obviously some limitations. Firstly, as this was a case study of only three teachers over a limited period of time, the findings might not fully address the complicated, dynamic and comprehensive pedagogy of English teachers in the PRC. The reason is that teachers do not use the same teaching methods even when they teach the same lessons in the same contexts, let alone when there are so many different lessons in the textbooks and teachers have to teach them in very different contexts. Therefore, many questions about why and how teachers use this method or that method remain unanswered. Thus further studies of teachers' pedagogy in handling different kinds of linguistic content and skills in different contexts are necessary.

Secondly, as mentioned in Chapter 4, this research site was located in one province only, that is, Fujian Province, so it can hardly reflect the full picture of teachers' implemented pedagogy in the PRC. China is a large country with enormous regional differences in terms of geographic characteristics, ethnicity, economic development, demographic density, culture, and educational development. Thus, further studies should be conducted in different provinces, including coastal cities, remote rural towns or villages and minority autonomic regions, in order to gain a better and more thorough understanding of the implemented pedagogy.

Thirdly, this study was limited in that data was collected over two years ago. Currently secondary schools in the PRC are using a series of revised JEFC and SEFC textbooks, in which a more communicative teaching method-task-based instruction is highly promoted. Thus, more longitudinal and related research is needed, for instance, a study examining the relationship between teaching strategy and learning strategy might help us to understand teachers' pedagogy better because many research studies have shown that teachers' pedagogy has much to do with students' independence and student autonomy.

Finally, there need to be more studies of the teachers' experiences of innovation and change, and the dynamic role of teachers as mediators of change. As Hargreaves (1994) has emphasized, teachers are first and foremost social beings, but the contexts in which particular theories and strategies are developed are often ignored. Although this research study has probed into the nature of innovation and change and teachers' roles in the development of ELT in the PRC to some extent, more research studies should be conducted in a wider range of contexts throughout the world to enhance our understanding of teacher's experiences and interpretations of innovation and change.

参考文献:要认真对待每一个标点符号

千万不要忽视参考文献的重要性,在国外,论文评审专家一拿到被审论文时,首先要做的就是直接翻阅参考文献内容,一旦发现格式混乱,标点符号有错,就有可能直接将其"枪毙",终结评审。这话绝对不是危言耸听,是因为一方面引用参考文献的情况体现了论文作者对于学术的严谨态度和对其引用文献的尊重,另一方面在一定程度上反映了论文作者对文献信息吸收和利用的水平,因此参考文献也就被视为博士论文的重要组成部分。

从我个人担任论文批阅人的经验来说,在参与校际或校内论文盲审时,虽然我很想逐字逐句对学生论文进行认真的审读,但往往因为论文数量多、时间紧迫,不可能从头到尾把整篇论文都读一篇,而我往往会更加注意一些"门面"上的细节,如,语言是否流畅准确,文献综述是否有综有述,研究设计是否透明合理,讨论部分是否诠释缜密,结论是否首尾呼应,参考文献格式是否正确等。

按理说编写规范的参考文献对博士生来说应该不成问题,可是我拿到手的不少博士论文中参考文献的错误往往是由于粗心大意所造成:如引用文献项目不全(出版地不全、期刊引文漏掉页码、多名作者中只写一名等)、引用文献内容错误(文字错误,题名、人名不全,刊名、出版年、卷次、期号、页码抄错,英文题名拼写错误,刊名缩写错误等)。此外,我还发现有的所引文献过于陈旧,有的文献格式混乱,可以看出作者使用"剪切"和"粘贴"的明显痕迹,但又未加以编辑。有的论文文献没有把最经典、最值得引用的文献引入,有的甚至引用了一些不相关的文献,有的引用了学界不知名的作者作品。要改进这些问题,端正态度是第一要素。认真,认真,再认真就一定能解决问题!

附录:增添论文的原创性、完整性、人文性

前面讲了博士论文主体篇章的重要性,不难可以理解学生们对"文献综述""研究方法""研究结果""结论讨论"和"研究结论"等内容不吝笔墨地加以描述,但很少有人能把"研究方法"完完整整、清清楚楚地写出来。这除了给后续研究形成障碍,还为造假者提供了便利。如果没有论文附录,论文评审人也很难对论文研究追根溯源,无法确保其论文的"原创性"和"独立完成",有可能产生误判。以应用语言学为例,附录通常包括以下几个内容:

• 田野考察记录;

• 调查问卷;

- 课堂观察方案；
- 访谈问题；
- 递交给访谈对象签署的知情同意书；
- 研究对象的书面材料(如教案,教学日志等)；
- 访谈的转写稿；
- 内容分析的编码和分类等。

我的博士学位论文附录中共有调查问卷、访谈问题、访谈转写文本节选、课堂录像声音转写(英文)、教师教案、教材的学生用书和教师用书等,其中由于我在访谈时使用的是汉语,而论文撰写时使用的是英文,为了体现读者友好原则和确保译文的信度和效度,我还附上访谈问题的中英文版本。

致谢:点到为止

最后想谈一谈论文致谢的写法。致谢主要是对导师的指导、对同窗好友的帮助、对至亲朋友的关心表达真挚的谢意。致谢词写作有完整程序,不可任意行文,其中可以简单提及论文写作的背景和写作过程的信息,接着依次是对指导老师、研究对象、其他学者、同窗学友以及家人的致谢。但是致谢态度要端正,措辞要恰如其分,不要过分地粉饰。致谢中,对导师和学者一定要用敬称,对于其他人则可直书其名,也可以敬称。致谢不要长篇累牍,点到为止。

这部分内容听起来似乎比较容易驾驭。可是,在我所参加的博士学位论文答辩会上,总会遇到一些令人啼笑皆非的事情,有的人将自己的导师名字写错了,有的人对导师不使用最高教衔(如教授),有的人在致谢中感谢在街上遇到的"算命先生",有的人英语时态使用不当,有的人使用了过多的辞藻。我想说的是,致谢应该在情感上是真诚的,在形式上是严格的,在语言上是正式的。

海亮[1]以及海亮和谢[2]采用了斯维尔斯的语步分析模式对五所大学六种不同学科共240篇硕博士论文的致谢部分进行了语类结构的语步研究(如表15),其中Move 2(致谢语步)是主要语步,而M1回顾语步和M3宣告语步则是选择

---

[1] Hyland, K. (2004). Graduates' Gratitude: The Generic Structure of Dissertation Acknowledgement. *English for Specific Purposes*, (23): 303—324.

[2] Hyland, K. & P. Tse. (2004). "I Would Like to Thank My Supervisor": Acknowledgements in Graduate Dissertations. *International Journal of Applied Linguistics*, (2): 259—275.

性语步(optional),供参考:

语步(Moves)	语阶(Steps)
M1.回顾语步	
M2.致谢语步	S1.列出需要感谢的对象 (个人与机构等) S2.感谢学术方面的帮助 (对于学术支持、分析及反馈等) S3.感谢他人提供的资源 (对于数据、技术或经济上的帮助) S4.感谢他人道义上的支持 (对他人的鼓励、友谊和耐心等)
M3.宣告语步	S1.承担责任 (宣告作者承担论文中缺陷和错误的责任) S2.献予他人 (郑重地表示将论文献予他人的说明)

表 15　致谢部分的基本语步

三、笔耕不辍

上一节我先是从宏观层面入手介绍了博士论文的篇章结构,接着用庖丁解牛的方法对论文进行微观解构,分析了博士论文各章节的基本语步及撰写注意事项。事实上,抛开行文结构,博士学位论文当中还有几个重要的元素,例如概念框架(conceptual framework)、理论模型(theoretical framework)和论文论证(argumentation)等。下一节我将着墨分享我对博士论文中这几个要素的看法,同时还将如何培养学生的概念框架意识、鼓励学生持之以恒坚持写作、监控学生论文写作动态过程、指导学生凝练论文论证等方面展开叙述。我曾经认为用文字描述自己的思想是有限的,有时候甚至是一种挣扎,因为我们不得不去挑选最合适的词语来最贴切地表达意思,让句与句之间、意群与意群之间能够有逻辑,有意义。后来我才意识到,这种挣扎对于写作者本身来说也是"一分耕耘,一分收获"。

培养学生要有概念性框架的意识

在外语教育或应用语言学领域的质化研究中,研究者通常在文献综述完成时要提出一个"概念框架"(conceptual framework),用来指导或组织有序的研究结构。概念性框架是研究者提出的研究理论依据,为研究提出了研究思路,确立了研究的范围。概念框架不但可以帮助研究者理解现象的实质,而且可以指导研究者认识到该现象出现的原因,是预测其发展趋势的基础,以达到诠释、预测或控制现象的目的。理想的概念框架图应具备良好的逻辑性和指导性。逻辑性指的是通过概念框架可以看出概念或变量之间的互动关系;指导性则意味着搭建概念性框架可以指导研究者进行研究方案的设计,包括资料收集方法的选择、研究工具的设计、数据的分析、结果的解释和讨论等。

我的学生在研究初始阶段会通过文献阅读来尝试性地构建概念框架,但他们很容易把各种变量全部罗列到一张图中,找不到来龙去脉,找不到相互关联。

随着他们的研究进程不断地推进,他们将收集到的数据与文献展开协商互动,为了能够理出思路,他们还是要回到先期设置的概念框架雏形里,不断修改,化繁为简,化零为整,添加删减,直到呈现出一个较为完整、内在逻辑缜密的关系图。而在数据分析完成之后,他们往往还会发现之前通过文献阅读建立起的变量和真实数据中的变量之间的联系并不完整或一致,还需要通过不断的调整,打磨和提炼最后才能搭建一个较为完善的概念框架,进而才有可能提升为理论框架。

田野用生动形象的语言描述了她搭建概念框架过程中的动态性(dynamic)和迂回性(recursive),由此说明了概念框架在整篇论文中的指导地位:

"……当然我的概念框架诞生的过程之艰难犹如'十月怀胎',经历了从'怀孕'到'生产'的种种磨难,中间几多变故,险些'流产'。在郑老师的教导和同学们的帮助下,经过多次梳理文献,终于勾勒出概念框架的雏形,才有后来胚胎的健康成长。俗话说'有秧不愁长',在众人的热心帮助下,我论文的萌芽不断吸取养分,茁壮成长。"

钱莺研究的是外国留学生在沪期间的语用能力发展,她在总结和反思自己的概念框架演变成理论模型的过程,颇有感悟:

"……在开题报告之初,我就绘制出了'概念框架',至目前止已调整修改过四次。这个'概念框架'图在我整个研究中起着指导性的作用,同时为我分析质化数据时提供了相应的视角与维度。其中'概念框架'中的活动、内部因素、外部因素影响留学生的语用能力发展,语用能力的变化是通过分析请求语言行为来实现的。经过数月奋战,我博士论文质化部分的数据基本分析完毕,但是在呈现数据时如何产生主题词时,我又困惑了。如果直接用'概念框架'中的主题来呈现,这个研究似乎没有任何新知识或价值添加,也给后来'理论模型'的搭建带来困难。

得知钱莺存在的问题,我指导她要进一步推敲确定它数据中所呈现的主题词,剔除关联性不大的主题词,添补生成新的主题词。质化研究方法的魅力在于研究者要善于应用手头庞大零散的"珍珠",将其拿捏并串成一串闪闪发亮的"珍珠项链",其实这也是质化研究最难的部分。通过交流与反思,钱莺后来这样告诉我:

"我认真思考了郑老师的话,认清我的博士论文中的'理论模型'包括内部因素中个人特点、动机和跨文化态度,外部因素中的文化背景及情景因素,它们对留学生语用能力的发展起着关键的作用,直接决定留学生参加什么样的日常活动,而参加什么样的活动直接涉及语用能力的发展。因此'理论模型'在'概念框架'的基础上做了修整……事实上,'概念框架'、结果部分数据的呈现和'理论模型'三者之间关系是一脉相承的,正因为如此才能保证整篇论文前后的逻辑一致性。"

通过上述两位学生的案例,我们可以直观看出概念框架对于整个研究的指导地位;概念框架得来不易,且需要不断完善;由概念框架演变成理论模型是"质"的飞跃,体现了研究的原创性贡献和价值添加。

鼓励学生持之以恒写稿

前面提到 Bob 鼓励我每天要笔耕不辍,每天坚持写百字,我把我导师的思想认真地传承下去,我建议学生们尽早地把博士论文的电子文档建起来,先把各章节的宏观结构"摆放"在那里,随时随刻都可以往各部分添加内容。坚持写稿的好处就是积少成多,也为自己赢得修改时间,在心理上形成"成就感",鼓励自己继续写下去。

有的学生会产生疑问,如何具体实施呢?难道博士论文不是按照前后顺序写下去吗?比如,我的学生在"田野"收集数据时撰写了详实的田野笔记,那么他们就可以在收集数据的同时把这部分内容改写,放在自己的研究设计章节。只有持续书写才可以保证自己高效的工作状态,也鼓励自己保持良好的工作(学习)状态。巴穆在一次研讨会上向大家表达了他对 keep on writing 的理解:

"我目前正在松江校区对在上外学习汉语的巴基斯坦留学生开展数据收集。目前通过第一轮的小组访谈,我已经掌握了他们的一些基本资料(personal profile)。从他们的故事中,我发现了他们成长过程中有许多'重要他人'(亲人、老师、同学等),这些重要他人对他们学习语言(汉语)的动机和愿景有着很大的影响。我觉得这部分内容就可以先写到研究方法一章中,日后待数据收集完毕可以再做修改和补充。"

就像我经常对学生说的一样,我们应当把自己的博士学位论文当做一件工艺品来精雕细琢,而不是随随便便的简单堆砌,一定要使用 KISS(Keep it short and simple!)原则,即言简意赅的原则,能够用一句话说清楚的就不要用两句话来说。杨岚在这方面做得相当不错,她的博士论文是用中文撰写的,论文评审委员会给她的一条评语是:语言凝练、表述准确、符合学术规范。据说有一次我的一个学生在图书馆偶遇一位高年级正在写论文的蓝同学,他居然把杨岚的博士论文完整打印出来放在案前查阅,蓝同学说:"虽然我写的论文话题跟这本论文没有多大关系,但是这位作者的论文构架完整,语言明快犀利,简明有力!值得我模仿和学习!"我想这应该是发自内心的一段话语,我也希望我现在的学生们都能够像杨岚学习,把"言简意赅"的原则牢牢记在心中,妥妥地体现在笔端。

除了博士论文要持之以恒地写,我要求学生们在撰写期刊论文时也同样要坚持不断地写,不断地反馈,不断地修改和不断地汇报。从他们最初提交初稿给我,到最后投稿出去,往往都要经历十几次来来回回修改。通过这样的修改,我想给学生传递几点信息:第一,任何一篇高质量的科研论文都不是一朝一夕就能写好的,一定是建立在不断打磨、完善的基础之上;第二,写作(修改)的过程也是思维塑造的过程。写作看似是静态,实际上包含着作者与读者之间的动态互动,在这个过程中充满着对话、协商和思维额建构;第三,从文章的修改过程中也培养了写作者树立规范、严谨的学术态度,也增强了作者以"简洁、清晰、读者友好"的方式传递信息的意识。

诸葛谦教授在访学期间收获颇丰,他增强了学术素养,还发表了两篇 CSSCI 论文。他对期刊论文的"打磨"记忆犹新:

"因为自己没有真正领悟到撰写文献综述的精髓,只是简单地把相关文献进行堆砌,没有用一条无形的线在时空上和逻辑上将文献串联起来;再者未能把郑老师经常提及的学术研究'铁三角'—— 理论、文献和现象这三者关系清晰地呈现出来,导致论文研究所倚重的理论框架不明。在后期的修改中郑老师还指出了文献综述部分中一个非常严重的问题,即没有搭建好文献与研究问题的关联,以致在论文讨论部分失去呼应的基础。"

苏觉明撰写的期刊文章起初题目不够吸引人,而且只研究抽样策略,路子太狭窄,我既从宏观角度、学科前沿、理论方法等角度指导他,有从一些微观层面,如具体研究问题设置等方面给他商榷,但是具体怎么修改还得靠自己去思考。苏觉明后来在研讨会上这样说:

"从这一次修改过的摘要可以看出,这篇论文的研究重心已经从抽样策略、抽样意识向必须使用抽样策略的研究方法'调查法'转变,关键词也做相应的修改,然而文章题目和摘要之间仍然存在着不对应的问题,题目仍然不够'抓人',不能做到让人看到题目眼睛一亮,马上就有想下载阅读下去的冲动……"

从文章选题的确定到最终发表,苏觉明经历了将近一年的反复撰写,反复修改。在这过程中,尽管我发挥了一定的指导作用,但是 SLRC 团队,苏觉明的学术社交圈的帮助也很重要,苏觉明在得知文章在核心刊物上发表时,总结这篇文章的发表历程,他感触颇多:

"一篇外语类核心期刊的写作发表,要经历选择课题、查找资料、数据分析、论文撰写、文章修改、编辑投稿、样稿校对等过程,要征服一个接一个困难,最终才有可能得以发表。"

覃雪菲在 SLRC 访学期间,结合当时申请到的上海市课题,与同事一起做"策略取向"(strategies-based instruction,简称 SBI)的成人口语策略教学研究。她的行动研究就以循环模式位作为主架构,开展了为期一学期的实践,包括调查、观察、访谈、成绩分析等手段。行动研究实施之后还要撰写学术论文。覃雪菲的论文撰写完成之后求助与我,我给了她许多具体的修改意见。譬如在引文规范方面,我提出的建议是(见下文中的下划线):

有学者(文献是什么?)怀疑策略的可教性,认为教学习策略与教语法和词汇一样,都是存有问题的。然而,多数学者(文献是什么?)认为策略是可教的,学习者可以通过策略教学来发展更为行之有效的策略性学习行为。

在研究描述透明度方面,我提的建议是(见下文中的下划线):

为了在实验前全面了解受试的背景情况,我们制定了口语学习问卷,包括两部分:第一部分关于受试的个人信息,如性别、年龄、职业、教育水平等;第二部分旨在了解受试在口语学习方面的基本情况,如学习口语的目的、目前的口语水平、口语学习的困难、口语学习方法及策略使用情况等,以确定学习者具体需求。(问卷的设定有什么标准,如何制定等要详细描述。应该要有关于问卷制定的一些参考文献标注。)

在数据呈现方面,我提出的具体研究是(见下文中的下划线):

本研究在策略教学的前期准备阶段对实验组进行了口语学习问卷调查,收到有效问卷38份(男生14份,女生24份)。问卷显示,实验组学生平均年龄26岁(最大43岁,最小22岁),从事职业以销售为主(42.1%),其余为酒店服务员、留学顾问、客服等。(这些如果能使用表格来展示就更好,包括下面的数据结果。讨论的内容比较单薄,没有文献综述的已有理论支撑,显得自说自话。)

经过多轮反复修改,覃雪菲的文章被某一知名外语院校学报所刊用。实际上,在 SLRC 团队中,这样的例子不胜枚举。每一篇论文的诞生一定都是经过了"千锤百炼"和"精雕细琢"。基于我给予学生的细致反馈,通过在研讨会上会下的互动交流,学生们逐渐在这过程中不断"内化""领悟",然后在写作中"渐入佳境",逐渐熟悉论文撰写与修改之道。

监控学生论文写作的动态过程

学位论文的撰写过程大致应包括"策划+写稿+修改+反馈"这几个部分。策划也就是在正式写作之前规划论文的基本结构,即每个部分可能会包括哪些子标题,在每个子标题底下又应该涵盖哪些内容。在策划阶段,我指导学生应该形成一个大致的目录。如果学生能够开始思考每个章节的内在逻辑关系时,他们就会对相关材料和主题更具有"带入感",对这些材料的驾驭能力也更加强大,他们也就能决定在每一部分需要撰写哪些内容,需要剔除哪些内容。

在指导过程中,我一直把撰写博士论文的写作实践跟培养学生的运用批判性思维这一能力紧密结合在一起,要做到这一点,就要学会如何辩证地看待他人的研究,还要掌握获得新知识的能力以及洞见新观点和新思维的能力,二者是密不可分的。这些能力是保证写作过程中对知识能做出原创性贡献的基础,写的过程可以帮助我们将"真知灼见"保留得更久;也是对个人论文的储备性贡献。

我发现我的一些学生不愿意将稿件尽早发给我看,是源于他们对于写作心生畏惧的压力,他们想要通过一次尝试就能达到高质量水平论文的压力。我唯一能做得就是帮助他们缓解压力,鼓励他们多发给我看,我也借机多鼓励他们,让他们有成就感,这样他们就乐于多写多改了。我经常跟他们说一定要先把初稿写出来,哪怕是一开始的作品是粗糙的、低质量的,但初胚的形成是至关重要的。所以,"写稿+重写+修改"是一个循环往复的过程,这三个环节是互相开放的,共同构成的过程。

就博士论文而言,我的学生们基本上都是写作新手,他们读博之前绝对没有写过这样的"鸿篇巨著"。为了让他们能够尽快学会写作,我首先让他们明确博士论文的整体结构,然后要他们深入细致地了解每一篇章中的语步细节,而且还要掌握一些修改和编辑的技巧。具体地说,在篇章结构方面,随着论文写作内容的不断深化,他们还要懂得如何添加和删减,添加容易删减难,这跟生活中的道理是相通的，写作处处也一样充满着舍得的道理。而对于论文形式上的修改则包括语法、修辞、标点和拼写等，对于文章内容的修改和格式的编辑，我的写作经验是最好把稿件稍微放几天，先去写点别的什么东西，过几天之后再回头来继续写作和修改，这种有意疏远带来的"分离感"更有利于批判思维的发挥。

收到学生的修改之后，如果有时间，我最乐意做得事就是及时给他们一个反馈意见，在反馈中我首先是表扬和称赞，然后话锋一转，就是给出具体的建设性意见。我所给的反馈是明确的，不含糊的，犀利的，但不尖刻。我提醒学生应该确保让我有足够的时间来阅读他们的文章，哪怕是小章节也要留足一定的时间给我思考，如果是好个几章，甚至是整篇论文的初稿，那就更一定要留足时间给我消化，这样我才能提出合理的，有效的反馈。事实上，学生一定要明白，除了自己的导师之外，任何其他人给的反馈都是有限的，一是他不是你的导师，他不对你的论文承担最终责任，二是他对你的研究肯定不如你的导师对你的研究那么熟悉。只要导师一直处在监控你的论文写作动态，你的成功希望就大了。

指导学生凝练论文论证

我在港大参加答辩时，找程介明教授指点应该如何回应论文评审委员会成员的问题，程教授说，博士论文的"灵魂"就是要有"论证"（argumentation）。如果你能用一句话把整个研究的过程和整篇论文的思想概括好，那么你就成功了，不管评委怎么问你，你都会应对自如。程教授的话说明了论证的重要意义，也反映出撰写论证的难度，即需要用一句有哲理的话来概括博士论文。

为了达到这样境界，我就经常鼓励高年级学生把自己的论文论证写出来，并在 SLRC 研讨会上交流，直到改成富有哲理、逻辑性强、令人满意的论证为止。杨岚在撰写论文论证时经历了一个从"描述"到"论述"，从"具体"到"抽象"的思维过程，起初，她的论证是这样子的：

"高校英语教师的学术写作发表在个人动机动态变化、个人认知曲折发展和个人与社会的互动过程中曲折发展。"

这句话给人的第一印象是在"叙述"或者"描述"一个现象，并没有说明这个现象产生的原因。后来，她采纳了我的建议，并在和同学们互动的过程中找到新的侧重点，将论证写为：

"高校英语教师学术发展明显受制于我国高校对教师科研考核的评价体系。在此情境下引发了教师个人动机、个人认知、学术能力与环境产生交互碰撞和重塑的发展过程。这最终促进了英语教师的学术发表实践能力的提高。"

尽管不是很完美,但修改过后的版本要比原来的深刻一些,即概括和诠释了高校英语教师学术发展这一学术现象的内涵及其提升高校英语教师学术发展的路径。另外,钱莺也在自己文献阅读和数据结果的基础之上,撰写出来她的论文论证:

"This study strongly suggests that international students' intensity of interaction with native speakers during their studying in China, accounts for the changes of their motivation and acculturation attitudes, which eventually witnesses distinctive improvement in their pragmatic development. Moreover, cultural backgrounds have significant impact on the developmental speed of their pragmalinguistic and sociopragmatic competence."

(本研究结果表明国际留学生与本族语说话者之间的互动强度影响他们的学习动力和文化移入的态度,最终见证了留学生语用能力的显著提高。另外,文化背景对于留学生的语用语言能力和社会语用能力有重要作用。)

钱莺的论证是通过 SLRC 研讨会多次讨论和她自己反反复复修改的结果,事后钱莺根据她亲身体验总结出撰写论证的几点体会:

"(1)论证一定要与论文的概念框架紧密结合;(2)论证的基础是事实和研究发现。研究者利用自己的逻辑思维和哲学思考将概念升华;(3)论证是一个由具体到抽象、由叙述到评价的过程。"

在指导学生撰写和凝练论证这一环节中,我坚持走多维立体的道路,即利用"课堂+研讨+学生展示+个别辅导"等多种方式来互相促进,达到不断巩固的目的。下一节将围绕博士学习尾声的重要活动之一——论文答辩展开讨论。

四、答辩艺术

博士论文撰写完成之后需要接受一系列的审查程序,如校内外盲审和口头答辩等。这一系列审查程序的目的在于:第一,确保学位论文能够满足程序上的要求,如正确的论文格式和展示方式;第二,确认文章是由毕业生本人撰写的;第三,保证论文是对某一学科知识的原创性贡献;第四,确保毕业生对某一特定领域的基本概念、理论、方法和实践有着完备的理解;第五,通过给予专业的学术意见和建议帮助毕业生进一步修改论文,提高论文水平。

作为一名导师和外语教育领域的博士论文评委,我在指导和评审博士学位论文时主要有以下一些标准:

- 论文标题要能准确反映论文内容,切忌大而空;
- 要有具体明确、可操作性强的研究问题;
- 论文摘要和关键词要简洁明了;
- 文献回顾要有综有述;
- 要有学科经典文献和前沿文献的引用;
- 文献引用要纳入最新研究发展;
- 要有概念框架形成的意识;
- 研究设计要有透明度;
- 数据收集和分析手段要诠释;
- 数据/资料呈现要客观,逻辑要清晰;
- 论点要结合数据和文献展开;
- 要回答所提出的研究问题;
- 要提出论文的创新性;
- 参考文献要规范。

我通常不会以我的个人学术兴趣或者从我的研究方向角度来提问论文答辩

人,而是更多地依据上述基本标准来提问题,目的是要考察博士论文的真实性、答辩人的哲学思考能力、熟悉相关理论知识的程度、研究方法的实践应用能力,以及答辩人的英语综合素质能力等。如果说校内外盲审是评审人和论文作者之间不谋面的交流,那么通过评审之后的口头答辩则是毕业生和众多专家评委之间面对面的、动态的"唇枪舌剑",因而这一过程也更充满未知,更具有挑战。

港大博士论文答辩经历

回想起我在港大的博士论文答辩,时至今日依然印象深刻。英国体制的博士生学位论文答辩通常是不开放的,因此港大博士生在自己答辩之前几乎很少能获得旁听答辩的机会,因此,"答辩"这个词对于没有毕业的学生来说显得比较神秘,充满了未知,也带来了更多的压力。作为学生,我只能通过"过来人"的描述对答辩做好准备,包括心理上的和学术上的准备。前面提到过,我曾经问港大程介明教授答辩时需要注意哪些事项,他的回答很简单:答辩的过程其实就是围绕着答辩人的 argumentation(论证)展开的,论证就是需要用一句话来概括整篇博士论文的主旨思想。当然,导师 Bob 和 Chris 都分别给我一些具体的建议,但基本意思是一样的,都强调了"论证"的重要性。论证的过程包括要提供论点和论据,基本思路是:"提出了什么问题? 用什么方法来做? 发现了什么? 有哪些贡献?"听起来好像很简单,而且这些都是自己经历过的学术历程,可是到了要面对答辩评委的询问和质疑时,难免心生紧张。

我的毕业答辩安排在 2004 年圣诞节前夕,答辩评委会由五人组成,其中有两人是海外大学教授,一位是澳洲悉尼科技大学的彭尼库克教授[①],另一位是美国哈佛大学商学院的潘恩教授[②]。根据海外教授不能到港大现场参加答辩会的实际情况,港大研究生院遂采用网络在线视频会议的方式进行答辩。由于波士顿和悉尼跟香港有时差,答辩会就安排在早晨八点钟。那一年香港的冬天特别的寒冷,气温降至摄氏 5 度左右,一大早我就急着要赶往办公室做些准备工作。刚走出研究生堂宿舍时,迎面吹来的寒风令我打了一个寒战。我行色匆匆,路过 Chris 办公室时,瞥见门是虚掩的,Chris 早就到一会儿了。听到外面有脚步声,Chris 立刻走出来,一见是我她就亲切地说了声早安,然后握住我的手,坚定而有力,鼓励我要好好表现,眼中透出信任的光。跟 Chris 握手时,我发觉她的手心

---

① Alastair Pennycook,澳大利亚悉尼科技大学语言教育学教授,语言教育政治学专家。
② Lynn Sharp Paine,哈佛大学商学院教授,英语教育专家。

是湿润的,尽管她出来安慰我,表面上看上去也很平静,但是从她手心里沁出来的汗可以判断她比我还要紧张。

当我和 Chris 一起走进答辩大楼时,我看见分管研究生事务的副院长 Colin Evers 教授早就候在答辩会议室门口,面带微笑跟我们打了招呼,举手示意可以进入答辩会议室了。答辩会议室三名校内教授都已到场,通过网络参加答辩的两位教授也分别到位,大家彼此道了早安,主席示意我可以面对三位评委就座,而我的导师 Chris 则只能坐在旁听席上,不可以参与提问和发言。答辩会如期开始,主席告诉我可以花 20 分钟的时间简要地介绍我的博士论文要点,但一定要言简意赅,不要超时,因为评委们都读过我的论文了,这只是一个程序的问题。我演示之后,港大安德鲁思教授清了清嗓门,夸了我几句,接着他笑眯眯地看着我,说他先提个问题,算是开个头吧。没想到,他只问我为什么要选做这项研究,这可真是一个简单而轻松的问题,正是这样的一个问题让我能够以一种特有的轻松自如和自信的方式进入到答辩的状态。多少年后的今天,我才深刻地体会到安德鲁思教授真是高明,学养高啊!他的人文关怀思想不是一句空谈,而是实实在在、随处体现的行动。安德鲁思教授的问题看似平淡,但事实上为后面专家的提问留足了巨大的空间。

尽管答辩会的气氛是严肃的,虽然答辩期间有过片刻的静默,安静到几乎我都能听到自己的心跳声,但不乏也有笑声,甚至还出现专家之间在争论,好像他们忘却有我这个答辩人的存在。一会儿,他们提出一些需要细节回答的问题;一会儿,他们顺着我的回答进行追问;一会儿,他们质疑数据的单薄如何能够反映更大范围的现象;一会儿,他们挑战论证的逻辑性。答辩会就在这样的状况下整整持续了两个多小时。好几次,我转过身看了看 Chris,每一次,她都用微笑回应我,真是此时无声胜有声,只要我看到 Chris 端坐在那儿,向我微笑着,我就有精神的安慰,就充满着自信。主席看了看手表,宣布休会十分钟,进行背靠背的答辩合议,不一会儿,主席代表答辩委员会恭贺我,说了一声 Congratulations, Mr Zheng!(祝贺你,郑先生!)我激动万分,长长地舒了一口气,走向 Chris 跟她拥抱。

随便提一下,在港大,答辩委员会专家的名单对导师和学生都是保密的,绝对不可能让学生有机会接触到答辩委员会评委,更不可有事先将答辩评委名字写进致谢的笑话,也不可能有让学生自己提着论文上门送给评委的事情发生,一切程序都要经过研究生院官方的途径来办理。此外,只有为数很少的博士生答辩之后不需要修改论文的,而绝大多数的学生还是需要根据答辩委员会专家们的建议花1~2月来修改论文,通常只要交给导师把关。如果需要大修的话,则需要花费3个月以上的时间,修改后要交给答辩委员会主席审阅后方能过关。

指导学生答辩技能

陆游有《冬夜读书示子聿》一诗,其中这样两句:"纸上得来终觉浅,绝知此事要躬行。"意思是说,从书本上得到的知识毕竟比较肤浅,要透彻地认识事物,还必须亲自实践。每周二SLRC的研讨会成为学生们演讲锻炼的舞台。我经常他们进行展示或演讲,内容从他们自己的博士论文,到期刊论文,也有的是读书汇报或反思。汇报结束之后,与会的同学们就会提出各种各样的疑问,演讲者就必须"接招"和"过招",其实就是在锻炼他们的"答辩"技能。由于课堂上的提问所面对的是"地位对等"的同学,而不是身份地位悬殊的专家教授,这就跟博士论文答辩有着本质上的区别。但无论如何,这样的锻炼是很有必要的。对于学生们来说是一个"双赢"的过程,提问者自己提高了批判性思维的能力,而演讲者则锻炼了自己的演讲能力和答辩能力。

事实上,除了校内这些活动之外,我的学生们还有许多机会参与其他院校和科研机构举办的学术活动。比如,上外博士生毕业时需在攻读博士学位期间至少参加一次境外的学术会议,论文摘要要被会议收录,并在会议上宣读论文。这就要求他们需要在更广阔的舞台上锻炼自己,迎接更多地挑战。在我外出讲学时,如果有机会我也会邀请他们同行,让他们有机会向基层教师们介绍自己的研究成果。

通常,每一届学生参加博士学位论文答辩之前,我都会亲自专门做一个PPT课件,给学生做一个"如何准备博士论文答辩"的讲座。我跟学生们一起讨论博士论文答辩的目的:

- 检查论文是否是由毕业论文作者本人撰写;
- 进一步考查和验证毕业论文作者对所著论文的认识程度
- 测验毕业论文作者当场论证论题的能力;
- 进一步考察毕业论文作者对专业知识掌握的深度和广度。

谈到具体的准备措施,我给我的博士生们提出以下建议:

- 再次熟悉自己的论文;
- 准备有可能会被问到的问题;
- 考虑自己应当如何在答辩中表达自己。

具体地说，首先要熟悉自己的论文，有可能要重读一遍自己的博士学位论文，每章内容能用一两句话来概括；其次，要熟悉自己所引用的文献，也要注意更新，特别是自己研究领域的最新动态；再者，答辩委员可能感兴趣的问题通常为：论文的原创性体现在哪里？开展这项研究的动机是什么？你的研究发现对于更广阔的领域有何贡献？研究有何不足？对于未来的研究有什么样的启示？对于这些问题一定要提前考虑，才能做到胸有成竹，应对自如；最后，回答问题的方式也是至关重要的。我认为答辩时不宜不假思索地急于回答问题，也不要随意打断答辩委员会专家的话。有时候有必要就自己的观点进行澄清和辩护，要坚持自己的观点，但要适可而止，没有必要在一个观点上持续"纠缠"下去，可以用"好的，谢谢您，答辩后我一定会认真思考您的问题"这句话停下来。镇定自若的应答态度也是博士生们特别需要注意的，如果没有听懂答委的提问，可以要求专家进行澄清。

清楚的论文陈述是答辩成功的第一步，这个步骤十分关键，因为学生能够通过书面的"遣词造句"和流畅的英语口语给评委们留下深刻的印象。所以只要学生愿意将论文陈述写成文稿，我都乐意帮他们修改，比如丁灵在答辩前夕把她写好的论文陈述稿发送给我，我仔细阅读后给她提出几条建设性的修改建议，她的陈述就很顺畅，得到评委们的好评。

谈到答辩技巧，顾名思义它包括"答"和"辩"的两个方面。"答"就是认真聆听答委的提问，如实陈述有关研究问题、研究设计、数据及分析等相关细节及内容。"辩"就是学生要有自信，因为只有你自己倾注了这么多年的时间来研究和解决这一个选题，你理所当然就是这方面唯一的"专家"，你完全有把握雄辩自如，用事实和逻辑来证明自己的研究是扎实的、完备的、科学的。

总之，博士论文答辩在博士生学习生涯中是一项非常重要的活动。能顺利通过答辩就算是万事大吉，我欣赏我的一些博士生在答辩一周后仍然待在上外保持工作状态，仔仔细细按照答辩评委们的建议去修改论文，交给我审阅确认后再提交上外图书馆。

参加博士论文答辩会

来到上外工作，成为一名博导，我参加了很多场校内外的博士学位答辩会，我感慨颇多。作为评委专家，平心而论，我们都是十分认真敬业的，也是严格负责任的，一方面，我们要花不少时间帮助答辩学生找出许多不应该发生的低级错误，如发生在谢辞和摘要里的许多姓名拼写错误、语法错误，还有发生在正文里的格式错误、文献引用错误，图表编排错误等，这些常识性错误完全不应该发生在博士学位论文里；另一方面，我们还要花不少的时间弄清楚答辩论文的主干篇章里为什么会有那么多逻辑混乱的表述，有的观点自相矛盾，有的观点含糊不清。令人啼笑皆非的是，有的答辩者却以时间匆忙而疏忽作为搪塞。事实上，上述问题完全都应该早在答辩开始之前就解决的。按照国际惯例，导师对学生论文只负责出主意，而对论文的校对是不承担责任的，校稿应该是学生本人的责任。

至于在论文中找不到具体研究问题，论证不到位，文献有综无述，研究设计不透明，数据分析暗箱操作，理论凝练无逻辑等问题也屡见不鲜。这些问题的存在极大地削弱了博士学位的质量，当然作为答辩专家，我们都是既诚恳又严肃地一一予以指出，希望答辩者事后能够认真修改。遗憾的是，答辩委员会专家所提出的一系列修改建议最终能真正落实在纸上的恐怕为数不多。我想这是关乎学术态度的问题，同时也警示着我们的博士学位培养体制存在着一定的漏洞，需要加强进一步监管、督促和改善。

我还观察到答辩者当中存在两种极端的情况，一种是完全任凭专家点评，无心恋战，整场答辩似乎都在认真地听，哼哼唧唧、唯唯诺诺地回答几句无关痛痒的话，严格地说，这不是在答辩；另一种则是语气咄咄逼人，精神亢奋，有时甚至对专家进行诘问，完全忘记了自己的身份。我个人认为，这两种态度都不可取，学生在答辩时的态度就应该是"有礼有节，就事论事"，既不能完全抛弃自己的主张，也不能强词夺理，更不能不接受正确的建议。

下一节中，我将讨论博士论文的成果转化，如何将博士生"处于顶峰阶段"的研究转化成高质量的研究论文甚至是学术专著。

五、破茧成蝶

在国内的博士生培养体制之内,几乎每所学校都要求博士生在取得学位之前要在一定等级的期刊杂志上发表学术论文。这是对在读学生的一种激励,也是促进学术发展的重要手段。我认为理想的状态是,在读期间发表的期刊论文应该与博士生自己的毕业论文有一定的关联:比如它可以是学位论文的某个部分(如文献综述,部分数据的展示和讨论)。另外,学位论文完成之后也可以将其或整理或凝练,转化成为期刊论文或是学术专著。

论文是科研成果的基本载体这样的道理人人都懂得,如果说论文写作是一种"言",那么科研成果就是一种"意",科研和写作之间的关系就是言和意之间的关系。我认为,"意"先于"言",要有"意"才能根据"意"来组织"言"。换句话说,必须要从事系统的科研活动,才能提高学生的学术科研素质。写论文绝对不是"拍脑门"的事,也绝非能凭空想象,信手涂鸦的事,它需要建立在扎扎实实的科学研究基础之上。一句话,首先要进行科研活动,科研活动有了成果,再用语言有逻辑、有系统、有方法、有理据地表达出来,这种表达的过程就是一个写作的过程。

论文是一种学术成果,凡作为科研成果的论文统称为"学术论文",以区别于其他种类的论文。何为学术论文?在我看来学术论文有三要素,即研究问题、数据支撑、分析凝练,三者缺一不可[1],不然就不是学术论文,是其他别的什么论文。

学术论文写作是劳心劳力的创作活动

写好学术论文要"读万卷书,行万里路"。"读万卷书"是指学术论文写作要

---

[1] Nunan, D. 1992. *Research Methods in Language Teaching*. Cambridge University Press.

求研究者需要阅读或浏览大量的文献，认真去思考，并逐渐地积累知识，嵌入到所在学科，达到能够进入本学科的学术前沿与之对话的境界；"行万里路"是指研究者要开展田野科学考察，有可能要翻山越岭，跋山涉水，也有可能要驻守基层，深入调研，科学取证。当知识积累到达一定程度的时候，手中又有了真凭实据，就要去思考，逐渐生成了自己的想法，通过推理分析，科学验证，把思考过程的想法写下来，然后建立在写下来的初稿基础之上慢慢地提炼，形成独特的观点，这一提炼过程，为写作打开了重要的通道。

由此可见，学术论文写作是一种劳心劳力的创作活动。这种创作活动不是一蹴而就的，而是交叉、螺旋式进行的。当然，有的文科学术论文写作完全有可能是建立在实验的基础上开展的，一矣取得实验成果，再进行写作亦未尝不可。但无论如何，"在科研过程中就要开始写作活动，而且在写作过程中，又要同时开展科研活动"这一模式是许多研究者乐于采用的理想模式。这是因为写作和科研是一种互相促进，难分彼此的关系。所以准确的做法是不要等到把科研完全做好以后再去写作，而是要在写作的过程中，不断地进行思考，不断地实践，不断地完善学术观点。

综述所述，我强烈建议我的学生们在读博期间一定要牢记要写期刊学术论文，要留心留意把自己的文献综述，研究方法设计，以及博士论文中的某个案例等撰写成文，投给核心刊物，争取早发表、多发表学术论文。一个博士生学术论文发表多寡都能清晰地记录在他的履历中，就像他在长途跋涉中的一步步脚印那样，反映出他的活力，展现出他的实力，不同时期的学术论文作品能够体现一个博士生学术成长的历程：从青涩到老道。莫道君行早，更有早行人，努力吧！

我在港大跟导师合作撰写期刊论文

尽管港大没有对博士生在读期间要发表期刊论文提出任何的要求，但是导师们都鼓励学生要在国际学术刊物上发表论文。实际上，大多数同学在入学的时候已经带着详细的研究计划进校，有的还收集好部分数据，到满18个月的时候，港大研究生院要召集博士生指导小组确认每位学生是否已完成论文前三章的撰写。这就在体制上确保博士生的文献综述和研究设计在阶段性上说做得比较扎实了。由于有了较为扎实的文献综述基础，导师就开始鼓励学生利用文献综述资料来撰写一篇具有学科前沿价值的回顾性文章。

我入学之前大约花了8个月的时间收集数据，而且比较幸运的是入学后研究选题也没有什么大的变化。这时候，Bob就鼓励我可以将博士论文阶段性成果转化为期刊论文发表,Bob 说要么就是将我的博士论文文献综述加以梳理,写成一篇综述类的文章,要么就是将我当时已写成的一个案例数据写成个案(case study)研究。在港大我读书,同学们上都想瞄准 SSCI 期刊(Social Science Citation Index,社会科学引文索引),但是语言类 SSCI 期刊相对少,比较难刊登。除了 SSCI 之外,香港学术界普遍认同同行审议(peer review)的期刊。于是我就下决心根据我当时博士论文完成情况,和导师 Bob 合作撰写题为 *The Pedagogy of a Secondary School Teacher of English in the People's Republic of China: Challenging The Stereotypes* 的一文。

跟导师合作的好处就是他是有经验的国际知名学者和研究者,他十分清楚手头这篇文章可以在哪一类型、哪一级别的国际刊物上发表,这个定位是十分重要的,会有效缩短投稿候刊时间。Bob 很有经验,他直截了当地告诉我将稿件投到新加坡的 RELC Journal。果然不出所料,投稿不久就收到编辑的正面回复,经过小修就可刊用,我的第一篇期刊论文就顺利出炉了。后来,我考虑到毕业后要回到内地工作,所以我就将博士学位论文的其他内容用汉语撰写投给北京师范大学主管的《中小学外语教学》杂志社,当时这个期刊主要刊登教学大纲推介、优秀教案等内容,编辑读到我的论文关键词是"teacher belief"(教师信念),觉得这个选题新颖,文章可读性也比较强,可以让中学英语教师明白课程设置改革不仅仅靠上级主管部门,更要靠他们的共同努力,就同意录用。这样由我的博士学位论文改写的第二篇期刊论文[1]成功地在国内核心刊物上刊登了。此外我还跟 Chris 合作撰写了一篇书评,发表到泰国的一家杂志社[2]。记得我的港大同期同窗学友有的主修心理学专业,有的主修特殊教育专业,他们使用当时较为流行的量化方法进行研究,他们当中不少人都至少发表了一篇 SSCI 论文,这对大家是一个激励,对香港大学教育学院研究生整体学习氛围的提升也起到很大的帮助。

我和博士生合作撰写 CSSCI 期刊论文

到了我指导学生的时候,我发现并不能完全沿用港大的论文撰写模式。我们的学生在入学时虽然也有研究计划,但研究计划并不是决定他们能否录取的唯一结果,只有一小部分的权重。因此,大部分学生的研究计划需要推倒重写。

---

[1] 英语教师信念对课堂教学的影响(中小学外语教学杂志社,2004).

[2] Book Review on Teaching English as a Second or Foreign Language(The English Teacher: An International Journal),2004.

据我了解，我的大多数学生先前的写作经验大都是思辨型的，而真正意义上的实证研究他们并没有什么经验，更没有这样的写作经历。

根据培养计划来看，上外的博士生第一年需要修完23个学分，而这些课程大多是知识传授型的，尽管也有一些研究方法和论文撰写的课程，但由于学生一开始并没有开展研究的经验，所以听起课来只能是一知半解，以至于我的论文写作课经常看到"回炉生"，有二年级，甚至是三年级的学生，到了写论文时他们又来听我的课。我的研究方向是英语应用语言学和外语教育，要开展这个领域的研究通常需要做实证研究。而我的学生入学之前缺的就是这方面的经验。学生入学之后，我就向力向他们推荐一本书，叫 *Research Methods in Education*，希望通过对经典著作的阅读来掌握外语教育中常用的方法。

苏觉明读过该书有关抽样方法的论述之后，萌发了对中国知网数据库里的外语类核心论文进行分析的想法，想看一看抽样方法在外语教育领域中的使用状况。我觉得苏觉明的想法不错，一方面，我们可以利用中国知网这个数据库，通过研究的方式，从不同的角度来分析已发表的文章，探究国内外语教育研究在规范化使用研究方法方面都存在什么样的问题，另一方面，我们又可以帮助同学们发表核心期刊文章，因为上外研究生部对博士毕业生有至少要发表一篇CSSCI（包括拓展版）学术论文的要求。鉴于此，我给学生列出了10余个可以发掘的主题，鼓励学生们根据自己的研究兴趣对每个主题的可行性展开进一步的分析，看看自己能够做些哪一个方面的研究。苏觉明带了个好头，接下来杨岚、岑浅草、钱莺、藤蔓、彭冬梅、华鸿雁和侯文魁等学生都先后跟我合作，将他们对上述主题的思考付诸实践，论文同样在外语类核心刊物上得以发表。

值得指出的是，尽管我的学生们刊发了几篇上述论文，在我看来这还不是直接从他们的学位论文里转化出来的论文，离我的理想还有一定的距离，但是我相信通过上述的训练和撰写，他们还是学到了一些经验，为今后独立开展研究奠定了一定的基础。同时，我也意识到要进一步鼓励和帮助我的学生们朝着从博士学位论文里生成期刊论文的目标去努力。

踏实学艺，笃行致远

孔仲文来到团队之前就已经具备较为丰富的撰写和发表科研论文的经验，他在《现代外语》《外语界》《外语与外语教学》等CSSCI杂志上先后发表了好几篇研究论文。他也想尝试写SSCI期刊论文。他的这种勇气和态度是难能可贵的，要给予鼓励和肯定，同时我也让他要更多地研究海外期刊论文的特点，要熟悉他们的套路。从语篇上看,作为英语非母语的写作者,我们的英语书面语,尤其是学术用语的表达是否足够专业、流畅?从内容上看,我们的研究问题是否合乎逻辑、研究设计是否合理、数据收集和数据分析过程是否得以透明的呈现、讨论是否具有深度、图表和引文是否符合规范?孔老师的到来给 SLRC 带来了清新的学术气息,他在会上向大家展示了他准备往国际期刊发表的文章。这篇论文描述的是一位青年外语教师的学术心路历程,其中涉及目前我国高校外语教师教学实践与科学研究有所脱节的现状。孔老师的论文行文流畅、表达规范,研究设计表述清晰,过程较为透明。但大家也提出了一些建设性的意见供孔老师进一步修改作参考,大家都十分踊跃加入讨论,孔老师表示他特别喜欢这种学术氛围,能够借此来鞭策和鼓励自己,同学们也表示通过孔老师的展示,他们对 SSCI 论文的整体要求有了更加具体的了解和认识,这对于他们未来的尝试不无好处。我希望孔老师能够如愿以偿将他的这篇论文在国际刊物上发表。而也期待着我的学生们踏实学艺、破茧成蝶,争取在国际舞台上发表自己的学术观点。

对于能够积极主动地把自己的博士学位论文以专著形式出版的学生,我都全力予以支持。柳虹毕业后要出书,她希望我给她题为《我国中学外语教师身份认同研究》[①]一书作序。一天傍晚时分,柳虹打电话告诉我这件事,希望最好能够尽快拿到我为她写的序言。从她的口吻中,我明白她不好意思催,但肯定是希望越早越好。于是我漏夜将序言一气呵成,当夜就及时将其发送到她的邮箱,确保了她的专著能顺利地按时出版。单荟荟和丁灵也积极筹备把她们的博士论文整理好出版专著,她们也希望我帮忙作序。我以实事求是为前提,认真为她们写序,字里行间散发着鼓励、褒扬、欣赏和期许的意味。

杨岚毕业就职后面临着 publish or perish(要么发表,要么埋没)的巨大压力,她现在协助做些院务管理工作,有一定的课时工作量的要求,家里还有两个年幼的孩子需要抚育,但她多次跟我说,"老师,我一定会咬住牙关,挺住。我会坚持写的!"听到杨岚这番话,我很感动,也很心疼她。像这样的例子还很多,鲁南、柳虹、丁灵、郝海东等人在毕业之后,依旧保持学术初心,克服种种困难,建立在博士论文研究的基础上,将自己的研究成果写就发表,刊登在国内核心期刊上

---

① 寻阳.2016.我国中学外语教师身份认同研究.北京:新华出版社.

(初良龙、郑新民,2014;寻阳、郑新民,2015;寻阳,2016;徐忆,2016)[①],真是令人鼓舞!

上外是我国外语类院校中的翘楚,尤其是到了博士研究生阶段,更要培养学生具备一定的国际视野。而反思我自己,其实我做得还很不够,我自己缺乏太大的动力去努力争取在 SSCI 杂志上刊登更多的论文,算是一种遗憾吧。所以我希望我的学生们要胸怀大志,能够比我做得更好。我希望他们不要满足于完成一篇 CSSCI 文章,抱着能毕业就万事大吉了的想法,要尽可能结合自己的博士学位论文研究成果来撰写和发表更多的期刊学术论文。青出于蓝而胜于蓝,同学们,努力啊!

篇末语

写作使人精确(Writing makes an exact man),因为写作需要反映客观事物之间的关系、需要讲究逻辑,学术论文写作亦是如此。论文的开头,结尾,中间的层次,反映的是事物发展的阶段性;论文中问题的提出,分析及解决,反映的是事物的变化规律;论文的叙例,分析及小结,反映的是事物的因果关系;论文的详略,疏密,反映的是事物矛盾的主要方面。"顺理成章""有章可循"绝对不是空话。

本篇中,我围绕博士论文的写作过程,分别从博士论文的整体和微观结构加以分析、博士论文的撰写和不断修改、博士论文的答辩艺术和技巧以及博士论文的成果转化进行叙述、分析和论证。下一篇我将探寻读博的学习和科研体验,走进他们的丰富多彩的精神世界和酸甜苦辣的现实生活。

[①] 如:初良龙、郑新民.2014.词典编纂中的词语释义能力研究——一项基于同义词的定量分析.复旦外国语言文学论丛(2),118—122.寻阳、郑新民.2015.中学英语教师身份认同及其对教师专业发展的影响.基础教育(2),43—50.徐忆.2015.英语教师职场学习与专业发展探究.外语电化教学(5),74—80.

第六篇　传承师学，守望未来

云销雨霁，彩彻区明。
落霞与孤鹜齐飞，秋水共长天一色。
　　　　　　　　——王勃

　　生活总是充满着欢笑和泪水，充满着形形色色的故事，读博生活也不例外。有的学生要暂时远离家门，有的学生一边学习，一边还要教学。正确应对和处理学习与生活之间的关系是每一个学生都要认真面对的。两者之间的关系如果处理好的话，学习和生活则可以相互促成；两者之间的关系如果处理不好的话，学习和生活就有可能相互干扰。我的学生当中有不少人已经成家立业，在学习的过程中免不了要正确处理好生活中的情感和琐事。学生看似是一个人在学习路上行走，实际上，除了导师和同学之外，他们身后还有家人在默默地支持与守望。我们经常在博士论文的致谢部分能读到他们感谢家人的真挚话语，让人心酸，让人落泪。读博过程充斥着各种学习和学术活动，也免不了精神层面的历练。如何科学地进行自我管理？如何把控自己的情绪？如何调整自己的心态？这些都是无法逃避的问题，导师在这个过程中需要帮助学生去正确应对。做学问的前提是学会做人、做事，真诚待人和乐于分享是我最希望学生能够做到的。毕业之后，学生和导师之间的情谊并没有隔断，而是在时常的"温馨问候"和学术交流中永葆生机。我希望我的学生们可以笃定地走在科研这条神秘又充满魅力的道路上。

一、感悟生活

生活的魅力在于它的五味杂陈。人们往往在经历过后才想起来去慢慢地回味,而这隽永的味道早已经变成封存在脑海深处的记忆。如果你想了解博士生活的本貌,那么就去翻一翻几篇博士论文的致谢吧!读一读那些充斥在数年学习和研究中的酸甜苦辣,再掩卷沉思:感慨生活、感怀人生,向知识、理想和信念深深致敬。

我的港大生活片段

回想起我在香港大学求学的日子,我同样也面临着需要学会妥善处理好学习和生活之间的矛盾:我思念家乡故土,我想念家人朋友,我享受学习过程,我热爱香港生活,其中如何有效地管理好自己的时间,提高学习效率,是至关重要的一步。

导师亲临红磡迎接

去香港读书之前,我曾有机会游历过内地的一些名山大川和文化名城,亲眼目睹了祖国的好山好水和城市日新月异的发展。记得我第一次出远门是在1983年去安徽的黄山。那时候从福州去黄山需要先乘坐17个小时的绿皮火车到杭州,然后再搭4个多小时的长途汽车上黄山。作为国内的四大名山之一,黄山以她的"奇美俏丽、灵秀多姿"给我留下了深刻的印象;1985年深秋,我到上海中学观摩取经英语课改经验,抽空漫步在外滩上,踏着秋风吹落满地的梧桐枯叶,望着江面穿梭往来的轮船,听着回荡百年的外滩钟声,想着滚滚不息的黄浦江该承载着多少故事悄然东逝……1993年冬,我去北京教育学院外语系考察,有机会登上万里长城和天安门城楼,亲眼目睹"皇城根下"气势恢宏的历史建筑物,尤其是陶醉在那弥漫在胡同里各种叫卖的吆喝声。

2001年9月初,我怀揣着香港大学的录取通知书,启程前往祖国正南的明珠香江。当时从福州去香港需要先乘 11 个小时的长途大巴才能到达深圳罗湖口岸。由于路途遥远,长途大巴都设有床位让乘客躺着休息。大巴沿途经过穿越闽南进入粤界潮州,四处皆是百姓安居乐业的景象,越往南好像就越富庶,心里为改革开放所带来的成就感到骄傲。进入深圳市区,街道宽阔整洁,现代化建筑鳞次栉比,我深深地感受到了邓小平同志说的"深圳精神"①。罗湖口岸更是熙熙攘攘,一派繁忙的商业贸易景象。

入关之后,按照 Bob 之前电邮的约定,我乘坐广九地铁,直接前往红磡地铁站 A 出口。上了广九地铁的第一个感觉就是地铁车厢的冷气给得很足,安静有序,没有见到大声说话和吃东西的乘客。一路上的地铁站名都很有趣,有什么大田、大埔、火炭、大围……中途经过"大学",后来才知道它指的就是香港中文大学。到了红磡站(香港理工大学就在斜对面),我按原计划下车寻到 A 出口,Bob 早已在站外等候我,朝我挥着手。Bob 带我上城巴,见他用粤语跟机长说了几句,他先刷了他的八达通,又替我投了好几蚊好几毫的硬币。一路上车子穿过海底隧道,经过金钟、中环、上环和坚尼地城,沿着薄扶林山道向香港大学挺进,港大就坐落在半山,依山望海,风景迷人,能够在此办学,足以象征香港大学在香港的地位。

穿越过香港大学的拱门,Bob 带我径直来到住宿地—研究生堂(Graduate House)。研究生堂是一座多功能建筑,可容纳 210 名研究生,位于园环境优雅的坡地上,周边树木绿意盎然,建筑物底部与自然景物丝丝入扣,一方面使流线畅快,另一方面给师生交流提供了舒服的空间,曾获 1998 年香港建筑师学会银奖。由于房间数极为有限,并不是所有的学生都有机会住进这里。我是经过事先网络申请评估获选入住的少数内地研究生,而大部分的研究生需要到山下民居寻租。根据前台提供的信息,我得知自己被安排在 308 房间。Bob 陪同我前往,打开宿舍门一看,他高兴地说:"Wow, Xinmin, wonderful, this is a sea-view room!"(太好了,新民!这是一间海景房!)原来我的房间有落地窗,透过落地玻璃窗户可以遥望美丽的维多利亚港,连中、上环都尽收眼底。香港寸土寸金,我能独享十平方米的私人空间,已算奢侈,尽管屋内陈设简陋,仅一个衣柜,一张书桌,一张单人床而已,加上还有与隔壁室友共用的洗手间,太满足了。接着 Bob 带我到石塘咀一带购买日常生活用品,还请我吃了晚餐。导师亲自到车

---

① "深圳精神"形成于 1990 年,原为"开拓、创新、团结、奉献"的八个字。新的深圳精神是"开拓创新、诚信守法、务实高效、团结奉献"。

站迎接我,替我安顿下,还款待我。这是我到港第一天,导师给我上的第一课。

与哈佛交流生一席谈

入住研究生堂的当晚一切安顿停当后,我便下楼到会客厅使用公用电脑写邮件,一是写信感谢 Bob 远道来接我,二是写信给家里报平安。写完信在我起身将要回房间时,一位学生模样的人跟我打了招呼,自我介绍说他是哈佛大学四年级的工程学博士生,叫 Mike,原来他获得哈佛大学国际交流项目的资助到港大学习一年,并应邀入住研究生堂。在随后半个多小时的交流之中,我告诉 Mike 我来港大之前,已经收集好一些数据,有录音磁带近 30 盒,还有 12 盒的录像带,加上教案、学生作业和政策性文件等,我真不知道该如何下手,想请教他怎么办。Mike 很有经验,他告诉我这绝对是一个浩大的工程,建议我不需要逐字逐句地转写,要先多看看录像,听听录音,熟悉数据,做做记录,再读读文献,然后头脑风暴,选选关键词,比对比对,提炼提炼,概括概括。Mike 在交谈过程中,满脸轻松,很有自信,我真是受益匪浅。这是我到港第一天,交流生给我上的第二课。

深夜得病得好人相帮

夜深了,或是路途疲倦,或是空调太冷,或是水土不服,冲完热水澡我顿觉得浑身发冷,特别不舒服。不一会我就开始呕吐,幸好我有当知青下乡的经验,出门总是随身带上几包福建"漳州神曲",一种调和脾胃、止呕止泻的中成药。可是这次服后不灵,身子反而愈发觉得冷。无助之间,我只好拨通研究生堂前台值班电话,请求帮助。不一会功夫,门铃响了,我打开门一看,外头立着一个 30 多岁的服务员张生,见我脸色苍白,额头沁冷汗,他二话不说便搀着我抄小道去校内门诊室。真是祸不单行,脚刚伸出门天就下起雷雨。张生一只手吃力地撑着伞,另一只手搀牢我,在灯光昏暗的山道中蹒跚前行。小伞在雨中被狂风任意戏谑,忽左忽右摇曳着,尽管张生奋力将它举起,倾盆大雨早就把张生浇透一身,可张生却一直把伞遮在我的头顶。港人这种敬业精神至今仍深深地镌刻在我的脑海里,心中除了感动,还是感动。这是我到港第一天,服务员给我上的第三课。

一路艰难行走来到校门诊室之后,值班医生诊断我是因为着凉引起的不适,马上给我煮了浓浓的姜汤驱寒,还开了好几个电取暖器供我取暖。大概过了两个多小时,我感觉好了不少。第二天我躺在床上休息,不能外出走动。我给刚认识的 Mike 打了个电话,告诉他因为身体不适,无法出门。20 分钟之后,有人轻扣我的宿舍门,我开门一看,原来是 Mike!他手中端着一碗热气腾腾的云吞面!

我感动得不知说什么好，Mike说了声你赶紧趁热吃了吧，有事你给我打电话。他乡生病遇困难，有人援助暖心房！真幸运啊！我暗暗告诉我自己到高等学府来学习，不仅仅是学做研究，更重要的是要学会做人。

研究生堂多元文化气息浓

研究生堂的每层都有一间公用厨房，里面有微波炉、冰箱和多士炉，供学生们加热食物。时间一长，来自法国的、瑞典、意大利、日本、印度、新加坡等国的寝友们都会聚在一起喝喝咖啡，品品茶，交流学习和生活的感悟。香港大学的堂舍文化特色之一就是邀请世界名人和艺术家住堂分享。堂里还经常邀请知名学者和教授入驻，拓展研究生的交流圈子。有一年，来自江苏的昆剧艺术家入住港大研究生堂，在陆佑堂献演，吸引了包括教授和学生在内的数百名观众雅集于此，同享中华文化精髓的大雅盛宴。字正腔圆的唱腔、飘逸优美的舞姿、简约空灵的舞台灯光、淡雅素洁的戏剧服饰，共同营造出了昆曲的大雅之美、写意之美，令我们耳目一新，惬意舒适，陶冶情操。表演结束之后，艺术家们还跟台下的观众展开热烈的互动，拉近了艺术家与观众们的距离，这在内地是不多见的。

研究生堂展厨艺

港大研究生堂仅有210张床位，而研究生高达数千名之众，为了公平起见，学校规定每名居住者最长只能申请居住两年，时间一到就得搬出。到了我住满两年时间，同学们"撺掇"我就在研究生堂的公用厨房举行一次告别宴。我很乐意接受他们的请求，于是就到惠康超市购买了海鲜、肉品、果蔬等，使用有限的厨房炊具给大家做了十来道以酸甜为主的福州菜。那一天，有孙绵涛[①]、邓猛、何云峰[②]、傅宏[③]、朱志勇[④]、池瑾[⑤]等十余名同学光临，他们分别带来葡萄酒和一些小礼物，大家欢聚一堂，谈笑甚欢，孙绵涛老兄酒至酣，高兴地离席，引吭高唱京剧《智取威虎山》杨子荣选段："穿林海，跨雪原，气冲霄汉……"大家开心无比。不久前，我遇到老友邓猛，他对此事记忆犹新，感叹我的"厨艺"、感叹研究生堂优越的居住环境、感叹逝去的韶华、更觉得要珍惜纯洁的同窗之谊。

---

① 孙绵涛，沈阳师范大学教授，博士生导师。
② 何云峰，上海师范大学教授，博士生导师。
③ 傅宏，南京师范大学博士生导师。
④ 朱志勇，北京师范大学教授，博士生导师。
⑤ 池瑾，北京师范大学副教授。

闽港往来需及时调整研究节奏

到港学习初期,我忙碌而充实,并没有太多的思想情绪。我每天都会给家里打一个电话,保持联系。自从结婚以来,我的妻子对我继续学习深造都十分支持,尽管她在中学长期担任行政职务,还兼任语文教学任务,每天在学校都有忙不完的事情,但回到家里她还要照顾当时上高中的女儿,照顾她的生活、辅导她学习。我在港大就读时,我父亲骑自行车不慎摔坏了腿,妻子每周都去照看老人。妻子独自一人承担着照顾老人和教育女儿的重任,把一切家务料理妥当,我才能安心学习。令我欣慰的是女儿郑丹很争气,她参加全国青少年科技创新大奖赛获得优异成绩,于2003年6月免高考直接保送到南京大学学习。2007年秋她又以GRE和TOFEL成绩双优秀获得全额奖学金赴美西北大学攻读生命科学博士学位。

在香港待久了,难免思乡。导师Bob明确规定学生离港必须向他汇报,这一点充分体现了他对学生人身安全负责的态度。因此,我每次回家之前先是给Bob(后来换导师,我就联系Chris)写电邮申请离港,交代事由,得到他许可之后,再递交正式的请假条让他签字,上交香港大学教育学院分管研究生的副院长备案。

回福州省亲一趟不容易,肯定要隔三差五地去探望抱病卧床的老父亲,多陪老人一些时光,还要承担一些家务,关心关心女儿的学业等,心就很难再放在写论文上了。每一次返港回校,我往办公桌前一坐,两眼直愣愣地盯着电脑屏幕,纵使思绪万千,但指尖僵硬,目光停滞,毫无灵感,不知道该写些什么。此时耳边却不时响起办公室同学猛烈敲击键盘的声音,我心里就发虚,他们敲击键盘越快越响,我的心就越加忐忑不安。可以说,回家住了两周时间,回校后则需要花两周时间进行调整。里里外外,一个月的时间就这样耗掉了。想到有厚厚的论文要写,压力陡增,又是后悔又是自责,心境变得灰蒙蒙的。我意识到不能再这样下去,人生有得必有失,要正确处理好得失之间的关系。家还是要回的,但我缩短了在福州逗留的时间。在福州,不管有多忙,每天晚上都要坚持写一个小时,不让思路断掉,不让研究走远。之所以说这番话,就是想提醒学生们学习和工作既是相辅相成的,又是此消彼长的一个过程,只有懂得妥善经营,有效管理好自己,才能保持一份平常心,一种正常的学习状态。

忠告学生们:管理好有限的时光

我所招收的学生中近的有江、浙、沪、皖,远的有晋、陕、滇、辽等地。有些学生惦记着家,总是希望频繁地回去,有的怕我知道,甚至偷偷地溜回家。去年一个冬天的傍晚,我临时召集几个新生到我的办公室讨论有关论文题目,电话一打,大部分的同学很快就到场。可是我没有见到侯文魁,问同学,他们支支吾吾,我立马亲自打电话给侯文魁,他一看实在瞒不下去了,这才老老实实地坦白此时的他已经踏上火车在回家的途中。

  我从来没有不准许学生回家,尽管知道回家在一定程度上会影响他们的学习进度,但需要学生跟我说一声,我会通情达理同意的。想家是人之常情,如果我招收的学生个个麻木不仁,丝毫没有生活情趣,那也极为悲催。侯文魁算是一个好男人,虽然是个人高马大的"北方彪形大汉",却也不失南方人的细腻,每天早晨七点整,他一醒过来就是给妻子打电话,保持联系,谈话间可能有些事情需要他亲自回家去处理,这些我能理解和体谅,但我跟学生们说,只要离开上海,都要让我知道,因为我要对他们的去向和学习负责。紧抓考勤工作让学生意识到他们要承担家庭的责任,同时他们更要承担学业的责任。通过教育,现在的学生们基本都能坚守在学校,甚至寒暑假,上外虹口校园还能看到苏觉明、华鸿雁和冉祺儿等人的身影,他们或是查阅文献,或是撰写期刊论文,或是整理资料,或是分析数据。在学习和生活之间要学会权衡,我感受到我的学生们开始变得从容,日趋成熟,自我管理能力有了一定的提高,他们会明白这本来就是读博历程中要修炼的重要一课。

二、情绪管理

通过前面的讲述,我们知道读博需要完成的工程十分浩大,任务十分艰巨,因此读博需要管理好自己,包括如何组织自己、管理自己、约束自己、激励自己,最终促使自我目标成功得以实现。其中如何克服孤独感,增强学习动力等都是自我教导和自我约束的具体体现。

学会克服孤独感

读博注定是一场"孤独"的修行之旅。"孤独"不但只是因为博士生主要是跟导师、文献或实验器材打交道,生活交际圈较窄,和外界交流的机会较少;还因为博士生研究的领域有可能是自然科学或人文科学中一个极小的知识点,这一个点有可能是前人未曾触及过的,也有可能是现阶段的其他学者很少涉猎的,所以就研究领域来看,博士生个体也是他选定方向的有限"专家"之一。由此可见,博士生的"孤独感"来源自博士学位本身,它要求博士生对于人类知识做出独立的、原创性的贡献,这就意味着他们必须独立完成研究,而且所取得的成果也必须是独一无二的。

学会排遣孤独

问题是我们怎么样看待要读海量的文献这一个问题。杨绛曾经说过,读书贵在"追求精神享受",她又说,"不过,读书的'乐在其中'并不等于追求享乐。钻入书中世界,这边爬爬,那边停停……对心上悬挂的问题偶有所得,就好比开了心窍。"实际上,我们读的不是一般消遣性的书,我们的阅读通常是指专业方面的文献,虽然艰深而晦涩,但我们在阅读的过程中一直都在思考、甄别、梳理、过滤和吸收有关学术话题的内容和观点,要考虑不同的学者是如何分析的,同一个话题的学术脉络是什么,又有哪些书需要进一步阅读,哪个理论需要再去学习,这个时候只会觉得脑子不够用。有时候我们会感觉到读文献犹如亲临各种学术现场,聆听各种争论、讨论;有时候选题思绪会纷至沓来,熙熙攘攘,你方唱罢我登场,应接不暇。此时的心是满满的,脑子是上紧发条的,是孤独无法侵入的。

所以,对于博士生来说,孤独只是一种物理状态,而不应该是一种心理状态。我们可以充分利用这种远离喧嚣、心灵放空的机会来好好思考自己的研究方向,也好好地丰富自己的知识,扩展自己的视野。其实,这就是一种心灵的修炼。要把心放在掌握本学科的专业知识之上,如有可能,也要具备"跨学科意识",做到学有专攻,兼通其余,只要人忙碌起来,就无暇顾及空虚与否,就更不会感到孤独!

导师要多鼓励学生

帮助博士生克服"孤独感"是导师应尽的责任,因为是过来人也是可以做到的。我的两位导师 Bob 和 Chris 在这个方面为我树立了良好的榜样,尽管他们的指导方式各不相同,研究兴趣也有区别,但他们对我的关心和支持都是真切和有力的。两位导师是我心情的"稳定剂",是我精神的强大后盾,每当我遇到心理问题的时候,他们都会使用电子邮件疏导我们,他们使用邀请喝咖啡的方式来当面引导我。有一次我跟 Chris 反映,每周一次跟她汇报学习之前我都会有一种莫名的紧张和孤独。紧张是担心自己汇报的内容达不到要求,孤独则是不知道该向谁求教。听完我的困惑,Chris 安慰我要把焦虑和孤独的心情释放到思考和解决问题上,这样才有价值,才有意义。如果实在焦虑或孤独,尽可以随身携带一本书,从学校后门出发去登山,一边可以享受青山绿水,一边还可以思考研究问题,选一个僻静的山坡上,吸一吸清新的空气,晒一晒温暖的阳光,读一读随身携带的这本书,看一看有什么帮助。导师就是导师,本来郁闷和焦虑的事儿,经她这么一点拨就变得浪漫和美好。

得到导师的宽慰最大的作用就是感觉到他们就在我的身边,我并不是一个人在学习,我的学习都倾注了导师的关注,充满着导师的关心,这样我的孤独感就自然而然地烟消云散。当然,朋友和家人的关心、理解和支持也是很重要的。平素,我会找同学打打乒乓球,出出汗,跟球友们调侃调侃,情绪就有所改善。由于跟家人保持密切的联系,得到他们的安慰也是我在学习征程中不孤单的重要原因之一。我带着一种"使命感"求学,在学术的道路上努力前行,有导师,有家人,有朋友的陪伴、鼓励、安慰,我的内心变得更强大,信念更坚定,情绪更稳定,动力更充足,能够以最佳的状态投入到每一天的学习之中!

团队多元交流让学生远离孤独

针对焦虑和孤独有可能在不同程度上侵扰学生,在指导过程中,我有意识地通过多种渠道，如电子邮件、面谈、电话、微信等移动社交平台与学生们保持联系，掌握他们的最新动态。一有苗头，就积极跟进，或请同学互相帮助。SLRC 学习共同体曾经发生过这么一件事，有一位同学因为论文撰写中的概念框架一直没有落实，加上远在家乡的儿子要考高中，内心郁闷，打电话跟家人倾诉话又不投机，一气之下索性就把手机关掉，吃了超量安眠药去睡觉。远方的丈夫挂断电话后觉得自己说话方式不妥，想再打电话给妻子安慰安慰，没想到电话关机了，他慌了神，费了好大的周折，才要到同学的电话，让他们去看个究竟，后经大家多方努力才把这位同学叫醒。

SLRC 学习共同体每周一次的研讨会，也成了大家彼此交流，释放焦虑和孤独的驿站。杨岚同学是这样描述她眼中的团队学习：

"我每周参加一次团队的学术研讨，把疑惑带来，把信心带走。团队成员质疑我、帮助我，提醒我要客观地把握研究方向。有时候，团队是我的安全绳，让我更有胆量进入到感性的漩涡当中，有时候，团队又像是镇静剂，让激情澎湃的我冷静下来，更加客观地去分析我手中的资料。我的研究一部分关注老师在学术写作中是如何与学术共同体互动的。我深刻地体会了我所处的 SLRC 学术共同体给自己带来的益处，以及我在学术共同体滋养下取得的进步。"

郝海涛在回忆起 SLRC 学习共同体时是这样说的：

"在这一过程中，给我鼓励最多，对我的论文写作促进最大的当属 SLRC 团队。在一次次与导师和同门师兄弟姐妹的交流研讨中，我逐渐融入到这个充满学术生命力的研究团队中去，也逐渐在上外找到了自己的归属感和认同感，尤其是在困顿和挫折的时候，是 SLRC 团队的日常讨论唤醒了我的思维火花，让我不断接近学术前沿的最新动态。其实，每一次团队的讨论与交流都潜移默化地改变着我的学术素养和学术视野。"

渡过"论文中期危机感"

毋庸讳言，我在港大学习时也遇到过"研究瓶颈期"和"论文停滞期"所带来的问题，所幸的是我积极主动寻求导师、同学和家人的帮助，最终都闯过了这一道道坎。导师给力的地方就是及时给予积极和正面的反馈，帮助我找出问题的症结，提供解决问题的建设性意见。每每状态不佳，难以继续写下去时，我还会找同院同专业或不同专业的同学"倾偈"（粤语，聊天、谈话之意），尽管他们未必都能给我确切的答案，但他们乐于倾听的本身就是对我的最大支持和鼓舞。伏案工作一整天后，傍晚时分，办公楼过道可以听到呼朋引伴去"行山"（粤语，爬山的意思）的邀请声，大家立刻换上运动鞋，带上矿泉水，有说有笑往山上爬。在高高的太平山顶，放眼远眺，落日晚霞，翠竹苍松，大家边走边聊，互相鼓励，互相宽慰。焦虑得以释放，孤独得以排遣，思路得以整理，信心得以恢复，动力得以增强。我想这也是一种自我管理的方式。

我的博士生来源渠道比较广，有同力博士生、全日制博士生、留学生、还有博士后。他们的学习经历并非都是一帆风顺的。考试成功，博士生往往对未来的学习和研究充满着美好的愿景，踌躇满志，下定决心要做出一番成就。但事实上，一旦研究开始时，如怎么样选题、怎么样搭建理论框架、怎么样收集资料等等，他们就吃不准方向，对未来的研究比较迷茫，产生了一定的恐惧感，开始怀疑自己的能力，甚至丧失信心。这种状态有时被称作"论文中期危机感"。而伴随这个状态的最重要特征，就是学习动力的缺失。作为导师，我首先能做的就是给予他们及时的表扬，得到导师的表扬他们大都会为之一振，再有的就是在学术上帮助他们梳理问题的所在，鼓励他们认准的方向就要坚持下去，不要朝三暮四，左右摇摆，如有可能，可以适当给他们放几天假，回家调节调节。

有1%的希望，就要做100%的努力，这是人们面对困难和挫折经常用来鼓励自己或他人的一句话。舒弘的读博经历是比较坎坷艰辛的，回首读博历程时她这样说道：

> "当资格审查陷入比较渺茫的时候，我真想算了，也就是放下吧。后来没想到峰回路转，这也算是坚持给我的一种回报。在经历修学位课程及后期论文撰写将近六年的时间里，最让自己感到欣慰的是，自己在一次次资格审核挫败中及论文撰写的瓶颈时期没有气馁，没有放弃，始终坚持初心、克服种种困难，成功地在预定的时间内完成了论文的写作，圆满地通过了盲审和充满紧张挑战的论文答辩。"

博士论文写作需要日积月累，扎扎实实码字的工作，说它是一个工程庞大的文字游戏也是可以的，是学生们用心血凝成的作品，是对自我的一个终极挑战，而这其中遇到的任何困难都像游戏关卡设置的任务。只要用心，只要努力，关卡总能闯过，终点总能到达。与舒弘博士同年毕业的铃木对自己的博士论文写作也有自己独特的看法：

"每个博士生的自我调节方法都不同,尽管有导师、同学以及家人的鼓励、理解和支持,但我相信只有我自己才真正了解我自己,才能找到最适合自己的调整办法去克服负面消极的情绪。无论面对多大的困难,都要学会释然,学会一张一弛,我们的追求才能得以实现。"

有一度,白桦的论文写作进入胶着状态,几近心力交瘁,于是她写通过发短信给同事或同学寻求精神上的支持,当然其中也包括我,她是这样跟我说的:

"郑老师,之前我真是低估了博士学位论文的难度!!!现在虽然字数够了,但还不成系统。最近几天我等于是把之前的文献综述部分重写,今天完成了一部分。当时向您夸下海口,大年三十给您初稿,现在看来比较困难。我抓紧时间,尽快写,一定尽快!争取再过两周拿出初稿!科研真是让人殚精竭虑,今天心情三起三落。找不到方向了,强逼自己坐下来再看文献,然后慢慢有了思路。我不想放弃,希望我能挺过去!也感谢您一直以来的信任。"

收到白桦的来信,凭我对她的学术能力的了解,我觉得她写好论文绝对没有任何问题,只是此时特别需要鼓劲,于是我就给她回了这样的一个短信:

"白桦,昨晚我实在累,早点睡觉,未及时回复你,见谅!你说的话我能充分理解!我觉得你很了不起,你搬到冷清的松江,一个人关在冰冷的办公室里,坚持地写啊写,谢谢你经常性的汇报,每一次我都看到你的论文有大变化,你的思想变得更加深邃。你的文笔很流畅,每句话都很精练,言之凿凿。调整、修订是十分的正常。以我的经验,有时间的话,一篇文章就得花几周反复修改,更何况是大论文。你谈不上放弃,坚持是必然,挺过去是肯定!我时刻都在,跟你,跟同学们在一起!写一会停下来休息一下,松江校区有那么大的校园,到外面去走走,放松放松,这样才能保持继续写。你是我的骄傲!"

正如她们提到的一样,每个人在读博的过程中都会遇到挫折和困难,但只要找到合适的调节方法,更加清楚的认识自我,积极探寻解决问题的方式,每个人都能顺利到达胜利的彼岸。

帮助学生进行自我管理

SLRC团队是由不同年级的学生构成的,他们在性格、天赋和悟性方面差异明显,所以在提供反馈机制时,也要结合实际情况,不能搞"一刀切"。总的来说,我采用"及时鼓励、梳理问题、批评指正、调整状态"的办法来指导他们。

巴基斯坦留学生巴穆不懂中文,对中国文化缺乏了解,刚来上外的第一个学期他比较依赖我,每天都要发好几条微信跟我汇报或咨询。我想他远离祖国,在他国异乡生活和学习的确不容易,适当给予更多的关心是必要的。巴穆性情细腻且敏感,有时候中国同学一些不经意的举动就会引起他的误解。就拿导师讲课这件事来说,通常中国学生不会中途打断提问,但是巴穆会经常举手示意有问题要问,他积极提出问题和看法,这本来没有什么不可以的,也正是博士生学生的一种特点,但由于文化的不同,有的同学认为他爱出风头,加上他言辞比较犀利,不久他和中国学生之间产生了一些误解。为这件事情我比较苦恼,我招收国际留学生的初衷是希望丰富团队结构,促进中外文化交流,产生了这样的矛盾有悖于我的初衷。我作为导师自然要承担起"协调员"的角色,于是我先找到相关的中国学生,跟他们讲道理,让他们站在对方的角度来考虑问题,接着我亲自打电话给巴穆,鼓励他积极发表自己的观点没有什么不好的,但也告诉他不要过于敏感,要跟同学多交流,增强理解,增进友谊,建立信任。通过大家的努力,他渐渐地抛弃埋怨,挣脱偏见,用相对宽容和坦荡的胸怀和中国学生交往。

石云峰是汉国教方向的博士生,有一段时间他在论文的选题和开题上遇到了一些挫折。我察觉到以前充满活力的那个小伙子现在总是若有所思,反应偏慢,心事重重。于是我找他谈,先是肯定他的进步,然后就对他所存在的问题展开分析。他的研究是以留学生汉语课堂上的互动交流作为研究选题的切入点,但令他苦恼的是,听了几节课,也录了几节课堂录像,经过初步的分析就是难以从已有的数据中获取有价值的信息。针对这一情况,我跟他指出是否因为前期的研究设计出了偏差,是否文献综述提取出来的概念和变量等有缺陷,从而导致了现有的结果。为了帮助他尽快摆脱这个困境,我还主动帮助他寻找文献,提供一些实质性的帮助,我劝他放下包袱,振作起来,果然没有多久,石云峰的研究设计就有了比较大的调整和变化,他的研究也逐渐步入正轨。

牛犇是一位踏实勤奋的博士生。在读博的过程中,曾因为行政事务缠身导致论文进展缓慢,整个人的精神状态也不是太好。在这个情况下,我要求他回到学校,按时参加团队研讨,并在研讨会上就自己的研究进展进行定期汇报。还记得那是某学期的第一次研讨,牛犇应我的要求就他博士论文的"概念框架"进行汇报,我知道他在这个低迷的状态下最需要鼓励。于是,我对他的发言给予了较高的评价,并鼓励他继续保持这种"干劲",将之前错失的进展补回来。的确,积极的话语真的可以让一个学生的精神面貌焕然一新。在后来的研讨会上，我时而听见牛犇妙语连珠的宏大叙事，时而听见他对同窗学友研究问题的中肯建议，时而看见他神采奕奕地分享论文写作的经验，牛犇终于找回自我，又变成以前那个"朝气蓬勃、意气风发"的帅小伙！

由于白桦是在职博士生，她身兼行政职务，每天白天在工作岗位上总有忙不完的公务，很少有自己的时间去撰写博士学位论文，当她结束一天的工作，摸黑回到家里后，还要辅导读初中的孩子做功课，直到深夜才拖着疲惫的身躯挣扎着写一点东西，真是不容易啊！为此她已经延期一年，为了争取尽早能参加答辩，白桦一度向我请假，希望每周二晚间的研讨会暂时缺席一段时间，以便腾出时间写论文。一开始，考虑到她的实际情况，也想让她专注于自己的任务，能够取得突破性的进展，我就同意了她的请求。可是一个多月的时间过去了，当我询问她论文有何进展时，她却带着歉意的神情告诉我在数据分析时遇到了瓶颈，在数据分析时找不到足够的主题(themes)来回答研究问题。这时候，我意识到问题有些严重，必须让她回到 SLRC 团队中来，参加每周二晚上的学术活动，汇报她的研究进展，叙说她的困惑，分享她的体验，意在从精神上和学术上对她给予支持和鼓励。白桦接受了我的建议，她在汇报时展出了每个章节预计要完成的字数和已完成的字数，通过这种直观的方式来说明论文进展现状。至于她在数据分析中遇到的"无法继续下去"的囧态，我则建议她多读文献，看看文献中是否有什么样对应或相似的主题可供参考，然后再回到自己的数据中进行沉浸式的反思和分析。除了在"技术"层面给予白桦帮助，我还肯定她目前所取得的成果，让她坚定信心，只要把握好节奏，每天码字不止，就一定能够向前迈出大步。白桦后来是这样说的：

"我能理解导师的良苦用心。他要求我参加每周二的研讨会，理由有二，其一是我可以把自己遇到的问题梳理出来跟大家一起讨论解决；其二，每周二的'聚会'实际上是给予包括我在内的每一位同学精神上的支持（mental support），让大家记得我们身后有这么一个团队，我们的研究之路并不孤单。"

是的，我把 SLRC 称为博士学习过程中的"心灵驿站，精神的家园"。通过鼓励，鞭策甚至是抓"出勤"，不仅是白桦重新找回自信，也大大地加强了 SLRC 学术共同体的凝聚力和认同感。

三、高情远致

有人认为读博仅仅是一场个人与书籍或文本互动的历程,我觉得这样的认识就比较片面。读博的意义远远要超过花费数年时间撰写完成的学位论文。在这个过程中,学生走过的路、读过的书、遇到的人和结出的果都是一生中一段重要的体验和厚实的积淀。

真诚待人、乐于分享

曾经有学生问我做人原则是什么,我想我最基本的处事为人的原则是:"真诚待人、乐于分享。"在港大读书时,我接触过形形色色的同学,有志同道合的,也有观点不同的,但无论如何,我都秉承一个基本原则与他们和睦共处,即只看他们的优点、不看他们的缺点。在不同的人身上,我只盯住他的闪光点,我能向其学习之处。和志同道合的人交往,我能和他交流人生和理想;和球友在一起,我们就切磋技艺,放松身心;和不同专业的学友聊天,我可以扩大眼界,丰富知识,提升阅历。记得当时有一位70岁左右的高龄美国学生,他整天背着双肩包,我好奇地问他每天都在做什么,他回答说是在旅行。后来我才知道,他哪里是在旅行,他的专业是社会学,他每天背着双肩包行走的过程都是在进行社会考察,接触和了解不同社会阶层的人。许多人对他十分不理解,认为他拿着香港纳税人的奖学金游山玩水,不把宝贵资源留给更加年轻的学者去学习,都这把年龄了,能有多长时间对国家、对社会做贡献?可我不这么认为,他做的是社会学方面的研究,他通过深入考察香港事务,他写的论文会有一定的学术价值的。如果每个人都只是为了评定职称和晋升去做调查、做研究、读博士,那么我们的民族和国家还有什么前途?

我的学生大都聪敏好学,但是性格却不尽相同。有的开朗善谈,有的含蓄内敛,因此,在跟不同学生交流时,我采取的方式和尺度也不尽相同。相同的是,我希望把喜于奉献、与人为善、乐于分享的精神通过我的实际行动去影响他们。不管在学校授课还是外出讲学,我总乐意地把我精心制作好的 PPT 在讲课结束时留给听众。我每到一个新地方讲学,都会主动事先跟当地学校的负责人进行沟通,了解他们的诉求,及时修改和更新 PPT,所以我的 PPT 内容不是一成不变的,而是每一次都有针对性,每一次都有新亮点。我的学生们大都十分乐于分享,苏觉明同学在他毕业前夕送我一个移动硬盘,里面是大量的电子参考书,是他这些年收集到的资料。我觉得苏觉明十分享受分享给他带来的快乐,每当有同学向他寻求帮助,他总是十分乐意,尽力而为。

学会真诚道歉

此外,敢于真诚"道歉"也是我想和学生分享的品质。记得我在港大求学时,我撰写了一篇期刊论文,想当然地把导师 Chris 当做第二作者,然后将稿件投了出去。有一天下午,Chris 打电话给我,要我立马去她办公室一趟。我连走带跑地赶到她的办公室,轻轻推开办公室的门,跟她打了声招呼。可是 Chris 的头抬也没有抬起来,就冷冷地问我有没有做过什么对不起她的事情。我毫不犹豫地说不可能。她马上就接着说:"You never know the world is so small!(你不知道世界就是这么小!)"原来,我投稿的杂志社邀请 Chris 担任这篇文章的评委,她这才知道我是在没有经过她允许的情况下将她的名字加在文章上的。她十分恼火,觉得这涉及学术伦理的问题。我意识到了事态的严重性,连忙向她道歉,可是导师并没有理睬我,继续埋头做她的事情。我回去之后连忙给 Chris 写了一封长长的道歉信,语言诚恳,反思深刻,同时也跟她解释我的做法源于中国文化中的尊师传统,可是没想到用错了地方。我想,人和人之间的关系也许就是这么微妙,有时候当面无法解决的事情,通过书面的方式或许可以得到适当的缓解。当 Chris 读了我的信,很快就回复说:"Apology accepted!"(接受你的道歉)事情就这么样过去了,导师对我还是像平常那样和蔼,那样关心。我把这件往事分享给学生们,是希望他们要谨记学术伦理,知错就改。韩愈有言:"师者,所以传道授业解惑也"。导师作为学生的引路人,不单传授与专业相关的业务知识,还应利用自己的阅历和经验提醒学生为人处世的哲理,帮助其少走弯路、为其在黑暗的摸索中提供光亮。

导师的"人文关怀"

"导师"一词在英文中对应的词汇是 supervisor,博士论文撰写成册时,其中有一页上面印有 under the supervision of xxx。我想这里的 under 一词充分体现了"紧贴着，紧跟着导师的指导"，而 supervisor 则折射了导师的基本职责在于监督、引领，在于指导。博士研究生的基本任务是学习和研究，而导师的首要任务便是监督、引领和指导学生进行规范的科学研究。

  我想每位导师的指导方式都具有鲜明的个性特征，我倾向于"德为先，学在前，勤为本"的理念。我招收的历届博士生大多已成家，他们都有工作经验，在为人处世方面也有一定的准则。但是这些积淀并不能确保每个人都是完美的，待人接物都是妥善的。前面的章节中我已经提到"学养"＋"德行"是我招收博士研究生的基本原则。在学生入学之后，我以这两点经常提醒他们。我认为学者如果不懂得"做人"道理，学问再高也不是真正意义上的学者。虽然我不能保证我的每一次指导都是正确的，但是我的经验和阅历至少能提醒他们经常总结反思，少犯错误，争取获得更大的进步。我想这就是导师对于学生的"人文关怀"。

  我与导师 Bob 和 Chris 之间的沟通主要方式靠邮件和面谈。每次跟导师见面都需要提前通过邮件预约，这充分体现了西方导师的指导风格。和 Bob 学术约谈交流中印象最为深刻的就是他在港大梁銶琚楼（KK Leung Building）请我喝咖啡的情景。Bob 说如果在办公室里指导我就会受时不时电话的干扰，影响到交流的质量。所以几乎每一次他都带我去这座大楼的 14 层的职员餐厅，每一次 Bob 都会掏钱给我买一杯咖啡。时光荏苒，就是在这一杯杯芳香四溢的咖啡味中，我的学术素养得以不断提高，我的学术之路得以不断拓展。时至今日，那一杯杯芳香醇厚的咖啡味依然留在我的口中，伴随着岁月的沉淀愈久愈浓，愈久愈醇。

  回到现在，大数据和云储存时代已经到来，在传统的指导方式之外，我的指导方式有别于我的读博时代。除了传统的方式以外，我还利用一些社交软件（如微信、QQ）对学生进行指导，这些信息技术软件有着高效便捷的特点。我和 SLRC 团队在线上交流的主要平台就是微信，大家通过这一渠道分享学术会议，传递讲座信息，总结心得和反思；当然，我有时也会通过微信提建议，提警醒。

  巴金在《给家乡孩子的信》中这样写道："人活着不是为了白吃干饭，我们活着就是要给我们生活其中的社会添上一点光彩。这个我们办得到，因为我们每个人都有更多的爱，更多的同情，更多的精力，更多的时间，比维持我们自己生存所需要的多得多。只有为别人花费它们，我们的生命才会开花。一心为自己，一生为自己的人什么也得不到。"其实巴金这里谈到的就是关于人生所要面临的选择，即宏观和微观的选择。没有宏观的选择，人生就没有方向，没有目标,更谈不上拥有未来,但要是没有微观的选择,就不能正确对待生活的方方面面。细节往往决定成败,决定着宏观目标的实现。根据我的观察,我的学生们都有很好的宏观选择。然而,我从微观层面的种种细节来看,当前有的学生们是有所欠缺的。

我经常对学生们说既然选择了读博,就选择了很特殊的、有节制的生活,不是什么东西都想要。读博一共只有三年时间,除去半年时间送审论文,一年时间修课,半年时间收集资料,还能剩下多少时间可以好好写论文?包括读博在内,一个人不可能面面俱到,什么东西都想拥有。舍得与放下始终是一件很难的事情,如工作岗位,生儿育女(二胎),申请出国,或其他跟利益有关的事情,凡跟此有关的选择都体现了学生们的世界观、价值观和选择观,即人生的态度。有的人读博之前信誓旦旦,可是考入之后就忘了初心。举个例子,2016年夏季毕业的一场博士生论文答辩会,我提前提醒我的学生们去观摩,但令我失望的是只有个别学生到场。于是我在微信群里这样说道:

"忙不是借口,忙是一种挑战,忙是一种让自己有精确的选择。不关心导师学术生活的学生至少不是我心目中的好学生。昨天答辩会上,我对八位不同博士生的学位论文做了大量的点评。这些点评并不是平时你们都能够有机会系统地听到、学习到。况且还有另外几位评委特别精彩的点评,实在是非常难得。可是绝大多数同学认为这一学术活动跟你们无关。我很失望。"

学生们看到我这一留言,一个接一个在微信群里发表了自己的感言:

"老师,读了您的一番话其实心中五味杂陈,如您所言,人生无法面面俱到,有得便有舍,我很遗憾因为自己的选择错过了很多,也在很大程度上辜负了您的期望,内心纠结过,挣扎过,最后只能量力而行,尽力而为。在科研和为人处世方面我还有很多东西要学,我会记得您的教诲,时时反思自己,希望有一天自己能够变得更加强大,为我们的团队做出更多。"(学生A)

"老师,如您所言,人生有取舍进退、生活有轻重缓急,不同阶段,目标迥异。读博之后,我深感力有不逮;内心深处,常有不安。三年寒暑,倏忽即逝,学术生活,了无建树。学生愚钝,每每感叹进展之龟速、投入之渺茫,辗转难安、灰心失意之时,便会念起'不积跬步,无以至千里;不积小流,无以成江河'。虽有自我安慰之嫌,然则求学之心,半点无迁,奈何技尚不精,不敢造次多言!龙生九子,各有不同:有子天赋异禀,有子东南迂回,有子千伶百俐,有子半明半昧……无可整齐划一。学业或做人,某些方面尚未圆熟,力有不及让老师失望,还望见谅!无唱高调、拒绝浮夸,未来力求踏踏实实,早日完成论文并为团队贡献自己的绵薄之力。"(学生B)

"老师,认真读了老师的话,回想很多。人生无法面面俱到,在舍与得之间有很多压力与挣扎,需要不断调整平衡点。但人生应当有信仰,学术也应当有信仰,我想只要信仰存在,就能在纠结和痛苦中高歌前行,也能淡然接受失去和错过的风景。只是在前行的路上我还有很多东西需要学习,还有许多地方需要改进。我会记得您的谆谆教诲,时时反思自己,希望每一天都能有点滴进步,能够变得更加强大。"(学生C)

"师之教诲情真意切,学生感激不尽。每见群中消息,都似当头棒喝。学生始终心怀忐忑,对师耳提面命,不敢怠慢,但自觉心性愚钝,不会规划,学术生活焦头烂额,故常无颜多说。现唯有暗下决心,迎头努力,不断反思,不负师恩!师之示警,丝毫不错,一分耕耘一分收获,学术来不得半点虚假,做人容不得一丝不诚!相聚即是有缘,学生一定倾己之力,以报难得师生之情,难遇同窗之谊!"(学生D)

"老师,五月份是最美好的月份,可是每年的五月份对于大学老师而言可能是最痛苦和无奈的一段时间,因为忙于学生毕业论文指导。本科毕业论文指导虽然不需要太多技术含量,但因为指导的学生人数较多,在这过程中耗费的时间和精力也是一言难尽。虽说是在访学,但这一大块工作大多不能幸免。但无论如何我知道,这些客观因素远远不能成为自己不努力和逃避压力的借口。认真读了老师的谆谆教诲和师弟师妹们的肺腑之言,也深感自己因为愚钝和不够努力以至于在做事效率和在平衡自己的各种角色之间的矛盾和冲突上心有余而力不足。自己也常纠结,常常因为辜负老师的期望而深感愧疚和不安。虽然挣扎,但还是要前行。也相信老师能理解和容忍我的量力而行、尽力而为和缓慢前行。团队大家庭很温暖,很多时候虽不敢妄言,但常常关注,受益匪浅,以后要尝试多交流。谢谢老师!"(学生E)

这样的集体反思在 SLRC 学术共同体中并不是第一次发生,或许这样的"苦口婆心""絮絮叨叨"并不能得到所有学生的理解和认同。但作为导师,如果发现问题而不去指出,不去指点,有悖于做导师的职责。无论如何,我的目的是帮助他们认清在追求学术的道路上应当注重自己的"为人",在保证"宏观"思想正确的前提下,对自己的"微观"行为应给予"常反思、常改善"的态度。本节中,我主要强调了博士生要真诚待人,要乐于分享,这些是做好学术研究的前提条件。下一节,我将谈及博士生导师与已毕业学生之前的互动和学术交流。

四、良师益友

俗话说"一日为师,终身为父",这是中华民族的传统美德,也是学者们共同秉承的优良传统。获得博士学位只是人生阶段性的告一段落,而未来的研究之门才缓缓打开,漫漫学术之路才刚刚开始。博士生阶段若干年的训练是希望通过一系列学术技能的培训,让毕业生今后可以独立开展研究,为人类知识体系的构建贡献自己的力量。导师和学生的关系不应该终止于毕业,在学生毕业之后仍然可以跟导师进行学术交流和互动,把所学的知识和精神通过自己辐射并影响更多的人。

经常引用导师的话就是一种传承

我离开香港大学之后,得益于日新月异的互联网技术,我跟我的两个导师还保持着密切的联系。通过邮件我向他们汇报我的近况,在节日里不忘向他们送去我的祝福。我特别希望我的导师可以将他们的理念传播给国内更多的青年学者。我曾邀请 Bob 来上外进行专场报告。我还把 Bob 和 Simon 介绍给上海外语教育出版社的教师发展培训中心,他们的专场报告几乎年年都在上海举行。导师 Bob 还多次深入到 SLRC 学术共同体对学生们进行现场指导,学生们听到他多次提及他的导师 Paul Miorrs 教授平常怎么教导,而我平常对学生反复强调的东西,如"每天坚持写百字"再从 Bob 嘴里说出,学生们都会心一笑,知道这是一种师承。Bob 还受到北华航天工业学院外国语学院院长尹静教授的邀请,到河北传经送宝。最近我还收到 Chris 的来信,上外与她所在的悉尼新南威尔士大学正在加强学术联系,她很快就会到上外来。我期待着能再次在上海见到 Chris,欢迎她到 SLRC 做客。我和导师个人的交往互动已渐渐拓展到和境内学界的更大层面的交往互动,他们的学术思想得以立体化地展现在我们的现实学术生活之中,而不再仅仅局限于他们的论文和专著里面。

跟毕业的学生保持联系就是幸福

师生之间保持密切的联系并非我一人独有。就在我撰写这本书之时，我在微信朋友圈里读到上外一位年轻海归博士的帖子，说她怀疑人生的时候就写一封 2000 字邮件给她远在英国的导师，几个小时之后就收到导师给她的回复，说会替她好好地想一想，然后过了一个礼拜，导师真的就返给她 3000 字的回复。师徒之间还约好在 Skype"面谈"，甚至频繁到每月一次。这位年轻博士说，其实她心中早已有答案，很多时候她并不需要答案，她需要的是导师那熟悉的加油和鼓气声，让她能够平心静气地继续前行。这一事例很好地说明了无论时空距离有多远，师徒之间的关系依旧友好、密切和珍贵。

我的学生们通过几年学习，取得的成就也不尽相同。马马虎虎的学生仅仅只是完成了学位论文而已，而优秀的学生收获的却远远不止这些。我的毕业生中间不乏正教授、副教授等资深教师，也有担任重要行政职务的管理者。无论职位高低，我跟他们都保持着比较密切的联系，最基本的渠道就是他们每一个人都允许留在"郑老师科研团队"的微信群里。不管他们发不发言，他们总是能够看到各种通知，每周二晚上的学术研讨纪要，还有学生的点赞，当然还有我的批评和建议。我的个人专著出版的时候，我也记得给他们寄上一本与他们分享。

柳虹是我早期指导的毕业生之一，她经常和我保持联系，从她的字里行间我可以看出她虽然已经"出师"，但还希望得到我的继续鼓励和支持，而且她自己也非常努力，在很短的时间内撰写并发表了两篇核心期刊论文。应她之邀，我为她的新书作了序。田野担任某高校的外语学院院长，她来上外攻读博士学位之前就已经是正教授了。可以说，读博对她的职称评定、物质利益等方面并没有什么影响，她学习的目的就是为了圆自己的理想之梦，为学院年轻教师树立榜样，鼓励他们要努力上进。榜样的力量是无穷的，田野团队里的一位年轻老师不久前就考取了北师大攻读博士学位。牧歌教授虽然长期担任东北某高校外语学院院长，但她对学术一丝不苟，为了让她的学术团队站在学术前沿，她还克服种种困难，前往美国名牌高校进修，希望通过自己的学术精神带动学校的年轻人努力奋进。

丁灵毕业后回到西南边陲，主动参加当地的精准扶贫项目，抛弃优越的工作和生活环境，来到条件异常艰苦的墨江贫困乡村，和当地的师生同甘共苦，同吃同住。在扶贫之余，她常常忍受农村蚊蝇叮咬、蛇患不断的艰苦，在乡村学校里发挥着教科研的带头作用。由于她的毕业论文做得相当扎实，丁灵还撰写了高质量的研究论文,并认真改写博士学位论文,即将公开出版发表。不久前,我利用前往昆明讲学的机会前往墨江探望丁灵,在精神上鼓励她,我想这就是师生之情谊,我此行与其说是去鼓励丁博士,倒不如说我是去向她学习的,学习她坚强的意志、坚定的信念和刻苦的品质。我希望 SLRC 所有的同学都能向丁灵学习,为她加油!平时较为内向的郝海涛通过微信向我报告他竞聘获选担任所在学校英语学院的副院长一职,我为郝海涛的成长感到欣慰,更为他有了更大的担当感到高兴,我特意发短信给他:

"很好!郝海涛,你性格内向,能够有这样的锻炼机会,十分好!但无论行政管理事务多忙,你都要坚持做学问。具体表现在你每天坚持写几百字的文章内容,积少成多,终会有用!我等你的好消息。无论如何,你都值得我骄傲。"

唐莉莉是北方某知名外国语大学的副教授,她的研究兴趣是三语习得,于 2015 年底获得博士学位。唐莉莉扎实的研究和勤奋的精神给我和 SLRC 学术共同体留下了深刻的印象。当唐莉莉回到母校参加博士毕业典礼时,她特意来看望我,在办公室里进行了长时间的交谈。唐莉莉的聪慧和认真再一次感染了我,当我谈到《英语学术论文写作之探——来自"郑新民研究团队"的报告》这本书的个人章节写作时,她主动帮助我联系部分博士毕业生并传达了撰写思路。在启发写作思路的问题上,唐莉莉给我不少很好的建议。在交谈中,唐莉莉对三语的研究很有信心,不久前她成功地申报了三语的教育部项目,她很有决心使用英文来撰写学术论文,希望将研究成果推向国际,争取出版学术专著。看到毕业生们不安于现状,胸有大志,我的心就像是喝了蜜似的那样甜。

已毕业的同学们还心系 SLRC 学术共同体,关心团队师弟师妹的成长。田野院长十分关心团队成员,多次邀请我和学术共同体成员前往开展学术交流,在当地的高校英语教师中引起了较好的反响,锻炼了学术团队,加强了师生的联系。当她被评上二级教授时就马上向我报喜,得知这一好消息,我十分欣慰,立刻跟 SLRC 全体成员分享,号召大家向田野学习!来自云南的丁灵博士和来自大连的郝海涛博士都是有情有义的人,他们毕业一年后,还心系团队,克服了重重困难,回到上海参加 2015 届夏季博士毕业生的答辩。令我十分感动,我告诉他们,欢迎他们经常回 SLRC,我们的团队就是他们的根据地,我们就是他们的"娘家人",只要我在上外,我就会做东欢迎他们团聚在一起,重温当年的美好时光,共叙未来的发展愿景。

毕业不是终点，导师和出师学生之间只不过是换了一种方式进行交流，这种交流是不受时间和空间限制的。就我而言，任何时候我都十分愿意继续帮助我的毕业生们，希望他们在新的工作岗位有更好的发展。当然，我也殷切地希望他们用自己的言传身教把 SLRC 赋予他们的学术规范继续传递下去，用实际行动去影响更多的学生。下一节中，我将以导师的名义对在读博士生和已毕业博士生们寄语，希望他们在未来的人生道路上都能更加笃定和自信地前行。

五、学无止境

对学生真诚无私的爱是获取教育成功的原动力,没有学生的合作,教师的工作绝对不会有成效。可以这样说:教师工作的成功程度取决于教师调度学生与自己合作的兴趣与能力的程度,使学生感受到学习快乐与成长幸福的教师是最幸福的教师。对于正在攻读学位的博士生或是已经毕业迈入工作岗位的毕业生,我对他们的期许是一样的。

毕业不是终结,而是开始

毕业典礼在英文中的表达方式中可以使用 congregation 一词,也可以使用 commencement 一词,前者注意表示聚集或聚会之意,后者的原意则有"开始、开端"的意思。我更喜欢使用后者,因为毕业并不是结束,而是人生一个崭新的阶段开始。

Bob 和 Chris 给我的毕业赠言都是希望我不要停下追求的脚步,继续在学术的田野上耕耘,教好书,多出科研成果。毕业之后,我谨记导师们的殷切希望,始终提醒自己作为一名教师首要的工作就是站好讲台,上好课,因为我的根在课堂教学。时代在不断地进步,信息技术在日新月异地发展,不能仅仅满足于传统教学的那一套,还要有锐志革新的勇气,探究如何开展移动学习,翻转课堂与传统学习的相结合,只有把课堂教学做好了,学术研究才有源头活水来。正是秉承有了教学就有了科研的信念,我在毕业之后先是将自己的博士学位论文改编成专著在英国的 Continuum 出版社出版,结合课堂教学实践,撰写了中国英语教师语法教学探究的文章在国际有影响力的 *Language Teaching Research* 学术刊物上发表。此外,我还开展上外校本教学研究,使用田野调查方法,对上外老、中、青教师开展访谈,课堂观察等,借此来梳理上外外语教学的脉络,提炼上外这一学术共同体的集体价值观,建立在整理和分析的基础上,我出版了《语言教学新概念》和《信念与追求——走近上外》两本专著,较好地起到了鼓励上外人继承上外,让国内外了解上外的作用。此外,我还在国内的核心期刊上发表50余篇学术论文,同时我还以饱满的学术精神投入到研究生指导工作上,努力把我在港大所学到的治学规范、学术精神、国际视野传给我的学生。我也十分乐意向上外的青年教师学习,跟他们交朋友,乐意接受上外人事处、研究生办和教务处邀请我跟博士后学者、新任教师等做教师专业发展的讲座,鼓励他们教学相长,不要只顾教学而不搞科研,也不要只搞科研而疏远教学。

  一所大学是否是真正的一流,不只是应付学科评估,或应对上级领导部门检查时应该怎么做,而是要认真思考这所大学的可持续发展,做好顶层设计。做好顶层设计就需要教授专家的指导,更需要发挥集体的智慧,根据大学和学科的特点,要有历史的传承,也要有时代使命感。除此之外,这所大学里的所有人要都能够按照规矩做人办事,自觉地去做好每一件事。苏觉明在答辩之后,根据学位论文答辩委员会的具体修改意见,认真反复地修改博士论文,提交给我审阅,然后制成两种格式的电子版本(WORD 和 PDF)加上纸质版提交给上外图书馆,他没有忘记也寄一份电子的博士论文到我的电子邮箱。这种有始有终的细微之举温暖了我的心。毕业的学生除了拿到学位,还懂得践行"善始善终"这一极为简单朴实的道理。我为他的知书达理感到欣慰,也感谢他愿意将他的论文作为我授课评论的样本。我记起我博士毕业的时候,我给 Bob 和 Chris 不但送了烫金装帧的纸质论文,还给他们寄上电子版作为备份。Chris 写信说了一句,跟你在一起工作真好!这是一句极为朴素的夸奖,但意味深长。童瑶同学在毕业离校之前给我发了一封邮件,虽然她是我的硕士生,我认为她的思想境界并不比博士生低:

> "郑老师,谢谢您在我是一张白纸的时候给予我正确的指导,让我比起其他同学,可能要多了解并掌握一些研究规范。同时,也教会我做人,第一,要相信自己的聪明才智,考进上外的都不是笨孩子;第二,要相信有导师作为自己坚强的后盾,如果你需要他总会愿意帮助你;第三,要相信会有好心人帮你,别人帮你,你也一定要帮助别人;第四,当我们以积极的心态,开放的心态去看待事情,就会处处有风景,处处出精彩,千万不要还没做就设想前面有万重山,爬也爬不过去;第五,诚信、心静、崇敬、谨慎、恒心,这十个字是做人做科研的准绳。"

  正如我在庆祝舒弘等同学顺利毕业时的赠言中所说的一样:"三载努力终有成,新途旖旎催奋蹄,人生一世要追求,教学科研双丰收",我希望我的每一位毕业生都能够以毕业为起点,从头开始,越来越好!

用行动去影响和带动更多的人

毕业之际,导师 Chris 鼓励我要继续发扬和传承港大的治学精神,在新的工作岗位上要发挥自己的作用,她还说,一个人的力量是有限的,不要奢望能够改变大环境,但通过点滴之功对周围环境能起到小小的辐射就很不错了。毕业之后,我也正是按照导师的教导去勉励自己,通过本科教学、研究生指导、学术活动参与和外出教学等方式把我在港大的所学、所思传递出去。每当我看到学生们取得进步,周围朋友的学术规范得以改善,学术环境得以优化,我感到欣慰,我十分清楚这并不是我和 SLRC 学术共同体独有的功劳,是大家一起共同努力的结果!

我的大多数毕业生都处于"年富力强"的阶段,在各自单位独当一面,做到教学行政双肩挑。例如牧歌教授、田野教授、鲁南教授来上外攻读博士学位的重要原因就是要给青年教师树立好榜样,而事实也是如此,他们回到工作岗位担任学术带头人,或是院系领导,总是鼓励年轻后生"走出去",拓展自己的思维和视野;他们在自己的学院组织了科研学术团队,营造学术范围,鼓舞士气,用集体的力量和智慧克难攻关;他们还积极参加全国乃至全球的学术会议,高举学术规范之火炬,发挥他们的学术聪明之才智,推广 SLRC 治学之精神。我想这就是行动的力量!我想这就是种瓜得瓜,种豆得豆!在学术和生活的土壤埋下一粒种子,用积极向上的正能量作为成长的雨露和阳光,滋养整个森林!

人生五十刚起步

在香港大学四个春秋攻读博士学位,我遇到来自全球各地的同窗学友,从他们身上我学到了治学严谨,爱岗敬业,严守契约,乐善好施等美好品德。Bob 和 Chris 两位导师不仅在学业上对我坚持高标准的要求,恪尽导师的职责,虽然他们都和我年龄相仿,在生活上对我却是关怀备至。我去港大报到那天,Bob 亲自到地铁站接我,带我办理入住,帮助我安顿下来的情景仍然历历在目;Chris 告诉我坚守学术伦理,为人要诚实,没有接受过导师的指导就一定不能把导师作为自己文章的通讯作者的谆谆教诲犹在耳畔。初来港大,遭遇急病身体不适,研究生堂的服务生和邻居 Mike 在我最需要帮助的时候伸出援手依然铭记在心。我的同学们,无论来自国内还是国外,他们对学术的孜孜以求和对研究的敬畏精神仍将催我奋进。所有这些都提醒我在和同事、朋友、学生的交往中要以最大的善意和诚意来为人处世。

　　SLRC学习共同体的互动有两种主要形式,一是线上,二是线下。线下要是指每周一次的研讨会,不定时的学生个别面对面的辅导,线上则是利用社交软件(如微信群、QQ群),不管在哪种场合,我总是强调团队成员之间应该注重分享、互帮互助。有几次,我发现团队的微信群里的交流仅限于"恭喜""祝贺"之类的文字,缺乏实质性的学术交流,我就及时指出团队互动的问题,鼓励他们多进行深入的探讨,提高自己的学术能力。在团队里,我鼓励老生多发挥"传、帮、带"的精神,老生和导师的接触时间较长,比较了解导师的指导理念,可以较好地发挥中介作用,以较为成熟的学养去影响师弟师妹。苏觉明将自己在上外四年(访学+读博)积累的书目分类整理送给团队成员,他还经常转发会议信息供大家参考,起到了实实在在的榜样作用。在他的带领下,其他同学也积极分享、互帮互助,使线上线下的交流不流于形式,起到有真正价值意义的互动形式。

　　近几年来,学界对于"身份认同"的研究方兴未艾。身份认同是指对主体自身的一种认知和描述。换句话说,围绕这一主题,人们会问:"我是谁?哪里来?去哪里?"毕业就要面临找工作,博士生也不例外。

　　从港大毕业,我大概有三个去处。一是选择在港及其周边就业。同学当中就有相当一部分人毕业之后去了香港教育大学工作。我当时也有这样的机会,但转念一想,考虑到年纪偏大,不宜撇下家庭,独自在香港发展。二是回到我的家乡——福州。福州位于东海之滨闽江穿城而过,城中有三山,依山傍水。市区小巷蜿蜒,市郊阡陌纵横;满城榕树如戴冠老者,长髯随风飘拂;台江码头人声鼎沸,鱼虾鲜味和袅袅炊烟弥漫于起伏错落的青瓦之上,此外满城四处皆温泉,泡一泡即可解乏养生。回到这里绝对是生活的好地方,还有很多的亲朋故知。但是福州也有福州的问题,我的原工作单位福建教育学院没有英语专业的硕士点,回去难以发挥"学以致用"的原则,所以路堵死了,后经人引荐我去福州大学外国语学院工作。当时福大外国语学院教师中还没有人具有博士学位,学校领导很重视我的到来,时任院长吴松江教授也给予大力支持。在福大执教期间,我担任研究生课程和本科教学任务,在国内核心期刊上发表多篇学术论文,在学界建立了一定的知名度,并且很快就评上正教授。2007年我认识了上海外国语大学的束定芳教授,他当时正在组建上外中国外语战略研究中心,有意诚邀我加入。

　　我究竟应该留在福州,继续过着安逸舒适的生活,还是换个平台,攀登另外一个高峰呢? 当时,我的妻子这样对我说:"每一个决定背后都要面临着所弃所得。你自己权衡,你认为哪一种决定能够给你带来自我的价值认同,哪一种决给你的遗憾最少,那么就去选择它。"在妻子理解和支持下,我以年过半百之身开始了上外的执教生涯。

高校青年教师的"诗和远方"

学历较高、视野较为开阔、思想较为活跃是当代社会对大学青年教师群体的三大认同。一方面,他们被寄予承载高校乃至国家、民族未来的厚望,他们有着美好的愿景,希望成为教学与科研工作的主力军,另一方面,他们承受着巨大的职业压力以及职业生涯的困惑,于是"青椒"就成了他们对自己调侃的戏称。在他们当中,有的初入职场,有的年届不惑,有的科研任务繁重,教学课时一节也不能少。由于家庭背景,自身素质,专业不同,他们的命运迥异,要面对工资收入低,职称评定难等共同问题。还有发表论文难,职称晋升通道拥堵,教学评估频繁,生活压力大……这些成长中的尴尬让处在象牙塔内的青年教师脚步趔趄,心生乏意。如何让他们不忘初心,依然憧憬"诗和远方"?

作为他们的导师,我希望他们能够选择一种达观的人生态度,不忘初心,继续从事科研工作,将自己在博士阶段的所学所专能够延续下去,将学术作为一种事业去影响身边更多的人。不久前,我受上外人事处教师发展中心之邀,给上外的青年教师们做了一场关于教师职业发展的讲座,与青年教师们一同探讨了"语言教师认知与课堂教学实践"的有关话题。在快要结束的时候,我用装有半杯红葡萄酒的高脚杯做比喻,问杯子是"半空"还是"半满"?这完全取决于我们的认知态度,现场有的老师这样说,充分表达他们乐观积极的态度:

- 我有份工作,这最重要!
- 将来退休了,我能拿到社保养老金。
- 不算是社会精英,但至少我也能算是中下。
- 作为语言教师,我每天能换不同的语言说话。
- 我教的课程,对学生认识社会/搞科研/去海外旅游/有好处!
- 前天路遇一学生,说很感谢我将他写的作业批改得那么认真!
- 教师节的时候,我收到好多学生寄来的电子贺卡。
- 有了"中国梦",我亲爱的祖国日益强大,国际会议经常开在家门口,我不用出国啦!

当然也有一些老师说出了他们的苦衷:

- 新校区太远了,路途花费时间太多!

- 现在的学生上课倒是很安静,不少人在玩手机!
- 上海的房价这么高,而我的工资都不好意思说了!拖后腿了!
- 学术研究和专业发展定位模糊、方向不明啊!
- 我特别缺乏"学科教学知识"!

与其终日无精打采、郁郁寡欢,倒不如换个角度看待生活,看待工作。在教师发展领域中有不少学者在研究教师能动性、教师自主观和教师效能感,这些都与教师的认知和教学实践有着密切联系。在教师的教学工作和日常生活中,教师能动性、教师自主和教师效能感等概念组成了一个良性互动的关系,它们互相影响,互为前提,它们收到整个生态环境的影响,如重要他人、学校环境、社会文化环境等因素。我的学生中绝大部分在读博之前都在高校从教,正是意识到必须充电,他们才下决心来读博,目的是将来重返教学岗位时,希望能够提高自己的教师能动性,教师自主观和教师效能感,借此更上一层楼。岑浅草任职于华东某省会城市的一所大学,她用"迷茫"一词来描述她考博之前的状态:

> "仍记得决定考博的前几年,教了十几年大学英语的我忽然迷失了方向,教学付出很多,也获得了一些荣誉,但却感受不到成就感。大学英语界到处充斥着"狼来了"的呼声,处于边缘化地位的大学英语教师的危机感又不时地袭来,学校为了争先进位而日益强调科研的大环境也在不断冲击着我那根脆弱的神经。一段时间内挣扎于自己该如何走出这种迷茫,应该走向何方的状态……对当时的我来说,要达到学校新规定的职称晋升条件,以我当时的学术水平恐难实现,因此,对自己的未来惆怅满怀。"

人们常说,"术业要有专攻"。确定自己的研究方向对志在学术的研究者来说极为重要。和相当一部分高校教师一样,岑浅草在一开始并无明确的研究方向,发表的论文的主题也是五花八门,对研究的认识大多停留在应付学校的量化考核以及职称晋升需满足的科研要求上。面对现实,岑浅草不得不开始思索如何走出困境,她开始寻找自己的研究方向。通过阅读文献,结合她自己的专业发展以及周围同事的经历,岑浅草渐渐发现她对外语教师专业发展产生了兴趣,也逐渐开始思考在当前的情境下,外语教师应该如何成为一名教学型研究者。深思熟虑之后,迫于体制的压力和自己对学术研究的兴趣,岑浅草决定开始考博,以期提升自己的教学和研究能力,寻求拓展自身发展的空间和途径。屈指算来,从开始她接触英语到现在已有 20 多年,从事英语教学也有 10 多年了。她一直认为最后能够到英语国家亲身体验一下他们真实的语言和文化环境。近年来,她身边很多同学和同事陆续出国攻读博士学位或者访学,出国的念头愈发强烈。在顺利确立了以研究"海归教师身份认同"为核心的博士论文主题后,她申请并获得了国家留学基金委的资助,前往英国曼彻斯特大学进行为期一年的访问学习。在谈到出国学习的动机时,她这样说道:

> "对在职教师来说,出国访学已经成为教师们继续学习以及专业发展的重要途径。另外,我所在高校自前几年就开始推行师资国际化战略,鼓励教师出国访学,以拓展学术视野,提高学术素养和科研能力。学校同时将留学经历纳入职称评审的必要条件。目前,从国家、各省以及学校层面都为老师出国访学提供了众多资助项目。更重要的是,我的博士论文选题有关海归教师研究,在选题之初导师就跟我提过自己没有这个留学经历,担心我的论文的数据阐释达不到应有的高度。因此,在开题之后,我便开始着手准备访学的事情了。"

在英国的这一年,岑浅草不但经历了一场深度的文化体验,更成就了一次难忘的个人学术磨砺和成长之旅。在英国教授的帮助下,岑浅草参加了两个团队的学术活动,通过团队的一系列活动,她丰富了自己的理论知识,并决定将实践共同体理论、批评话语分析理论和布迪厄场域理论中的惯习概念与意义的协商作为论文的理论支撑。除了理论知识的丰富之外,岑浅草还有许多跟国外导师学习和交流的机会,跟博士生一起读书和探讨的机会。他们严谨治学的态度、遵守学术规范的意识、尊重每个研究课题的精神,对科学研究的执着以及乐于分享的团队意识都让她倍感受益匪浅,不时地让她反思一个研究者应该具备的学术素养。岑浅草从教数年后的迷茫、决定考博、读博历程中的进步以及国外访学带给她的视野拓展都体现了她较好的能动性和自主性——基于现状进行反思,控制自己的行为,带来最大的自我效能感。

无独有偶,田野教授求学进取的精神也深深鼓励了她所在学校的青年教师,在他们中间起到了很好的带头作用。田野这样提及自己的读博之路:

> "身处教学和管理一肩挑的岗位,很有必要为自己充电,况且,上海外国语大学大家云集,听听课,开开眼界,见见世面,自己的水平就会提高很多,至于能否高质量地完成论文倒是没有明确的目标。在接下来的两年学习中,我几乎没有耽误过一节课,经过几个学期的努力和坚持,我顺利地完成了所有课程的学习,系统的学习极大提升了我的知识水平和眼界,收获颇丰。

……如果我成功了,我可以把经验传授给年轻的伙伴们;如果我失败了,他们也可以吸取我的教训。这也算是践行自己活到老学到老的想法,作为行政领导也能够起到以身作则的作用。"

田野教授作为一名院校的基层管理人员、学校英语学科带头人,她感到自己有责任、有义务带领广大青年教师走出职业倦怠,开展教师发展活动,紧张并快乐地工作。在田野老师顺利拿到博士学位之后,她并没有停止前进的步伐。她基于 SLRC 团队的研讨活动,在她所在的学院开展了类似的讨论形式。田野教授和同事们在完成教学工作之后,把自己的研究项目拿出来与大家分享。经过一年的实践,她的同事纷纷表示,"尝到了这种学术活动的乐趣"。在这个讨论过程中迸发出的火花让他们感到兴奋,也由此带来很多收获。通过这种互相合作学习,他们找到了学术上的归属感。

不管我的学生们带着什么样的动机走来,作为导师,我一定是要调动其主观能动性,去挑战自我,从而能更好地投入到紧张而又严肃的学习中去。在他们学成毕业之后,也能以同样的方式去感染,去影响,去带动更多的学术后人。在我看来,青年教师要想实现自我专业发展,只有"学习、学习、再学习":

• 要具备一定的学科知识、自学能力和基本素质,这些往往都在取得学位(a degree)时就已基本具备了。

• 要具备教学的专业认知、学生的成长认知以及一定的变革能力,我们把这部分能力定义为专业资格(professional qualification)。

• 要有专业态度和道德,具备人际交往能力以及持续学习创新的愿望,这些需要在专业实践(workplace internship)中不断养成。

篇末语

"书山有路勤为径,学海无涯苦作舟"。攻读博士学位需要夜以继日的付出和坚韧不拔的毅力。在这个漫长的历程中,需要对自己的学习和生活进行管理,需要拥有乐观的心态和健康的生活方式。在我看来,治学者需要开展严谨的科学研究毋庸置疑,然而求真务实、乐观豁达的心态对于治学者来说尤为重要。

学术是一种境界,学术更是一种追求。正像著名国学家王国维先生在《人间词话》中写道:古今之成大事业、大学问者,必经过三种之境界:"昨夜西风凋碧树。独上高楼,望尽天涯路。"此第一境也。"衣带渐宽终不悔,为伊消得人憔悴。"此第二境也。"众里寻他千百度,蓦然回首,那人却在,灯火阑珊处。"此第三境也。在科学的道路上,既要仰望天空,又要脚踏实地。

要实现中华民族伟大复兴的中国梦,教育任重道远。博士生教育要坚持立德树人的基本导向,要促进公平,提高质量,要创新人才培养机制,办出特色,争创世界一流。办好世界一流大学对国家的兴衰成败至关重要,而且这种重要性随着科学进步对人类社会影响的不断深入也愈加凸显。也许我们今天呕心沥血培养的博士研究生能够为我们明天创办世界一流大学、一流学科、一流专业,在学术上,在声誉上做出一些贡献。如果真能这样,我也就心满意足了。

附录:图说我的"读博"与"导博"

图1 我穿上梦寐以求的博士袍,获得香港大学哲学博士学位(PhD)。摄于2004年12月,香港大学。

图2 博士学位论文答辩结束后,我与答辩委员会专家合影。David Bunton博士(左一),Colin Evers教授(左二),Chris Davison教授(右三),Steve Andrews教授(右二),张丽芳教授(右一)。摄于2004年12月。

图3 毕业典礼2005年冬摄于香港红磡体育馆。

图4 港大教育学院。

图 5　答辩后回到教育学院与教授以及同窗学友合影。

图 6　与导师 Bob Adamson 教授和 Chris Davison 教授合影。2002 年夏摄于香港大学邵仁枚楼。

图 7　港大教育学院师生休息室。

图 8　港大同窗学友。摄于 2002 年夏。

附录:图说我的"读博"与"导博"

图9　跟 Halliday 教授合影,摄于 2002 年夏,此时 Halliday 教授应邀在香港大学教育学院进行短期讲学。

图10　跟 David Nunan 教授合影,摄于 2005 年 9 月北京第三届亚洲英语教师协会年会。

图11　跟寻阳博士(左一)和郭艳玲教授(右一)合影,摄于 2012 年冬。

图12　跟郭艳玲教授身着博士袍,摄于上外虹口校园,2013 年初夏。

图13　与郭艳玲博士毕业合影，摄于2013年。

图14　博士论文答辩之后，与杨海燕博士（左），王召妍博士（右）合影。2013年摄于上外。

图15　初良龙教授于2014年获博士学位。与初良龙教授合影，摄于2016年秋。

图16　左起王志敏博士、刘丹博士、郑新民、崔丹博士、荆莉博士。摄于2013年初夏。

附录：图说我的"读博"与"导博"

图17　与崔丹博士合影，2015年秋摄于哈尔滨。

图18　与刘丹博士合影，2015年秋摄于哈尔滨。

图19　与徐忆博士合影。摄于2015年春。

图20　尹静教授（中）。摄于2015年夏。

· 283 ·

图 21　与尹静教授、夏洋博士合影，摄于 2015 年秋。

图 22　2015 届答辩结束时合影。左起杨春红、王景丽、应洁琼、徐忆博士、尹静教授、郑新民、夏洋博士、宁强、孙钦美博士、王玉山博士、左秀媛博士。

图 23　2016 届答辩结束时合影。前排左起左秀媛博士、郑新民、王玉山博士、孙钦美博士；第二排左起阮晓蕾、王景丽、徐忆博士、邓琼蓉（越南）、应洁琼、宁强、阿里（巴基斯坦）、夏洋博士、景飞龙、徐斌；后排张军民。

图 24　2015 届博士毕业生朱效惠（左二），2016 届博士毕业生曹佳学（左三），访问学者何霜（左四）孙钦美（右三），王玉山（右二），贺红霞（右一）。

附录:图说我的"读博"与"导博"

图25　博士生徐斌(左一)、景飞龙(中)、张军民(右一)访问香港大学。摄于2016年夏。

图26　与访问学者朱涌河教授合影。摄于2015年夏。

图27　与访问学者陈欣教授(中)合影，左一为应洁琼。摄于2016年秋。

图28　前排坐者博士生阮晓蕾(左一)、博士生荆菁(左二)。后排站立者为访问学者吴宗西(左一)、王裕森(中)、喻远洋(右)。摄于2016年秋。

图29 左起 Bob Adamson 教授、博士生应洁琼、郑琼。摄于2015年夏。

图30 开题报告答辩现场。

图31 课堂教学。

图32 学术研讨。